Fritz Graebner
Das Weltbild der Primitiven
Eine Untersuchung der Urformen
weltanschaulichen Denkens bei Naturvölkern

Graebner, Fritz: Das Weltbild der Primitiven: Eine Untersuchung der Urformen weltanschaulichen Denkens bei Naturvölkern
Hamburg, SEVERUS Verlag 2011.
Nachdruck der Originalausgabe von 1924.

ISBN: 978-3-86347-025-8
Druck: SEVERUS Verlag, Hamburg 2011

Der SEVERUS Verlag ist ein Imprint der Diplomica Verlag GmbH.

Bibliografische Information der Deutschen Nationalbibliothek:
Die Deutsche Nationalbibliothek verzeichnet diese Publikation in der Deutschen Nationalbibliografie; detaillierte bibliografische Daten sind im Internet über http://dnb.d-nb.de abrufbar.

© **SEVERUS Verlag**
http://www.severus-verlag.de, Hamburg 2011
Printed in Germany
Alle Rechte vorbehalten.

Der SEVERUS Verlag übernimmt keine juristische Verantwortung oder irgendeine Haftung für evtl. fehlerhafte Angaben und deren Folgen.

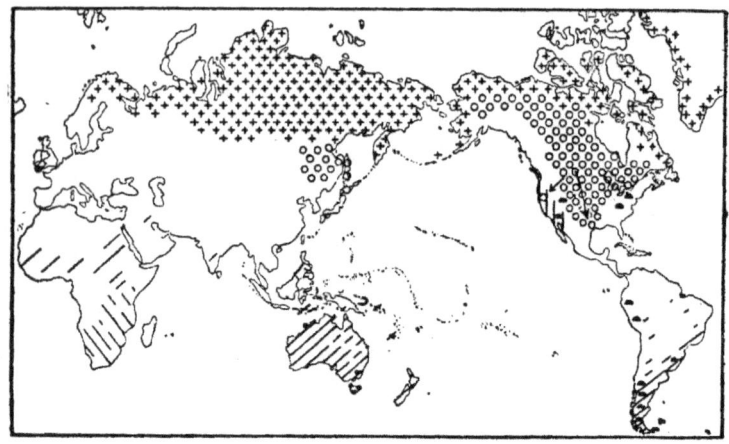

Abb. 1.

:: Tasmanische Kultur.
//// ⎫ Alte Kulturen der Südkontinente. (Die verschiedene Signatur in Afrika
\\\\ ⎭ besagt, daß die Kultur der nördlichen Zone der altaustralischen nähersteht.)
+++ Arktische Kulturen.
ooo Subarktische Kultur.
▲▲ Sub- oder protoarktischer Kultureinschlag.
|||| Kalifornische Primitivkultur.

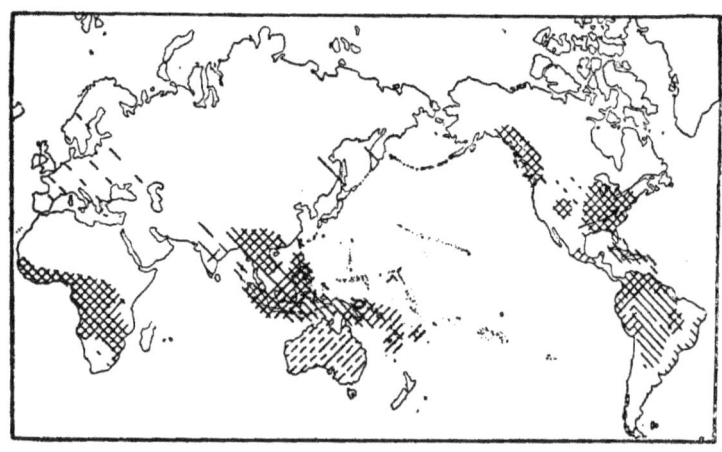

Abb. 2.
//// Ältere, \\\\ jüngere mutterrechtliche Kulturen.

KARTEN ZUR GENEALOGIE
Aus F. Graebner, Ethnologie (Kultur

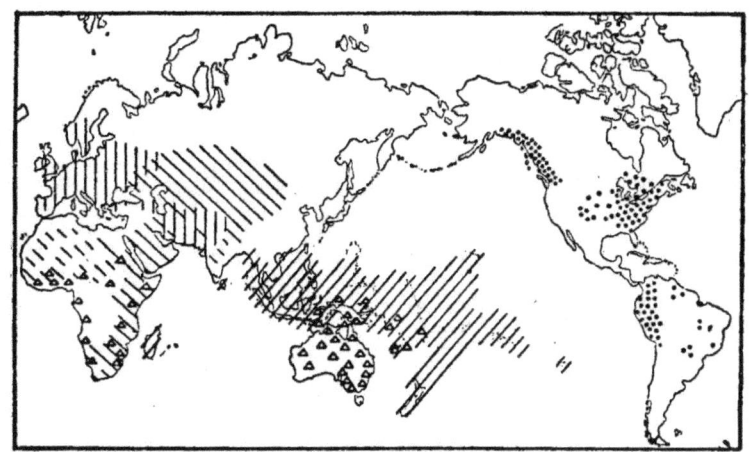

Abb. 3. Vaterrechtliche Kulturen.
△ Totemistische Kultur.
.·. Amerikanische Kulturen mit stärkerem Bezug zur totemistischen Kultur.
//// Malaiopolynesische Kultur.
\\\\ Mittelasiatische und afrikanische Hirtenvölker.
|||| Indogermanen etwa zu Beginn der historischen Zeiten.

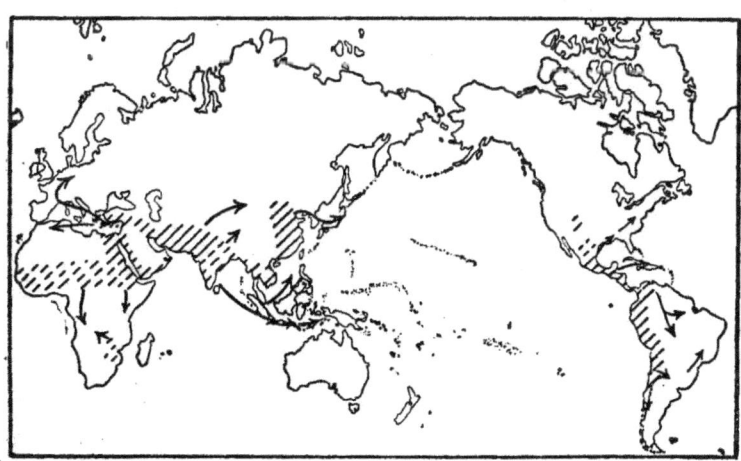

Abb. 4.
//// Altorientalische und amerikanische Hochkulturen.
→ Ausstrahlungsrichtungen.

DER KULTURFORMEN
der Gegenwart, 3. V. [Anthropologie] S. 518/9).

INHALTSVERZEICHNIS

	Seite
EINLEITUNG	9—13
I. DIE MAGISCHE WELTANSCHAUUNG DER „PRIMITIVEN"	14—32
1. Australier	15—28
Lebensformen	15
Zauber	16
Mythus	20
Götter	24
Sitte	27
Kunst	28
2. Buschmänner	28—32
Lebensformen	28
Zauber und Mythus	29
Kunst	31
II. DIE ANIMISTISCHE WELTANSCHAUUNG DER ÄLTEREN BODENBAUVÖLKER (MUTTERRECHTLICHE KULTUREN)	33—47
Lebensformen	33
Seelenglaube	34
Melanesien und Australien	38
Indonesien	42
Afrika	44
Amerika	45
Kunst und Mythus	46
III. PERSÖNLICHKEITSWELTANSCHAUUNG DER VATERRECHTLICHEN KULTUREN	48—71
Lebensformen	48
Verhältnis zum Animismus	50
Bestattungsformen	52
Totemismus	54
Stände	58
Mana und Tabu	59
Mythus	61
Räumliches und zeitliches Weltbild	67
Kunst	69
Verhalten zu fremden Kulturgütern	70

	Seite
IV. WELTANSCHAUUNGEN UND SPRACHEN	72—94
Alte Sprachformen	72
Suffix- und Präfix-, Objektiv- und Subjektivsprachen	74
Das Chinesische als Objektivsprache	75
Das Arabische als Subjektivsprache	78
Weitere Verbreitung der Typen	83
Das Indogermanische	92
V. DIE SCHAMANISTISCHE WELTANSCHAUUNG DER ARKTIKER	95—104
Verbreitung, Lebensformen und Ursprünge der arktischen Kultur	95
Animismus	98
Schamanismus	100
Die Sprache der Eskimo	102
VI. DIE WELTANSCHAUUNG ÄLTERER HOCHKULTUR	105—130
Die Hochkultur als Ergebnis der Kulturmischung	105
Seelenglaube	109
Götterglaube und Staatsgedanke	110
Zauber	116
Räumliches Weltbild	119
Zeitliches Weltbild	121
Das Individuum	123
Sittliche Problematik	126
Ursprung der monotheistischen Ethik	129
SCHLUSS	131—137
BIBLIOGRAPHISCHER WEGWEISER	138—143
ANMERKUNGEN	144—160
SACHREGISTER	161—173

EINLEITUNG

Zum ersten Male wird hier der Versuch gemacht, die in philosophisches Denken ausmündenden Gedankengänge historisch bis auf die Anfänge des Menschentums zurückzuverfolgen, soweit das der heute verarbeitete Tatsachenstoff zuläßt. Das bedeutet, recht besehen, nicht eine einfache quantitative Verlängerung der geschichtlichen Betrachtung, sondern eine wesentlich andere Wertung der ältesten Entwickelung. Und dieser anderen Wertung liegt weiter eine ganz andere Auffassung zugrunde.

Daß philosophische Gedankengänge aus nicht philosophischen, in diesem Falle religiösen, hervorgegangen sind, ist beispielsweise bei den Ursprüngen der indischen Philosophie längst anerkannt. Und selbst der Begriff einer primitiven Philosophie ist nicht etwas so ganz Neues. Die animistische Weltanschauung, großenteils aus den Erscheinungen von Tod und Schlaf gewonnen, die Anschauung, daß allem Wirken und Weben in der Natur die Wirksamkeit seelenartiger Geister zugrunde liegt, beherrscht nach E. B. Tylor[1] das Denken der Naturvölker derart, daß sie als Grundlage gelten kann für alle späteren Versuche, Weltanschauungen zu gestalten. Aus den Geistern dieser Periode seien zuvörderst einmal die Götter der nächsten, aus dem Götterglauben sei zuletzt erst der Monotheismus, seien hier und da pantheistische Ideen hervorgewachsen. Diese Theorie des Animismus hat die Völkerkunde, die Religionswissenschaft, ja auch die Geschichte der Philosophie, soweit diese überhaupt auf die ersten Anfänge zurückblickte, lange nahezu uneingeschränkt beherrscht. Mit ihren Augen wie mit denen der gesamten älteren Ethnologie gesehen, bildeten die Naturvölker eine im großen ganzen einheitliche Masse, nur durch etwas größeren oder geringeren Fortschritt in der Richtung auf die höhere Kultur unterschieden. Sie gestattete also, die ältesten Entwickelungsphasen mit einem ganz kurzen Blick zu überschauen. Da es sich um eine einzige, überall und bei allen Völkern im wesentlichen gleichartige Entwickelung handelte, so war es im Grunde gleichgültig, wie weit rückwärts man dieser Entwickelung eine eingehendere Betrachtung widmete. Auch die peinlichsten Darsteller konnten zufrieden sein, wenn sie ihr, soweit sie vor dem Beginne der eigentlichen Philosophie lag, einen orientierenden Blick zugeworfen hatten [2].

Anders gestaltete sich das Bild bereits, als dem Animismus das Recht bestritten wurde, die Weltanschauung der ältesten, primitivsten Naturvölker darzustellen. Es wurde festgestellt, daß gerade bei sehr primitiven Völkern — anscheinend älter als die animistischen Vorstellungen — ein nicht animistischer Zauberglaube auftritt [3]. Und es wurde weiter gezeigt, daß auch Anschauungen, die einem Monotheismus sehr ähnlich sind, nicht erst bei Völkern höherer Kultur, sondern ebenfalls unter recht primitiven Kulturverhältnissen vorhanden sind [4]. Damit wurde das Bild der Anfangsentwickelung wesentlich bunter und augenscheinlich der genaueren Betrachtung würdiger. Immerhin erhoben beide Entdeckungen den Anspruch, nicht irgendeine besondere Entwickelungsrichtung, sondern gemeinsame alte oder älteste Phasen der allgemeinen menschlichen Geistesentwickelung aufzuzeigen. So konnte es also auch nach den beiden erwähnten Feststellungen noch bei der Annahme eines einheitlichen Entwickelungsganges bleiben. Dann blieb aber auch die Meinung berechtigt, für eine Grundlegung der Philosophiegeschichte sei es gar nicht nötig, auf jene entlegenen Phasen der menschlichen Geistesgeschichte einzugehen, sondern es genüge, einen Blick auf die Anschauungen der höheren Naturvölker zu werfen, die den Anfängen der eigentlichen Philosophie am nächsten ständen. Die dem uralten Zauberglauben zugrunde liegende Denkweise würde dabei freilich nicht außer Betracht bleiben; aber nicht wegen ihres Alters, sondern weil sie, wie ähnlich der Animismus, dem gesamten Denken der Naturvölker, ja selbst der unteren Volksschichten unserer eigenen Kultur noch ihren Stempel aufdrücke, eben erst im Verlaufe der Wissenschaftsgeschichte von dem logischen Denken allmählich abgelöst werde.

Ein anderes Gesicht bekam die Angelegenheit, als die Einheitlichkeit der älteren menschlichen Kulturentwickelung zweifelhaft oder gar als nicht vorhanden erkannt wurde.

EINLEITUNG

Tatsächlich sehen wir mehr und mehr, daß die Kulturformen der Naturvölker nicht Phasen einer, sondern mehrerer verschiedenartiger Entwickelungen darstellen [5]. Wir bemerken etwa, daß es Völker mit Schilden und Völker ohne Schilde gibt, ohne daß die schildlosen auf allgemein tieferer Kulturstufe ständen. Die einen sind in der Aushöhlung des Holzes und Gestaltung von Gefäßen aus diesem Stoffe bewandert; andere pflegen die entsprechenden Gebilde aus Flechtwerk herzustellen. Besonders bezeichnend für den Wechsel der wissenschaftlichen Anschauungen ist die Auffassung des sogenannten Mutterrechts: Viele Völker leben bekanntlich in Sippen, Großfamilien oder anderen über den Umfang der Einzelfamilie hinausgehenden gesellschaftlichen Formen. Sie unterscheiden sich dann aber dadurch, daß bei den einen die Kinder zur Sippe des Vaters, bei den anderen zur Sippe der Mutter gerechnet werden. Im ersten Falle sprechen wir von Vater-, im zweiten von Mutterrecht. Nun war früher auch hier die Meinung, daß es sich dabei um verschiedene Phasen der gleichen Menschheitsentwickelung handle. Für das ältere System hielt man das Mutterrecht, das selbst aus einem ehelosen Zustande, der sogenannten Promiskuität, hervorgegangen sei. Denn in diesem Zustande seien die Kinder naturgemäß der Mutter zugerechnet worden nach dem Grundsatze: *mater certa, pater incertus*. Erst in der Ehe sei dann der Einfluß des Mannes stark genug gewesen, um allmählich die ausschlaggebende Einwirkung auf seine Kinder zu gewinnen und sie zu seiner Sippe hinüberzuziehen[6]. Die genauere Bekanntschaft mit den Naturvölkern, gerade den primitivsten, hat uns gelehrt, daß ein Zustand der Promiskuität in menschlichen Gemeinschaften eine reine, durch nichts gestützte Hypothese oder, besser gesagt, Phantasie ist, daß selbst die etwa vorhandenen Spuren von Gruppenehe, des angeblichen Zwischenstadiums zwischen Promiskuität und echter Ehe, nicht als ursprünglich, sondern als sekundäre Gebilde angesehen werden müssen, daß gerade die primitivsten Völker in ausgesprochener Einzelehe leben[7], und daß endlich gerade die Kulturzustände der mutterrechtlichen Völker kaum irgendwo als primitiver gegenüber vielen vaterrechtlichen gelten können. Alles in allem ist jetzt in der Ethnologie so gut wie allgemein angenommen, daß mutterrechtliche Zustände niemals bei allen Völkern der Erde geherrscht haben, sondern eine ganz bestimmte Entwickelung einer besonderen, vor allem auch durch wirtschaftliche Eigenheiten gekennzeichneten Kulturgruppe darstellen. Bei vielen Völkern, wie beispielsweise den Indogermanen, liegt aber kein Grund vor, ein älteres mutterrechtliches Stadium der Sippenverfassung anzunehmen. Wenn so auf den verschiedenen Seiten der Kultur statt einer einheitlichen mehrere verschiedene Entwickelungslinien sichtbar werden, so fällt natürlich auch der Anlaß fort, für den Kern des Geisteslebens — für die Art zu denken und anzuschauen, sich ein Weltbild zu machen — eine einheitliche Entwickelung als selbstverständlich anzunehmen. Es ergibt sich die Möglichkeit, daß auch in das älteste philosophische Denken im engeren Sinne Quellflüsse von verschiedenen Richtungen, aus verschiedenen Kulturgründen her eingemündet sind. Mit dieser Möglichkeit erhebt sich aber natürlich die Forderung, das Problem zu lösen. Es genügt nicht mehr, für die späteren historischen Reihen einen neutralen Urgrund anzunehmen. Sondern es gilt, die wirklichen Grundpfeiler, auf denen das Gebäude zuletzt ruht, aufzuzeigen, soweit das mit unsern heutigen Mitteln irgend möglich ist. Die Weltanschauung der Naturvölker bekommt, wie ich eingangs sagte, eine ganz andere Bedeutung. Sie darf nicht mehr das dämmrige Dunkel bleiben, in das die Geschichte der Philosophie nach rückwärts verläuft. Sondern sie muß mehr und mehr in das helle Tageslicht gerückt werden. Selbstverständlich wird das nicht mit einem Schlage geschehen können. Es handelt sich zunächst darum, einige Hauptlinien herauszuarbeiten. Die Nachprüfung dieser Hauptlinien und ferner die schärfere Beleuchtung der Einzelheiten wird Aufgabe weiterer Forschung sein. So bin ich mir durchaus bewußt, gegenüber der Analyse der heutigen komplexen Kulturen und Anschauungen die Synthese dieser Anschauungen vernachlässigt zu haben und deshalb vielfach kein Bild der lebendigen Anschauungskomplexe zu geben, die das Ergebnis der historischen Entwickelung sind. Die lebendige Herausarbeitung der amerikanischen Verhältnisse etwa bedarf der Kraft eines besonderen amerikanistischen Fachmannes. Doch hoffe ich, daß auch für ihn die geleistete Vorarbeit nicht nutzlos sein wird. Sie wird ihm vielleicht manche Dinge mit Schlaglichtern hervorheben, die ohne Betrachtung der Gesamtmenschheit nicht so scharf zutage treten. Und so liegt es schließlich in jedem Einzelgebiete, obwohl in der Theorie die Einzelarbeit natürlich das erste und grundlegende Wort hat.

I. DIE MAGISCHE WELTANSCHAUUNG DER „PRIMITIVEN"

Wesentlich ist bei der jetzigen Problemstellung natürlich die Frage nach der Weltanschauung des ältesten, den Anfängen nächststehenden Menschen. Und gleich da müssen wir uns, und zwar wahrscheinlich auf die Dauer, mit einem Ungefähr, mit einer Annäherung begnügen. Denn wir können keinen Anspruch darauf machen, daß von den lebenden oder noch nicht lange ausgestorbenen, also von den überhaupt wissenschaftlicher Betrachtung zugänglichen Völkern irgendeins in seiner Kultur den Zustand anfänglichen, ältesten Menschentums darstellt. Wohl kennen wir den Rest einer erstaunlich alten, primitiven Kultur in dem Kulturbesitze der erst vor einem halben Jahrhundert ausgestorbenen Tasmanier. Die Anfänge der menschlichen Kultur haben auch sie uns aber zweifellos nicht bewahrt. Wir können nicht behaupten, daß alle Menschen ursprünglich unter ihren Verhältnissen, mit ihren Kenntnissen und Anschauungen gelebt haben. Wahrscheinlich ist, daß auch sie und ihre Kultur bereits eine Art von Sonderentwickelung darstellten, wenn diese sich auch von der gemeinsamen Grundlage des Menschentums noch verhältnismäßig wenig entfernt hatte. Dazu kommt, daß wir zwar die technologische Kultur der Tasmanier in ihrer verblüffenden Einfachheit einigermaßen gut kennen, daß aber der Blick für Probleme der geistigen Kultur vor ihrem Aussterben noch sehr wenig geschult war, eine Aufnahme durch wissenschaftlich ausgebildete Männer außerdem nicht stattgefunden hat[8], so daß unsere Vorstellungen von ihrer geistigen Art zu sein, ihrer Weltanschauung sehr unvollkommen bleiben müssen.

Zum Glück gehören die wenigen bekannten Zeugnisse ihrer Denkart Kategorien an, die wir dann in den besser bekannten nächstjüngeren Kulturkreisen kräftig ausgebildet vorfinden. Und da die gleichen Anschauungs- und Denkformen anscheinend auch bei allen anderen unentwickelten Völkern zwar nicht mehr allein herrschen, aber doch eine wichtige Rolle spielen, so haben wir allen Grund, ihre volle Geltung auch bei den Tasmaniern anzunehmen und sie als ziemlich allgemein menschlich für die ältesten Zeiten unseres Geschlechtes anzusehen.

1. Australier

Die erwähnte Kulturgruppe, die nach der Reihenfolge der Kulturlagerung in den südlichen Erdteilen, den Rändern der Ökumene zu, als nächstjüngere nächst der tasmanischen zu gelten hat, besteht hauptsächlich aus der sogenannten „altaustralischen" Kultur, derjenigen, die für den fünften Erdteil besonders charakteristisch geworden und geblieben ist, und der dem Kulturalter nach entsprechenden, in einer Reihe von Einzelheiten auch verwandten „nigritischen" Kultur Afrikas [9]. Als deren verhältnismäßig reinster, von jüngeren Einflüssen wenigst berührter Zweig ist die Kultur der Buschmänner in der südafrikanischen Kalahari zu nennen. Kulturverwandt mit den Buschmännern sind die verschiedenen Pygmäenstämme Innerafrikas. Doch sind diese und noch mehr die asiatischen Pygmäen bereits innig in Gebiete jüngerer Kultur hinein- oder an sie herangebettet. Sie sprechen z. B. nie oder fast nie kultureigene Sprachen. Und deshalb sind ihre Verhältnisse und Anschauungen nur mit sehr großer Vorsicht für die Fragen ältester Kultur, damit natürlich auch Weltanschauungsfragen, zu verwenden [10].

Kaum bemerkt zu werden braucht, daß die Menschen der eben erwähnten Kulturen in engster Fühlung mit der Natur leben. Wirtschaftlich sind sie — zunächst einmal die Australier — Sammler (die Frau) und Jäger (der Mann). Sie nehmen die Nahrungsmittel — verschmähen dabei kaum etwas, nicht einmal z. B. Raupen — im wilden Zustande, wo sie solche finden. Deshalb sind sie auch Nomaden auf dem Gebiete ihrer Gemeinschaft. Denn sie leben durchaus nicht — das gilt ebenso wie die wirtschaftlichen Anmerkungen auch von den Tasmaniern — ohne jede Ordnung, sondern in Gemeinschaften, die nach außen ihre festen geographischen Grenzen solidarisch verteidigen, im Innern durch einfache Maßnahmen den Frie-

DIE MAGISCHE WELTANSCHAUUNG (AUSTRALIER)

den wahren, also in einer Art kleiner Staaten. Innerhalb dieser Staaten finden sich die Familien, richtige Kleinfamilien in unserem Sinne mit fester Ehe, meist Einehe, je nach Bedarf, besonders wirtschaftlichen Bedürfnissen, zu kleineren oder größeren gemeinsamen Unternehmungen zusammen.

Die Denkart dieser Australier als der Vertreter einer besonders niedrigen Kulturform hat im Laufe der Zeit vielfach die Aufmerksamkeit erregt. Den allgemeinen Anschauungen von W. Wundt [11] folgend, hatte A. Vierkandt allgemein das vorwiegend assoziative Denken der Naturvölker dem stark mit logischen Bestandteilen durchsetzten der Kulturvölker entgegengesetzt [12]. Dann fand man, wie ich bereits erwähnte, zumal bei den Australiern eine präanimistische, besonders in Zauberglauben und Zauberbräuchen zum Ausdruck kommende Weltanschauung [13]. Und zuletzt hat dann Lévy-Brühl wieder im wesentlichen dieselbe Anschauungs- und Denkweise als kennzeichnend für alle Naturvölker dargestellt [14].

Wenn er dabei diese Denkart als mystisch bezeichnet, wenn er annimmt, daß, abgesehen von der wichtigen Rolle der Gefühls- und Willenseinschläge, Vorstellungen von über- oder außernatürlichen Vorgängen die ganze Anschauungsmasse durchziehen, ihr die eigentlich typische Note verleihen, so scheint mir damit, wenigstens für die ganz Primitiven, eine Orientierung nach der falschen Seite hin gegeben zu sein. Der Australier faßt nicht das Natürliche übernatürlich, sondern umgekehrt, das Übernatürliche natürlich auf. Bezeichnend dafür ist die bekannte Art der Behandlung von Krankheiten. Von deren Natur und Ursachen wissen die Eingeborenen nichts, fassen sie vielmehr ebenso wie Todesfälle in der Regel als Folgen eines Zaubers auf. Aber welcher Art ist der Zauber? Er besteht gewöhnlich darin, daß irgendwer einen meist festen und harten Gegenstand in den Körper des Kranken hineingeschleudert hat. Diese sehr stofflich gedachte Ursache von Schmerz und üblem Befinden gilt es dann aus dem Körper zu entfernen. Und das geschieht wieder durch sehr natürliche Mittel, durch Streichen, Kneten, vor allem Saugen. Zuletzt wird meist ein Stück Knochen oder Stein als der herausgeschaffte Übeltäter vorgewiesen [15]. Ähnliche grobsinnliche Auffassung ist schon bei den Tasmaniern nachzuweisen. Diese brachten sich im Krankheitsfalle Wunden bei, von der Meinung ausgehend, daß die Ursache der Krankheit wie eine Art Krankheitsstoff aus der Öffnung, gegebenenfalls mit dem Blute, entweiche [16]. Beibringung von Wunden, sogenannte Narbentatuierung oder Skarifizierung, war bei den Tasmaniern auch als Initiationsbrauch, mit der Absicht, Kinder zu Erwachsenen zu machen, üblich [17], eine Sitte, die dann in Australien und bei andern primitiven Völkern ebenfalls weit verbreitet ist. Die kindliche Schwäche im Vergleich mit der Kraft des Erwachsenen ist hier wohl gleichfalls ursprünglich als eine Art Krankheit aufgefaßt, die man aus dem Körper herauslassen muß. Dem gleichen Zwecke dient in der altaustralischen Kultur nicht unwahrscheinlich das Zahnausschlagen, das eine Lücke in die Zahnreihe macht, ebenfalls eine Mannbarkeitszeremonie [18]. Wenn umgekehrt die Australier, und zwar in erster Linie die in der Welt des Zaubers lebenden und ihm deshalb besonders ausgesetzten Zauberer, den Nasenstift tragen, so tritt darin die Absicht zutage, eine besonders empfindliche Körperöffnung gegen bedenkliche Einwirkungen von außen her zu verschließen [19]. Und wieder — später zeigt sich das gleiche Bestreben in Schmuck und Bekleidung anderer Körperöffnungen [20] — ist die grobsinnlich-stoffliche Auffassung zauberischer Gefahren deutlich.

Augenscheinlich handelt es sich in all diesen Fällen um aus der Erfahrung gewonnene außerordentlich feste Assoziationen zwischen gewissen Ursachen und Wirkungen, so fest, daß nunmehr auch über die Erfahrung hinaus beim Auftreten bestimmter Wirkungen die bestimmten ursächlichen Beziehungen mit ins Bewußtsein treten. Assoziationen natürlich nicht in dem von Lévy-Brühl [21] unterstellten Sinne, daß die einzelnen Bestandteile solcher Assoziationen notwendig vorher einzeln im Bewußtsein vorhanden waren. Es kann sich auch um Gesamtvorstellungen handeln, deren einzelne von Anfang an fest assoziierte Teile unter Umständen erst später durch Analyse auseinandertreten können. Wie weit das eine, wie weit das andere der Fall ist, wird jedesmal besonders zu entscheiden sein. Der die ganze Sphäre deckende Begriff ist aber eben der der Assoziation, wenn wir ihn nicht zu enge fassen. Und in diesem Sinne ist der entsprechende geistige Vorgang auch für andere Zaubervorstellungen maßgebend. Das gilt etwa von dem Personenzauber, in dem die beiden Assoziationsformen nach Ähnlichkeit und nach Berührung eine Rolle spielen. Die noch in jüngeren Kulturen häufige Vorstellung, das Schicksal eines menschlichen Bildes treffe das Urbild, ist auch den Australiern geläufig. Der Gegenstand, den der Australier als Darstellung seines Gegners verwendet, den er entweder am Feuer röstet oder im Wasser verrotten läßt, um jenen krank zu machen oder zu töten [22], ist zwar gemeiniglich nicht allzu ähnlich. Aber der zaubernde Eingeborene hat ihn selbst als Repräsentanten des Gegners gewählt. In seiner Vorstellung ist es der Feind, die Assoziation ist vollständig. In diesem Sinne kann schließlich jeder beliebige Gegenstand den Feind ersetzen. In unüberlegten Wutausbrüchen geben ja auch wir wohl reflexmäßig einem Tisch oder Stuhl einen Faustschlag oder einen Stoß. Aber wenn das bei uns ein reiner Gefühlsausdruck geworden ist, so bleibt beim Australier die Vorstellung des Gegners mit diesem Gefühlsausdruck so eng verknüpft, daß ihm der leblose Gegenstand mit jenem identisch wird. Deshalb ist es auch möglich, die feindliche Handlung selbst ohne jedes anwesende Objekt als Zauberhandlung auszuüben. So wenn der Südost- oder Zentralaustralier mit einem spitzen Knochen oder Holz unter Verwünschungen, besonders Nennung der gewünschten Todesart, in der Richtung auf das entfernte Opfer sticht. Die durch Leidenschaft verstärkte unmittelbare Gegenwart des Feindes im Bewußtsein macht die Handlung — wenigstens ursprünglich — zu einer unmittelbaren Mordtat. Und die dabei bisweilen vorhandene Anschauung, daß eine Menschenhaarschnur die Leidenschaft und Kraft eines Helfers in den Zauberknochen überleiten könne, deutet wieder auf die grobsinnliche Idee von geistigen Eigenschaften [23].

Gleiche, bis zur Vorstellung der Identität gehende enge Assoziationen ermöglichen weiter auch den Analogiezauber nach dem Grundsatze der Berührung. Der Südostaustralier verwendet statt eines Bildes oder sonstigen Repräsentanten der feindlichen Person, um sie zu schädigen, auch etwas vom Haar des Betreffenden, oder ein Stück seiner Kleidung, etwa seines Fellmantels, ja sogar etwas von seiner Mahlzeit oder einen Knochen, den er verloren hat [24]. Er zaubert ihm Quarzstücke in den Körper, indem er sie in seine Fußspur steckt[25], deren nochmaliges Betreten durch denselben Menschen doch so gut wie ausgeschlossen erscheint. Die Ausübung des Personenzaubers an einer Stelle, wo der zu Bezaubernde ein Bedürfnis verrichtet hat, gilt stellenweise als besonders wirkungsvoll[26]. Weit verbreitet ist endlich die Abneigung, den eigenen Namen oder den einer befreundeten Person auszusprechen, weil auch der Name als Teil der Person gilt und deshalb der mit ihm ausgeübte Zauber den Eigner trifft[27].

Ganz ähnliche Vorstellungen wie dem Personenzauber liegen dem Jagdzauber zugrunde. Wenn man ein Bild des erstrebten Wildes auf der Erde darstellt und dies Bild speert, so gilt das als Garantie einer glücklichen Jagd. Das gleiche Ziel wird aber erreicht, wenn man eine Jagd oder die Jagdtiere mimisch darstellt[28]. Bei der Verfolgung eines Tieres ermüdet man es, indem man glühende Kohlen in seine Fußspuren streut[29]. Auch hier ist die Jagdleidenschaft, der Hunger nach Beute, Ursache für die Festigkeit und Lebendigkeit der Assoziation. Ganz ähnliche Gedankengänge finden sich aber auch bei anderen Formen des Zaubers. Regen wird im Südosten gemacht, indem man Wasser ausspritzt — in der Richtung, aus der die Regenwolken in der Regel zu kommen pflegen[30]. Bei den Dieri lassen alte Leute Blut fließen; Wolken werden mit Steinen oder mit in Wasser aufgelöstem Gips dargestellt[31]. Bei den zentralaustralischen Vegetationszeremonien, um Pflanzen und Tiere gedeihen zu lassen — sie sind übrigens sicher vielfach jünger und deshalb hier nur kurz zu erwähnen —, werden ebenfalls vielfach Szenen aus dem Leben des Tieres mimisch dargestellt, sonst wohl Szenen aus dem Leben der Totemvorfahren — jedes Totem entspricht einer Tier- oder Pflanzenart. Bisweilen werden heilige Gegenstände, die mit der betreffenden Naturerscheinung in Verbindung stehen, pfleglich, gewissermaßen liebevoll behandelt, mit Fett oder roter Farbe eingerieben u. dgl. mehr[32]. Und zwar kommt dieses Verfahren auch im Südosten vor[33], wo wir meist die älteren Kulturformen finden.

Weit verbreitet ist die Anschauung, daß Teile lebender Wesen, deren Haare, Knochen, Fett, die Eigenschaft des Lebens, der Gesundheit durch Berührung zu übertragen vermögen. So wurden schon in Tasmanien menschliche

DIE MAGISCHE WELTANSCHAUUNG

Knochen als Amulette getragen, besonders in Krankheitsfällen [34]. In Australien ist der Gebrauch des menschlichen Haares zu Gürteln und anderen Schmucksachen fast allgemein [35]. Haarschnur spielt auch bei einigen Zaubergebräuchen als besonders wirksam eine Rolle [36]. Nierenfett ist von allen Teilen des Tieres oder Menschen der wertvollste. Känguruhfett verleiht den Zaubergeräten der Kurnai größere Kraft. Will man den Tod eines Angehörigen durch Personenzauber rächen, so belebt das Fett des Toten den Zauberknochen, den man damit einreibt. Das Fett eines Menschen, und zwar augenscheinlich möglichst eines Lebenden, spielt im Zauber eine so große Rolle, daß man von allerhand Methoden weiß, wie die Zauberer der verschiedenen Stämme das Fett ihrer Opfer vor deren Tode erlangen können [37]. Es ist eben augenscheinlich die Meinung, daß die Lebenskraft des Menschen, zerstörend oder erhaltend, im Fett — besonders Nierenfett — hervorragend nutzbar sei. Besonders klar ist die entsprechende Assoziation, wenn einem kleinen Wakelburakinde die Zunge einer Eidechse zu essen gegeben wird, damit es rasch sprechen lerne [38]. Die ganze, in Australien verbreitete Sitte des Endokannibalismus beruht auf verwandten Gedankengängen. Da man sich die Eigenschaften des Gegessenen aneignet, Jugendkraft, Klugheit u. dgl., so ißt man besonders häufig Kinder, aber auch alte Männer [39].

In den vorerwähnten Fällen wird die suggestive Festigkeit der Assoziation augenscheinlich durch ein leidenschaftliches Begehren oder wenigstens einen lebhaften Wunsch mitbedingt. Doch ist das schon bei magischen Anschauungen nicht überall vorauszusetzen. So, wenn bei den Wotjobaluk der gerade Finger, mit dem man auf den Regenbogen zeigt, krumm wird [40]. Zu weit geht Wundt deshalb wohl unbedingt, wenn er die Mitwirkung eines solchen Willenselementes als notwendige Voraussetzung auch für die Entstehung der mehr mythischen Gedankengänge fordert [41]. Recht hat er zweifellos mit dem Satze, daß auch hierbei assoziative Vorgänge die Hauptrolle spielen. Als Voraussetzung für die Entstehung von Mythen tritt dann besonders das ausgesprochene, aber begrenzte Kausalbedürfnis der Eingeborenen hervor. Begrenzt insofern, als es sich darauf beschränkt, von der zu erklärenden Erscheinung in der Kausalreihe einen Schritt zurück zu tun.

Fast nie fragt er, wie nun dieser Bedingungszustand oder die Bedingungsvorgänge selbst zustande gekommen seien. Er hat zwar ein Kausalbedürfnis, aber er denkt nicht historisch. Sehr allgemein ist die Anschauung, daß dem heutigen Zustand ein anderer vorhergegangen sei, daß beispielsweise der Mensch ein Tier, ein Tier ein Mensch gewesen sei, oder beide Wesen unbestimmter Form, und es wird dann von der Verwandlung berichtet [42]. Oft begnügt man sich einfach, die Tatsache einer solchen Verwandlung festzustellen. Wenn aber eine erklärende Geschichte erzählt wird, so beruht sie augenscheinlich auf der Assoziation mit erfahrungsmäßig geläufigen Vorgängen, entweder aus dem Menschen- oder Naturleben.

Auf den ersten Blick verständlich ist es etwa, wenn ein Flußlauf auf Bewegungen einer Schlange oder eines Fisches zurückgeführt, seeartige Erweiterungen dann als Ruheplätze des Tieres aufgefaßt werden [43]. Besonders wichtig sind für den Eingeborenen die Tiere des Landes; und so hat er denn eine Menge Geschichten, die das Aussehen oder die Lebensweise derselben erklären. Rote Flecken im Gefieder des schwarzen Kakadu und eines Habichtes rühren von einem großen Feuer her [44], das Spritzloch des Walfisches von einem Speerstich, den er einmal — übrigens noch als Mensch — in das Hinterhaupt erhalten hat [45]. Der Strandläufer hat sich seinen eigentümlichen Gang — bei dem er immer abwechselnd ein Stückchen läuft und ein Weilchen stillsteht — angewöhnt, als er dem Hüter des Wassers unbemerkt folgen wollte und dabei jedesmal, wenn dieser sich umdrehte, unbeweglich stillstehen mußte [46]. Genau wie der Eingeborene selbst auf der Jagd wie ein Baum stehen muß, wenn das Wild sich nach ihm umschaut. Sehr drastisch ist die Erzählung der Kurnai, daß ein großer Frosch im Anfange alles Wasser verschluckt hatte, und daß man es für die Welt rettete, indem man ihn zum Lachen brachte [47]. Auch von der Gewinnung des für die Primitiven so wichtigen Feuers wird gewöhnlich nur erzählt, daß irgend jemand es aus Eigennutz verborgen hielt und es ihm mit List oder Gewalt entrissen wurde. Die auch hierbei gelegentlich erwähnte Erregung von Gelächter als Mittel, die Aufmerksamkeit des anderen abzulenken, ist natürlich ein den Schwarzen aus der Erfahrung geläufiger Trick [48].

Die Himmelswelt wird ebenso nach Analogie der Erfahrung interpretiert. Sicherlich nicht infolge von logischen Erörterungen, sondern indem sich das, was man dort oben sieht, einfach mit den irdischen Erscheinungen im Bewußtsein assoziiert. Die Sterne im ganzen erscheinen entweder als Menschen jener anderen Gegend — gegebenenfalls als die hier unten gestorbenen —, als ihre Feuerbrände oder Lagerfeuer [49]. Auch die einzelnen Gestirne werden als Menschen aufgefaßt. Besonders interessant, weil die Vorstellung sich in der antiken Sage von Orion und den Plejaden fortsetzt, ist es, daß diese Sterngruppe weithin in Südaustralien als Gruppe von sieben Mädchen angesehen wird, denen ein Jäger — hier Aldebaran — nachgeht [50]. Als eine der größten und wichtigsten Konzeptionen ist in diesem Zusammenhange der Mythus von der Sintflut zu erwähnen, einer der wenigen großen Mythen, die wir mit Sicherheit der ältesten australischen Kultur zuschreiben können. Im alten Australien wie in anderen primitiven Formen erscheint dieser Mythus in etwas abweichender Gestalt von der, die wir kennen. Vor allem geht der eigentlichen Flut ein großer Brand, ein Sinbrand, voraus [51]. Und in dieser Form ist der Mythus tatsächlich ein einfach naiver, assoziativ geschauter Himmels-, in der Hauptsache Tagesanbruchsmythus. Die Menschen sind wieder die Sterne, über die zuerst das Morgenrot hinweggeht und die dann in der wasserhellen Flut des Taghimmels endgültig untergehen. Erst am Abend kommt zunächst ein Teil von ihnen wieder hervor und vermehrt sich allmählich. Ob die Rettung eines Menschen oder Menschenpaares im Kahn diesen ältesten Formen des Mythus bereits angehört, ist nicht ganz sicher. Doch fügt sie sich noch demselben Gedankenzusammenhange ein; der Mondkahn ist ja tatsächlich das einzige, was vom Nachthimmel auch am Tage sichtbar bleibt. Der Urheber der Tagflut ist die Sonne. Und so hat denn der Sender der Sintflut in Australien deutliche Züge einer sonnenmythologischen Figur. An einer anderen Stelle ganz alter Kultur — in Feuerland — wird er geradezu mit der Sonne identifiziert [52]. Bedeutsam ist, wie diese weitverbreitete Sage sich lokale Naturerscheinungen assoziiert. So wird in Victoria, wo das Südlicht häufiger zu sehen ist, dies als Mungan-ngauas, des Gottes, Feuer angesehen und bei seinem Erscheinen die Wiederkehr der großen Katastrophe gefürchtet. Sonne und Mond werden wohl auch sonst in der gleichen alten Kultur persönlich aufgefaßt als frühere Menschen, die aus irgendeinem Grunde zum Himmel hinaufgestiegen sind [53]. Die Sonne taucht abends in eine Grube auf der Erde hinab und kehrt nachts im Süden herum zu ihrem Aufgangsorte zurück [54]. Bei den Euahlayi verfolgt die Sonne den Mond, der sie verschmäht hat, und veranlaßt die Sterne, ihn zurückzuhalten (um die Verzögerung des Mondes zu erklären) [55]. Es sind lauter Mythen, die in ihren kausalen Verknüpfungen sehr farblos sind. Daneben finden sich in Australien, wenn auch seltener, unpersönliche Auffassungen wie die des Mount Elliot, wonach die Sonne als Ball den Menschen des Westens von denen des Ostens zugeworfen wird [56]. Wo persönliche Auffassung herrscht, wie bei den Narrinyeri, werden die Phasen des Mondes etwa als ein Abmagern — infolge unsittlichen Lebenswandels — und wieder Fettwerden — infolge Genusses kräftiger Nahrung — angesehen [57].

Die augenfällige Vorstellung des Himmels als einer geschlossenen, auf der Erde stehenden Glocke ist den Südostaustraliern nicht fremd [58], aber mehrfach mit der jüngeren Idee von der Emporhebung des Himmels [59] verbunden, so daß es zweifelhaft wird, ob sie selbst bereits der altaustralischen Kultur angehört. Jedenfalls ist die Abschließung nicht sehr ernst gemeint; jenseits wohnen andere Menschen, etwa die Verstorbenen, und der Verkehr ist augenscheinlich nicht sehr erschwert. Eine Rolle spielt der Gedanke eines festen Weltabschlusses in der altaustralischen Welt nicht. Es ist im übrigen geradezu typisch für die australische Weltanschauung, daß eine Unzahl von Einzelheiten, von Einzelbeziehungen lebhaft und fest vorgestellt wird, ohne daß man dem Versuche größerer Zusammenfassungen, Systematisierungen begegnete. Man kann sogar sagen, daß am einzelnen Objekte die Eigenschaften, die Wirkungen, die Beziehungen zu anderen lebhafter ins Bewußtsein treten — sie sind es ja auch, die den Menschen praktisch näher angehen — als das Objekt in seiner Substanz. Darauf beruht ja eben die unglaubliche Leichtigkeit der Assoziation, von der ich gesprochen habe, vor allem etwa das völlige Durcheinandergehen der Hauptkategorien des Naturlebens: Mensch, Tier, Pflanze, Unbelebtes, für das Denken des Eingeborenen. Man darf sagen, daß von den beiden wichtigsten Kategorien des menschlichen Denkens, der Kausal- und der Substanzkategorie, die erste im primitiven Denken ungleich kräftiger arbeitet als die zweite. Denn die Vorstellungen von Kausalreihen gehören selbst dann, wenn sie durch Analogiebildung gewonnen sind, zu den sichersten Erkenntnissen des Australiers. Das zeigt sich besonders in den gar nicht seltenen Fällen, wo die Überzeugung, einem Zauber verfallen zu sein, suggestiv den Tod zur Folge hat oder Rettung nur durch die Gewißheit eines Gegenzaubers erzielt wird [60].

Daß diese Art zu denken wirklich in unserem Sinne primitiv, das heißt, nicht nur den eigentlichen Australiern, sondern auch schon den noch kulturälteren Tasmaniern eigen gewesen ist, dafür erwähnte ich früher den Gebrauch der Narbentatuierung und der Knochenamulette [61]. Bezeugt ist ferner die Verwendung von Steinen als Repräsentanten von Menschen im Zauber [62]. Nur daß hier nicht die Vernichtung, sondern durch pflegliche Behandlung der Steine [63] die Behütung Abwesender bezweckt wird.

Dem bisherigen Ergebnisse, daß der Primitive die Welt gewissermaßen durch ein Insektenauge, daß er in der Hauptsache Einzelbeziehungen sieht, die ihre Vereinigung nur durch den Eingang in das gleiche menschliche Wahrnehmungszentrum finden, widerspricht scheinbar die Tatsache, daß doch auch die primitiven Völker höhere Wesen kennen, die in gewissem Sinne das Ganze des Weltalls oder doch größere Abschnitte in ihrem Wirkungsbereiche zusammenfassen. Dem Tasmanier teilt sich die Gewalt über die irdischen Dinge gewissermaßen dualistisch unter zwei Wesen, ein gutes, freundliches, das dem Tage vorsteht, und ein schlechtes, unfreundliches, das die Nacht regiert [64]. Doch ist die Entstehung wenigstens des einen, des Nachtgottes, aus dem Denken des Primitiven leicht zu verstehen. Die Ursache schreckhafter Erscheinungen, ungewöhnlich starker Furchtgefühle ist ihm in dem Glauben an den Zauber menschlicher Feinde doch nicht hinreichend klar gegeben. Da erzeugt die Phantasie dem Tasmanier wie den übrigen Australiern unbestimmte Bilder von Urhebern solcher Erscheinungen. Diese Schreckgestalten werden dann wohl teilweise lokalisiert, in Wasserlöchern, Felsabstürzen, unheimlichen Dickichten, hier und da ihnen auch die erfahrungsmäßig geläufige Form eines unheimlichen Geschöpfes zugeschrieben, etwa einer Schlange⁶⁵. Anderseits wirkt aber gerade der unbestimmte Charakter des zugrunde liegenden Gefühls dahin, dem fraglichen Wesen nicht nur eine unbestimmte Gestalt zu lassen, sondern auch dazu, das gleiche Gefühl bei den verschiedenen Veranlassungen auf das gleiche Wesen zurückzuführen, also die Gestalt zu schaffen, die der Eingeborene mit ganz richtiger Anpassung an europäische Begriffe als „Teufel" bezeichnet, wie den Brewin in Victoria oder den Cienga bei New Norcia in Westaustralien. Nun ist aber das Allerunheimlichste für den Primitiven die Nacht, die Dunkelheit. Allgemein bekannt ist, daß er kaum zu bewegen ist, im Dunkeln sein Lagerfeuer ohne erleuchtenden Feuerbrand zu verlassen. Das ist die seelische Verfassung, aus der heraus die Nacht als das Übel κατ'ἐξοχήν erscheint, der Begriff eines Nachtgottes im Sinne einer bösen Gewalt entsteht. Von dieser Gefühlsgruppe her ist es auch zu verstehen, daß der Mond als Nachtherrscher zu einem bösen Wesen wird⁶⁶. Doch ist nicht zu erkennen, daß er nun bei diesen Primitiven schon mit dem Nachtgotte zusammenfließt, der böse Gott selbst als Mondwesen auftritt. Ja in der eigentlichen australischen Kultur scheint wenigstens vielfach die andere schon erwähnte Gedankenverbindung die Oberhand behalten zu haben, daß der Mond, das wichtigste der menschlich gedachten Nachtgestirne, der erste Mensch sei⁶⁷. Für die Tasmanier ergibt sich jedenfalls mit Wahrscheinlichkeit, daß die eine umfassende Gestalt des Nachtgottes in der unbestimmten Welt des Gefühls ihren Ursprung hat. Zwar ist auch hierbei eine lebhafte Assoziation deutlich. Doch fehlen ihr die scharfumrissenen Einzelformen, die den Dingen der täglichen Erfahrung eigen sind. Kaum fehlgehen werden wir in der Annahme, daß die Gestalt der guten Tagesgottheit eben dem Gegensatze gegen den Nachtgott, etwa der Gefühlsreaktion gegen die Nachtstimmung, ihre Entstehung verdankt. Denn der Begriff des Guten, Angenehmen, Nützlichen ist ja immer nur im Gegensatze gegen Böses, Unangenehmes, Schädliches zu fassen.

Noch umfassender als die Gestalten der beiden tasmanischen Götter ist das Wesen des Allvaters, des großen Schöpfergottes der Australier, wie er vor allem im Südosten des Erdteils, eben der Heimat ältester Kultur nach den Tasmaniern, zu Hause ist, Mungan-ngauas, Bundjils, Baiames, Nurunderes und wie seine Namen sonst heißen[68]. Neben ihm steht meist eine zweite, mächtige, aber untergeordnete Gestalt, die öfter als sein Sohn, häufig jedoch zugleich als Urahn des Menschen gilt. Bisweilen, wie bei den Kurnai, hat der große Gott keine Frau oder eine, die unsichtbar ist, hat auch seinen Sohn gegebenenfalls ohne Frau gezeugt[69]. Er gilt vor allem als Schöpfer, als erste Ursache mindestens aller für den Menschen wichtigen Dinge, als erster Verfertiger der wichtigsten Geräte, wie des Bumerangs, als Zauberer, dessen Macht keine Grenzen hat, Häuptling im Himmel. Die Kunde von ihm wird den Jünglingen bei den Einweihungsfesten, wenn sie in den Stand der Männer aufgenommen werden, von den alten Männern mitgeteilt. Diese Feste werden häufig von vielen benachbarten Stämmen gemeinsam gefeiert. Durch Boten werden sie an den Festplatz zusammengeladen, und ein Gottesfriede herrscht während der ganzen Festzeit. Es ist die primitivste Form der Amphiktyonie, die uns hier entgegentritt. Sehr wichtig ist ferner, daß der große Gott nicht nur als Schöpfer und Former aller Dinge gilt, sondern auch als Wahrer der Stammessitte[70]. Eben er ist es, von dem erzählt wird, er habe in alter Zeit, als die Menschen die guten Sitten vergessen hätten, zur Strafe den Sinbrand und die Sintflut geschickt. Ich sprach schon davon, daß die Kurnai noch heute beim Erscheinen des Südlichtes gleiche Ereignisse fürchten. Und die Feuerzeremonie der Warramunga in Zentralaustralien hat nicht unwahrscheinlich den Sinn, ein ähnliches Ereignis und ähnliche Furcht den Jünglingen einzuprägen[71]. — Was nun Wesen und Sinn des großen Gottes betrifft, so ist erstens zu sagen, daß seine Existenz das lebhafte Kausalbedürfnis der Eingeborenen abschließend befriedigt. Aber Preuß[72] hat vielleicht recht mit dem Zweifel, ob ein so abstrakter Begriff wie die *prima causa* die Schöpfung einer immerhin so lebensvollen Gestalt durch primitive Menschen hervorzuzurufen geeignet erscheint. Er gilt natürlich auch als Urheber der Riten und Zauber, durch die der Mensch die Natur beherrscht, und insofern sichert seine Existenz auch heute noch den Bestand des Menschengeschlechtes. Ich erwähnte ferner schon, daß die Idee der *prima causa* sich in ihm an die sehr reale Erscheinung des Tagesgestirns angeknüpft hat. Die Sonne läßt am Morgen alle Dinge wieder deutlich hervortreten. Sie schafft sie gewissermaßen alle Morgen neu. Die Sonne ist es, die in Nordwestaustralien den Mond als Bumerang von sich fortschleudert, der dann natürlich wieder zu ihr zurückkehrt [73]. Sie ist es aber auch, die — in Victoria — den Mond aus sich heraus erzeugt, ganz richtig ohne Dazwischenkunft eines dritten Wesens. So ist das Spiel der Assoziationen bei Entstehung dieser Göttergestalt klar genug. Und doch verdankt sie ihre überragende Bedeutung, ihre lebendige Herausarbeitung in dieser alten Kultur noch einem anderen Faktor, nämlich dem ethischen. Der Gott gewährleistet nicht nur die physische, sondern vor allem die soziale Existenz des Menschen und damit sein eigentliches Wesen.

Während das tägliche Leben, der wirtschaftliche Kampf ums Dasein den Primitiven in immer wechselnde Lagen, vor lauter verschiedene Bilder und Beziehungen stellt, ist das soziale Dasein — und das ist ihm mit dem ethischen identisch — die große Ganzheit, in der ihm aller einzelne Lebensinhalt zusammenfließt. So locker die Bänder sind, die eine primitive Gemeinschaft zusammenhalten, so fest sind sie doch auch. Während er die Bedürfnisse des individuellen Lebens gewissermaßen automatisch nachahmend befriedigen lernt, werden ihm die Gesetze des sozialen Zusammenlebens durch eindrucksvolle Eziehungsmaßnahmen eingeprägt. In den sogenannten Initiationsfeiern, durch die der Jüngling oder Knabe zum Manne gemacht wird, erreicht man diesen Zweck nicht nur physisch durch allerhand zauberhafte Handlungen, sondern dem durch Wachen und Fasten allen Eindrücken zugänglich gemachten Gemüte wird mit dem höheren Wissen der Männerwelt vor allem die vorgeschriebene Stammessitte, in erster Linie Ehrfurcht und Gehorsam gegenüber den alten Männern, eingeimpft, eine Suggestion, die ihre Kraft während der ganzen Dauer des Lebens nicht verliert [74].

Um zusammenzufassen: Die Weltanschauung der Australier einschließlich der Tasmanier umschließt eine große Masse ziemlich unzusammenhängender, jedenfalls ungeordneter Einzelvorstellungen und Einzelbeziehungen. Erweiterung der Erfahrung erfolgt im wesentlichen auf Grund von Assoziationsvorgängen, bei denen das Kausalbedürfnis eine große Rolle spielt, während die Leichtigkeit ihres

Zustandekommens auf eine geringere Wirksamkeit der Substanzkategorie deutet. Tragen hier schon Trieb- und Willenserscheinungen sehr zur Festigkeit der Assoziationsgebilde bei, so sind bei der Zusammenfassung des Weltbildes unter eine oder mehrere Spitzen hauptsächlich außerintellektuelle Faktoren, unbestimmte Gefühle und ethische Bedürfnisse beteiligt.

Die Anschauungsweise eines Volkes spiegelt sich in seiner Kunst. Die Tasmanier freilich scheinen davon sehr wenig besessen zu haben. Einzig etwa die Art, wie sie ihre Tatuiermarken und ähnliches anbrachten, deutet auf das Vorhandensein eines rhythmischen Gefühls, das natürlich auch in ihren Tänzen hervortritt [75]. Die Festlandaustralier kennen dagegen außer der einfachen Ornamentik zwei Seiten bildender Kunst, die ganz deutlich den beiden Hauptseiten ihrer Weltanschauung entsprechen. Erstens werden — besonders in Südost- und Nordwestaustralien — Einzelerscheinungen des täglichen Lebens — vor allem Tiere, Menschen, Waffen und Geräte — in flächenhafter Malerei mit irgendeinem Farbstoff meist auf Felsen, etwa in Höhlen, dargestellt. Die Darstellungen sind roh, geben aber doch die charakteristischen Züge und Haltungen besonders der Tiere sehr gut wieder. Die verschiedensten Zeichnungen auf derselben Fläche stehen der Regel nach in keinerlei Zusammenhang miteinander [76]. Bisweilen überdecken sie sich sogar. Anderseits wird der große Gott oft riesenhaft, aber äußerst roh mit einfachster Andeutung der Gliedmaßen dargestellt. Manchmal ist er nur ein Baumstamm mit Querbalken (als Arme) und Andeutung des Haarschopfes. Solche Figuren dienen in erster Linie der Veranschaulichung bei Initiationsfesten; leichtere Formen werden öfter bei Tänzen auf dem Rücken getragen, Strohpuppen im Nordwesten auch auf dem Kopfe [77].

2. Buschmänner.

Kulturverwandt [78] mit den Festlandaustraliern sind, wie bereits erwähnt, die Buschmänner, die bis zum heutigen Tage in Südafrika, besonders in den öden Gebieten der Kalahari, schweifen. Gewiß weist ihre Kultur gegenüber der ihrer schwarzen Brüder im Osten Fortschritte auf. Vor allem besitzen sie als Waffe den Bogen mit vergifteten Pfeilen. Und vielleicht hängt es damit zusammen, daß ein so australierähnliches Geräte wie der Parierschild des oberen Nils in Südafrika fehlt. Dagegen stehen sie wirtschaftlich und sozial so gut wie ganz auf australischem Standpunkte. Selbst wirtschaftliche Einzelheiten, wie die Verwendung der sogenannten Saugbrunnen in trockenen Zeiten, finden sich übereinstimmend in beiden Gegenden. Sie wohnen in den gleichen Bienenkorbhütten. Als ganz besonderes, höheres Eigentum der Australier sah man früher die sogenannten Botenstäbe an, mit Ritzwerk versehene Hölzer, die man Boten zur Beglaubigung mitgibt. Neuerdings hat man bei den Buschmännern ganz Ähnliches gefunden [79]. Im übrigen sind wir über die geistige Kultur der Buschmänner ihrer Unzugänglichkeit wegen leider sehr schlecht unterrichtet. Glücklicherweise gibt es wenigstens eine Sammlung von Erzählungen in Buschmannsprache mit Übersetzung, die gut in die Denkweise des Volkes einführt, von mythischen Erzählungen, Geschichten aus dem täglichen Leben, aus der Rechtsübung usw.[80]. Wichtig ist schon die ganze Art dieser Erzählungen, die nicht in knappen Worten rasch dahingleiten, sondern langsam und bedächtig, Schritt für Schritt von Gedanken zu Gedanken fortschreiten, Wichtigeres mehrmals wiederholend oder variierend, damit es sich ja dem Gedächtnisse, der Vorstellung gut einpräge.

Der besondere Inhalt zeigt nun mit den besprochenen Gedankeninhalten der australischen Kultur enge Berührung. Die eigentümliche Form der Assoziation in ihrer kausalen Verwendung ist etwa in der Vorschrift erkennbar, Kindern keine Schakalherzen zu essen zu geben, damit sie nicht feige würden wie die Schakale [81]. Wenn man zur Jagd geht, ißt man kein Fleisch eines schnellen oder überhaupt sehr beweglichen Tieres, wie des Springbockes, um diese Eigenschaft der Schnelligkeit nicht auf das Wild zu übertragen. Ja, es ist sogar gefährlich, Springbockfleisch auch nur anzufassen; denn mit denselben Händen faßt man ja auch Bogen und Pfeil bei der Jagd [82]. Handelt es sich hier schon um eine sehr weitgehende Vorstellungsassoziation, so tritt die Wirkungsart solcher Assoziationen besonders klar hervor in dem Verbote, bei der Jagd auf den Mond zu sehen. Dabei stören den Buschmann eine ganze Reihe von Assoziationen: Erstens ist der Mond überhaupt kein gutes, sondern ein böses Wesen, wie bei manchen Austra-

DIE MAGISCHE WELTANSCHAUUNG (BUSCHMÄNNER)

liern. Zweitens werden, im Falle der Jäger auf den Mond schaut, Raubtiere das Wild verzehren; der Mond wird ja auch allmählich aufgezehrt. Drittens gleicht der Schein des Mondes, der auf den Büschen liegt, flüssigem Honig; die getroffenen Tiere genießen Honig und werden wieder gesund; er macht das Gift des Pfeiles wirkungslos. Viertens aber bekommt das Wild die Neigung, weit fortzugehen wie der Mond und den Jäger auf diese Weise in die wasserlose Wüste zu locken. Wichtig ist dabei, daß nicht die Anwesenheit des Mondes diese Folgen hat. Man darf annehmen, daß die Helligkeit der Mondnächte im Gegenteil dem jagenden Buschmanne sogar angenehm ist. Das Wesentliche ist vielmehr, daß der Mond nicht angesehen wird, die verhaßten Eigenschaften des Mondes also dem Jäger nicht zum Bewußtsein gebracht werden[83].

Auch von der Wirkung des Zaubers ist der Buschmann genau so überzeugt wie der Australier. Er trägt die Teile verschiedener Tiere als Amulette an sich, um deren Eigenschaften auf sich zu übertragen oder sich gegen Übel zu schützen[84]. Krankheiten werden ganz in australischer Weise geheilt[85]. Und seit ein paar Jahren wissen wir, daß auch ganz australierähnliche Formen des Personenzaubers bei den Buschmännern vorkommen. Sehr verbreitet sind die sogenannten Buschmannrevolver, Bogen und Pfeile in kleinstem Format, die man früher teilweise für wirkliche Meuchelwaffen hielt, die aber zu diesem Zwecke ganz ungeeignet sind und von denen wir heute wissen, daß sie genau so arbeiten wie die australischen Zauberknochen. Indem man einen der Miniaturpfeile unter Verwünschungen in der Richtung auf eine Person abschießt, bringt man sie auf zauberhafte Weise in Unheil und Tod[86]. Sehr charakteristisch als Zauberhandlung ist endlich noch etwa die Aufführung des geschlechtlichen Elandbulltanzes bei der Initiation der Mädchen[87].

Auch den Himmelsvorgängen stehen die Buschmänner ganz ähnlich gegenüber wie die Australier. So wird von der Sonne einfach erzählt, daß sie einst von Kindern in die Luft geschleudert worden sei[88]. Aber neben diesen allgemeinen Zügen des Denkens fehlt den Buschmännern auch die mythische Spitze der Weltanschauung ebensowenig wie den Australiern. Zwar erscheint Kaggen nicht so erhaben wie der große Gott der Südostaustralier. Von seiner ethischen Aufgabe wissen wir nichts. Die Vermischung der menschlichen und tierischen Welt ist hier so weit gediehen, daß Kaggen selbst als Tier, als Mantisheuschrecke, erscheint und ganz in eine Verwandtschaft von Tieren hineingesetzt ist [89]. Aber er ist der Schöpfer, der große Zauberer, kann sich nach Wunsch verwandeln, sich sogar zerteilen lassen und plötzlich wieder ganz sein [90]. Er hat einen Sohn, der von den Pavianen — das sind hier augenscheinlich die Sterne — erschlagen wird. Mit seinem Auge spielen die Paviane und Kaggen Ball. Der Vater versteckt aber das Auge, legt es ins Wasser, und nach drei Tagen kommt der Sohn wieder neu und heil hervor [91]. Bei dem Ballspiele erinnere ich an die Randvölker der Erde, die bei einigen Australiern mit Sonne und Mond Ball spielen, sowie an den nordwestaustralischen Gott, der den Mond als Bumerang über den Himmel wirft [92]. Der Schluß der Geschichte erscheint als eigentümlich umgeformte Sintflutsage, wobei die drei Tage der bekannten Zeit der Unsichtbarkeit des Mondes entsprechen. Wenn von einer Seite berichtet wird, daß die Buschmänner Sonne und Mond verehren, so ist es eben nicht ganz ausgeschlossen, daß der Sonnengott Kaggen ist, und wir hätten darin eine neue Berührung mit den früher erwähnten australischen Vorstellungen.

Für die Frage, ob wir es bei dem Zurücktreten des ethischen Elementes in der Figur des großen Gottes mit einem ursprünglichen Fehlen oder einer Art Weiterbildung zu tun haben, kann uns die übrige Kultur Gesichtspunkte liefern. In der materiellen Kultur ist, wie erwähnt, die Existenz des Bogens — und des Musikbogens — Anzeichen etwas weiterer Entwickelung. Ähnliches finden wir aber auch in der Kunst. Zwar das Fehlen oder Unbekanntsein der einfachen plastischen Darstellungen deckt sich eben nur mit der Tatsache jenes Zurücktretens. Die berühmten Höhlenmalereien der Buschmänner tragen im Grunde denselben Charakter wie die der Australier. Aber sie sind nun doch wesentlich naturgetreuer und lebendiger. Die sicherere Formgebung, die der Natur abgesehene Färbung der Tiere, die Erfassung schwierigerer Körperansichten, wie der Rückansicht, sind bekannte Merkmale. Vor allem finden sich bei den Buschmännern, wenn auch selten, ganze Szenendarstellungen. Immer wieder abgebildete Beispiele sind die

DIE MAGISCHE WELTANSCHAUUNG (BUSCHMÄNNER)

bekannte Straußenjagd und der Rinderraub einer Buschmannhorde mit anschließendem Kaffernkampf [93]. Das sind Anzeichen dafür, daß die Fähigkeit zur Auffassung größerer, zusammenhängender Erscheinungsgruppen entschieden zugenommen hat, wenigstens bei einzelnen Individuen. Dieser Zustand setzt ein Vorstadium von der Art der Australier entschieden voraus. Ein Hinweis darauf, daß wir auch in anderen Dingen die australischen Verhältnisse für die älteren halten dürfen. Möglicherweise hat eben die wachsende Fähigkeit zur Einheit in der Anschauung zur Zurückdrängung des ethischen Einheitsmomentes in der Weltanschauung beigetragen. Nicht zur Zurückdrängung des ethisch-sozialen Bedürfnisses selbst. Denn der straffe Gemeinsinn mitsamt der Initiationserziehung ist in den Buschmännern ebenso lebhaft wie in den Australiern.

II. DIE ANIMISTISCHE WELTANSCHAUUNG DER ÄLTEREN BODENBAUVÖLKER (MUTTERRECHTLICHE KULTUREN)

Den verhältnismäßig primitiven Sammler- und Jägervölkern, von denen bisher die Rede war, steht besonders scharf und deutlich eine Kulturgruppe gegenüber, die zunächst auch wieder wirtschaftlich gekennzeichnet ist. Am Anfange ihrer Ausbildung steht die Erfindung des Bodenbaues, die augenscheinlich von Frauen gemachte Entdeckung, daß Abfälle von Nahrungsmitteln — es handelt sich zunächst um Knollenfrüchte — in günstigen Boden gesetzt, wieder austreiben, und daß die neuen Pflanzen bei geeigneter Pflege reicheren Ertrag liefern als die wildwachsenden Vorfahren. Die neue Erfindung gestattet es dem Manne, die weitaus größere Hälfte der Wirtschaftslast der Frau aufzubürden; die Frau wird in den ältesten Bodenbaukulturen mehr zum Arbeitstier als irgendwo anders. Da die verwandten Frauen ihre Pflanzungsarbeit aber naturgemäß gemeinsam verrichten, wird es von steigender wirtschaftlicher Bedeutung, mit welcher Gruppe von Frauen man verwandt ist. Und darauf beruht augenscheinlich die eigentümliche Sitte, die Verwandtschaft mütterlicher Seite besonders zu betonen, eben das sogenannte Mutterrecht. Erst allmählich gewinnt die Frau von da aus auch eine steigende soziale Bedeutung. In jüngeren Zweigen derselben Kultur werden die Frauen zum seßhaften Kern der Siedelungen, indem die Männer jeweils in andere Gemeinschaften hineinheiraten. Haus und Hausrat gehen z. B. in Südamerika in den Besitz der Frau über. Und hier und da, wie bei den Irokesen, gewinnt sie sogar öffentlich-politischen Einfluß: die Verteilung des nutzbaren Bodens bei Neuvergebung des Landes lag bei den Irokesen in der Hand der verheirateten Frauen, die auch die Friedenshäuptlinge zu wählen hatten [94]. Verbreitungsgebiete dieser Kultur sind vor allem die Tropengebiete der Erde: in der Südsee Melanesien — die älteste Form im Osten, die jüngere in Neuguinea —; Südostasien; in Afrika das Innere, in erster Linie das Kongogebiet, mit einem Küstenstreifen bis Senegambien; in Südamerika die Tiefländer des Amazonenstromes und Orinoco. Gerade in Amerika finden sich allerdings kulturverwandte Völker, wie schon berührt, auch in der gemäßigten Zone des Nordens: die Pueblo-Indianer des Felsengebirges und die atlantischen Bodenbauer (Irokesen, Maskoki u. a.). Einwirkungen der Kultur, wenn auch nicht der Bodenbau selbst, sind sogar an der äußersten Nordwestküste des Erdteils deutlich. Eine ähnliche Einwirkungszone der mutterrechtlichen Kultur ohne den Bodenbau, den das Land nicht trägt, streckt sich in der Südsee von der Nordostküste Australiens bis tief ins Innere hinein [95].

Der mutterrechtliche Charakter dieser Kulturen wird in ihrer Weltanschauung vielleicht später einmal psychologisch erkennbar werden [96]. Für den Anfang deutlicher sind Auswirkungen anderer Seiten der Entwickelung, vor allem des mit dem Bodenbau eng zusammenhängenden Überganges zur Seßhaftigkeit, zur Dorfsiedelung. Das Gemeinschaftsgebiet erhält in der Siedelung einen festen Mittelpunkt. Die Dorfgemeinde wird zur vorwiegenden politischen Einheit. Sie schließt sich selbst im Handel nach außen ab, indem sich die besondere Form des sogenannten Grenzmarkthandels ausbildet, die den Verkehr auf bestimmte Tage und bestimmte Grenzorte einschränkt [97]. Auf diese Weise verengert sich der Welthorizont, der Gesichtskreis, selbst gegenüber dem der Altaustralier mit ihren Amphiktyonien. Im Innern der kleinen Gemeinschaften fehlt natürlich ein Bedürfnis nach ständischer Gliederung; sie sind demokratisch. Dagegen führt das verstärkte Friedensbedürfnis zur Einschränkung der Selbsthilfe im Rechtsleben, zumal der Blutrache, zur Erfindung des Bußsystems [98]. Mit dem Aufkommen des Geldwesens machen sich plutokratische Neigungen geltend [99]. Materiell bereichert sich die zusammengezogene Kultur durch Erfindung der Frauenhandwerke, der Töpferei und bald der Weberei [100].

Auch religiös macht sich der Übergang zur Seßhaftigkeit bemerkbar. Den Mittelpunkt der religiösen Vorstellungsgruppen bildet der Totenkult. Der Gedanke, daß der

Mensch nach dem Tode doch in irgendeiner Weise weiterexistiert, ist freilich nicht neu. Wenn Tasmanier und manche Australier trotz mangelhafter Technik den Leichnam einscharren und das Grab dann beschweren, oder wenn sie die Leiche verbrennen [101], so bedeutet das nach unsern heutigen Anschauungen, daß sie den gewissermaßen mit Tod infizierten Körper scheuen, aber es für möglich halten, daß er ohne besondere Vorsichtsmaßregeln das Grab verlassen und die Lebenden belästigen könnte [102]. Umgekehrt liegt eine gewisse Fürsorge darin, wenn andere Australier den Leichnam nicht einfach so verscharren, daß die zugeschaufelte Erde ihn bedeckt, sondern wenn sie in dem Grabschacht eine seitliche Nische für den Toten herrichten, diese schließen und erst dann das Grab zuwerfen, so daß der Leichnam von der eingeworfenen Erde unbelästigt bleibt [103]. Tatsächlich wird mehrfach berichtet, daß die Tasmanier an ein Fortleben nach dem Tode glaubten [104]. Und in den Vorstellungen der Südostaustralier spielen die Toten eine gewisse Rolle, nicht nur als Sterne. Die Zauberer verkehren mit ihnen; sie machen Menschen zu Zauberern; ja auch gewöhnliche Menschen hören ihre Stimme und sehen morgens ihre Fußtapfen auf dem Boden [105]. Alles deutet darauf, daß sie nicht körperlos gedacht werden. Man glaubt anscheinend ursprünglich an ein gewisses Weiterleben des Leichnams, wozu sich auch die Tatsache fügt, daß die Weißen bei den ersten Besuchen vielfach als tote Schwarze angesehen wurden [106].

Eine wesentliche religiöse Rolle spielt dieser Totenglaube in den ältesten Kulturen augenscheinlich nicht. Wie denn auch die Totenvorstellung in die primitive Weltanschauung kein neuartiges Element hineinbringt. Das wird anders in den Bodenbaukulturen. Und zwar anscheinend in Zusammenhang mit dem seßhaften Leben. Traf der Nomade auf seinen Wanderungen nur selten und vielfach ungern wieder auf das Grab eines verstorbenen Angehörigen [107], so drängten sich dem Bodenbauer die Ruhestätten seiner Toten ständig in und um die Wohnsitze zusammen [108]. Die Furcht mußte abnehmen, das Zusammengehörigkeitsgefühl steigen. Tatsache ist, daß nun in den älteren bodenbauenden Kulturen das Bestreben auftritt, die Kräfte — Lebens- und Zauberkräfte — der Toten für die Gemeinschaft nutzbringend zu erhalten. Im Gedankengange schließen sich diese Bräuche noch vielfach dem alten Zauberglauben an. Das gilt augenscheinlich für den Schädelkult. Nach dem Grundsatze „*pars pro toto*" stellt der Schädel den ganzen Menschen dar. Indem ich den Schädel wieder ausgrabe und aufbewahre — vielfach im Gemeindehause —, habe ich die Anwesenheit des Toten in der Gemeinde und damit seine Nutzbarkeit für die Gemeinde gesichert [109]. Wichtig ist nun allerdings, daß gerade der Schädel, und fast ausschließlich der Schädel, in dieser Verwendung auftritt. Andere Knochen, wie Unterarmknochen, werden wohl amuletthaft gebraucht, etwa am Speer angebracht, um seine Wirkung zu verstärken [110]. Diese Sitten stehen aber abseits vom Schädelkult. Und diesem liegt augenscheinlich die Vorstellung zugrunde, daß im Schädel, im Kopfe irgendein besonders wichtiger Teil des Menschen verkörpert ist, etwas Belebendes, ein geistiges Prinzip, wenn auch eine deutliche Trennung von Körper und Geist deshalb noch nicht gedacht zu werden braucht. Die Assoziation, die dem ganzen Schädelkult zugrunde liegt, wird natürlich um so stärker, je lebhafter die Erinnerung an das Leben ist. So finden sich denn einzelne Fälle, in denen der ganze Kopf mit den Weichteilen durch Räuchern und Trocknen erhalten wird [111].ˣ Vor allem ist aber die Sitte verbreitet, auf dem Schädel die Weichteile durch Modellierung in Kitt- oder Tonmasse gewissermaßen wiederherzustellen [112]. In jüngeren Zweigen der Kultur ist es häufig, daß die Schädel in besonderen Kästchen, Schädelschreinen oder Schädelhäuschen, aufbewahrt werden [113]. Und ebenfalls in den jüngeren Teilkulturen macht sich noch eine besondere Entwickelung des ganzen Gedankens geltend: wurden früher nur die Schädel der Angehörigen wieder ausgegraben und aufbewahrt, so geschieht dies jetzt mit einer möglichst großen Zahl beliebiger Köpfe. Es entsteht die sogenannte Kopfjagd: Köpfe, durch Überfall auf Fremde, vor allem auch Frauen und Kinder, gewonnen, werden in gleicher Weise aufgehoben wie die der eigenen Angehörigen [114]. Die erwähnten Fälle, in denen der ganze Kopf konserviert wird — in Amerika tritt an seine Stelle vielfach der Skalp —, gehören überwiegend dem Kreise dieser Sitte an.

Wenn dem Schädel durch Übermodellierung der Schein des Lebens gegeben wird, so wirkt dabei augenscheinlich bereits auch die früher angeführte enge Assoziation zwischen Bild und Urbild[115]. Ganz auf dieser Verbindung beruht es, daß in dem Totenkult statt des Schädels und neben dem Schädel auch ein Bild des Toten eintreten kann. Daher die Blüte der Plastik — meist Holzplastik — in den älteren bodenbauenden Kulturen. Auf Naturähnlichkeit machen diese Gebilde in der Regel keinen Anspruch. Sie sind häufig ornamental stilisiert und treten hauptsächlich in zwei Formen auf: geben die Plastiken der älteren Kulturzweige, etwa in Ostmelanesien, den Menschen gewissermaßen in Grundstellung wieder, so macht sich später das Bedürfnis, Tote wiederzugeben, in der Wahl der sogenannten Hockerfigur geltend, einer Haltung, in der die Toten vielfach bestattet werden[116]. Auf Naturwahrheit abzielende Malerei, überhaupt Flächendarstellung, wie bei Australiern und Buschmännern, ist in den älteren Bodenbaukulturen nicht vorhanden. Doch finden sich in der entwickelten Ornamentik — Rundformen, jünger besonders Spiralbänder u. a. — vielfach figürliche Elemente, die manchmal bis zur Unerkennbarkeit in das Ornament übergehen[117]. Und zwar überwiegen auch hier menschliche Darstellungen, Gesichtszüge, auch gerade Wiedergaben von Hockerfiguren, bisweilen amuletthaft an Speeren, Pfeilen usw. angebracht[118].

Eine weitere wichtige Äußerung des Totenglaubens in den mutterrechtlichen Kulturen, und zwar anscheinend in ihren älteren Zweigen, in der Südsee etwa in Ostmelanesien, ist das Maskenwesen. Die sogenannten Geheimbünde, die es pflegen, sind die Nachkommen der Männergesellschaften in den Primitivkulturen, nur plutokratisch umgestaltet: da nicht mehr jeder angehende Mann imstande ist, den Eintrittspreis zu zahlen, gehören eben nicht mehr alle erwachsenen Männer eo ipso der Gesellschaft an, die dadurch zum Geheimbund wird[119]. Man hat den straffen Zusammenschluß der Männer in diesen Bünden als Gegenwirkung gegen das beginnende Mutterrecht aufgefaßt[120]. Und vielfach üben die Geheimbünde tatsächlich eine einigermaßen tyrannische Aufsicht über die nicht Eingeweihten, besonders über die Frauen, erheben Geldstrafen und verhängen selbst Todesstrafen. Ihr Ansehen und die Furcht, die sie einflößen, beruht aber ganz vorwiegend auf religiösen Vorstellungen. Ihre Mitglieder, besonders die älteren, sind im Besitze von allerhand Zauberkräften. Vor allem aber sind sie die Hüter des Maskenwesens. Die zu gewissen Zeiten — oft zur Förderung der Vegetation — auftretenden Maskentänzer sind gewissermaßen lebende Geisterbilder. Sie gelten selbst als Geister, und zwar ursprünglich bestimmt als Totengeister, wie einzelne Namen der Geheimbünde — „Rukruk" auf Buka, „Tamate", „die Toten", auf den Banksinseln — bestimmt andeuten. Überall muß unbedingt vermieden werden, daß die in der Vermummung steckenden Lebenden als solche erkannt werden. Im Rahmen des gesamten Seelenglaubens ist das Maskenwesen noch dadurch wichtig, daß hier nicht eine Aussage, sondern ein objektives Zeugnis für den Geistcharakter des Toten vorliegt. Denn wenigstens dabei ist klar, daß die Toten nicht in ihrer eigenen Körpergestalt auftreten, auch nicht eine einfache Vorstellungsverbindung mit einem Bilde vorliegt, sondern die Idee einer Beseelung, einer Inkorporation.

Daß eine solche Idee vorhanden ist, wird dann auch schon für Ostmelanesien, für die Salomoinseln und Neuhebriden etwa, ausdrücklich angegeben. Nicht nur im Tode tritt eine Trennung von Körper und Seele ein, sondern, was vielleicht noch wichtiger ist, auch im Traume[121]. Die Ereignisse eines lebhaften Traumes werden, wie teilweise schon in Australien[122], als wirklich genommen; nur wird eben klarer zwischen den Erlebnissen des Geistes und dem unverändert liegenden Körper unterschieden[123]. Bei den Sulka auf Neubritannien ist es Sitte, den Totengeist nach dem Tode aus der Hütte zu jagen. Den Geist; denn der Körper bleibt im Hause[124]. Etwas ganz Immaterielles kann sich der Eingeborene freilich nicht vorstellen. Schatten, Spiegelbild sind besonders häufige Vorstellungshilfen für die Anschauung von der Seele, die immer ein feineres Abbild des Lebenden sein muß. Jedenfalls ist sie vollkommen menschenähnlich gedacht. Der Lebende wendet sich in Gefahr und Not an verstorbene Angehörige um Hilfe, besonders wenn ein solcher seine hilfreiche Macht für besondere Fälle schon bewiesen hat. Im übrigen nimmt man an, daß der Tote dieselben Fähigkeiten, die er im Leben gehabt, im Tode verstärkt beweisen werde[125]. Nicht nur Bitten, die teilweise zu formelhaften Gebeten geworden sind, werden an den Totengeist gerichtet[126], sondern ihm auch Gaben dargebracht. Darin gerade liegt ein wesentlicher Unterschied gegenüber dem Verhalten der Primitiven, etwa der Australier. Wenn diese dem Toten stellenweise sein Eigentum mit ins Grab geben, so ist das kein Totenopfer; sondern es geschieht, weil es mit ihm als eins gedacht wird, wegen der Gefahr der Ansteckung den Überlebenden doch nichts nützen würde. Von ähnlichen Fällen der Eigentumsvernichtung wird denn auch in Melanesien — Florida — ausdrücklich geleugnet, daß es sich um Totenopfer im Sinne der Fürsorge fürs Jenseits handle[127]. Anders liegt die Sache, wenn beim Totenmahl oder andern Mahlzeiten die Lebenden von ihrer eigenen Speise Stücke für den Toten beiseite oder ins Feuer werfen[128]. Denn nach Anschauung des alten Analogiezaubers würden sie dadurch ja selbst in enge Berührung mit dem Toten und damit in starke Lebensgefahr kommen. Es kann sich demnach nur um Speise für den Toten, also um ein Opfer handeln.

Wie allmählich übrigens die animistischen Vorstellungen und Gebräuche an die Stelle des alten Analogiezaubers treten, das zeigt ihr Nebeneinanderbestehen in vielen Fällen. Wenn ein Zauberer auf Santa Cruz klares, trockenes Wetter machen will, so betet und opfert er wohl dem bestimmten Geiste, aber er legt auch ein brennendes Holz in einen hohlen Baum. Im entgegengesetzten Falle gießt er Wasser zu den Füßen des Geisterbildes aus. Auf derselben Inselgruppe darf der Betreffende, wenn er trockenes Wetter will, nicht mit Wasser in Berührung kommen; aber ohne Vermittlung des Geisterbildes wird ein Erfolg nicht möglich gedacht[129].

Wie früher gesagt[130], sind mutterrechtliche Kultureinflüsse, und zwar von der in Ostmelanesien vorhandenen Form, tief nach Australien hineingedrungen. Hier ist es ja nun sicher nicht leicht, die animistischen Ideen und die in diesem Erdteil verbreitete Vorstellung vom lebenden Leichnam scharf gegeneinander abzugrenzen. Immerhin läßt sich zeigen, daß bestimmt animistische Anschauungen ebenso wie andere derselben Kultur zugehörige Erscheinungen weit bis in den Südosten vorgedrungen sind. Daß die Seele den Körper im Traume verlassen kann, glauben etwa die Wurunyeri und Kurnai in Victoria[131]. Bei den Dieri in Zentralaustralien findet sich nicht nur die Meinung, daß der Tote dem Lebenden im Schlafe erscheinen könne — das ist noch kein notwendig animistischer Gedanke —, sondern vor allem auch die Sitte, dem so sich meldenden Toten Speise auf dem Grabe zu opfern und ihm ein Feuer anzuzünden [132]. Ein ganz eigentümlich animistischer Einschlag ist in den totemistischen Anschauungen der Zentralaustralier von den Loritja und Aranda ab nördlich zu erkennen. Die Geister der alten Vorfahren nämlich werden entweder — im Norden — selbst unter den lebenden Menschen immer wiedergeboren, oder sie haben — im Süden — an den Ruhepunkten und Endpunkten ihrer weiten Wanderungen Scharen von sogenannten Geistkindern hinterlassen, die dann zu verschiedenen Zeiten in Frauen bestimmter Totemgruppen eingehen, um geboren zu werden [133]. Die Seelen der Verstorbenen gehen nach Vorstellung der Aranda und Loritja zeitweilig in ihre Söhne oder Enkel ein, um sie zu kräftigen, im übrigen in ein Totenland, wo sie nach einiger Zeit völliger Vernichtung anheimfallen [134]. Das Schicksal der individuellen Seele ist in gewissem Sinne mit dem des ihr zugehörigen sogenannten Tjurunga, des Seelenholzes oder Seelensteines, verknüpft, in dem die Zauberkraft der Seele anscheinend auch über den Tod des Individuums hinaus wirksam bleibt.

Die jüngere mutterrechtliche Kultur, wie sie in der Südsee für Neuguinea typisch ist, erweist sich in vieler Hinsicht als Fortbildung der älteren. Das zeigt sich in der Kenntnis verschiedener neuer Erfindungen, wie der des Bogens, der Töpferei u. a., es zeigt sich in der Form des Mutterrechtes selbst [135]. Es erweist sich auch in den Erscheinungsarten des Animismus. Ich sprach davon, daß der Schädelkult verallgemeinert auftritt [136]. Wenn weiter auf der Gazelle-Halbinsel (Neubritannien) noch alle Spukgeister als Totengeister angesehen werden [137], wenn auch im übrigen Ostmelanesien der Kult der Totengeister sich gegenüber dem mythologischen Geisterglauben der Polynesier deutlich als Kultform der älteren Bevölkerung erkennen läßt [138], so ist auf Neuguinea die Zahl der nichtmythologischen Geister viel zu groß, als daß sie durchweg als Totengeister aufgefaßt werden könnten [139]. Ja es wird berichtet, daß die Idee der Allbeseelung hier schon starken Anklang gefunden hätte [140]. Zwar beruht die Theorie von dem Seelenstoff, der alles durchdringe und auf dessen Wirkung dann alle Arten des Zaubers irgendwie zurückgeführt werden[141], augenscheinlich auf gelehrter Konstruktion, nämlich auf dem Versuche, den Tylorschen Animismus restlos auch auf den Zauberglauben auszudehnen. Wenn man etwa, um Eier des Großfußhuhnes zu finden, weiße Blätter von Größe und Gestalt jener Eier bei sich trägt, wenn man, um Kinder ruhig zu machen, sie mit dem Knochen eines sehr ruhigen Vogels, des Kasuars, streicht, wenn man in ein Jamfeld Stücke von spanischem Rohr und gewissen Lianen streut, damit der Jam ebensolange Ranken treibe wie jene[142], so handelt es sich dabei augenscheinlich nicht um Wirkung irgendeines Seelenstoffes, sondern um ganz richtige Analogiezauber, wie sie in den Primitivkulturen von der Art der altaustralischen geübt werden. Auch die Formen des Personenzaubers sind etwa bei den Kâte bei Finschhafen, von denen diese Beispiele stammen, genau gleich solchen, die ich früher von Australien erwähnte, etwa das Verhexen mit Hilfe eines Haarbüschels oder eines Stückchens Kleidung[143]. Sie zeigen nur, daß die Zaubervorstellungen sich auch in den fortgeschrittenen animistischen Kulturen — wie ja noch bei uns selbst — mit großer Zähigkeit halten. Daneben spielt nun aber eben der Geisterglaube bei denselben Leuten eine ganz hervorragende und fortgeschrittene Rolle. Typisch für die entwickelte Geistervorstellung ist, daß der Geist, als verfeinertes Bild des Lebenden, auch im Flüstertone spricht. Er unterscheidet sich immerhin deutlich von dem Lebenden: bei den Kâte hat er nur ein Auge, und zwar im Nacken, das im Dunkeln leuchtet[144]. Vor der Jagd hängt man die Jagdnetze am Grabe der Toten, besonders großer Jäger, auf, um sie wirksamer zu machen[145]. Vor allem ruft man den Toten um Hilfe an und opfert ihm. Bei Beginn der Jagd wird er aufgerufen, die Jäger zu begleiten[146]. Hat er Jagdglück gegeben, so opfert man ihm wiederum. Bei zeitweiligem Versagen hilft man sich mit so verzwickten Auskünften, wie daß der Geist auf seinem Felde sei und dergleichen. Erst bei ständigem Unglück gibt man den Geist ganz auf. Bei größeren Unglücksfällen verprügelt man sein Grab oder vertreibt ihn durch Eingießen scharfer Stoffe ins Grab aus der Nähe des Dorfes[147]. Diese ganze Vorstellungsgruppe hat, wie man sieht, noch sehr grobsinnliche Elemente. Aber die — natürlich unsichtbare — Begleitung der Jäger bei

Tage sowie die Vorstellung, daß der Geist von der Speise — und zwar nur von ihrem geistigen Teil, denn der sichtbare Teil wird von den Jägern selbst gegessen — zehrt, beweist doch das Vorhandensein auch mehr immaterieller Anschauungen, ja sogar die Vorstellung von seelischen Bestandteilen unbelebter Dinge, wie der Nahrungsmittel. Sehr ausgebildet sind bei den Kâte die Anschauungen über das weitere Schicksal der Seelen. In dem unterirdischen Totenlande lebt die Seele wie auf Erden in Gemeinschaften, pflanzt, kämpft und kann sogar noch einmal sterben. In diesem Falle verwandelt sie sich in ein wildes Tier, meist in einen Cuscus. Solche Geistertiere leben an ganz bestimmten Stellen auf der Erde. Sie dürfen dort nur von dem Eigentümer des Stückes Land gejagt werden. Er muß den Geist dann aber durch ein Opfer versöhnen, von dem der Geist wiederum nur den Seelenteil verzehrt. So zum dritten Male getötete Geister verwandeln sich dann endgültig in Insekten, Termitenhaufen u. dgl., die von den Eingeborenen mit großer Ehrfurcht behandelt werden [148]. Erscheinen die Seelenvorstellungen hier im ganzen genommen sehr ausgearbeitet — auch in der Erzählungsliteratur spielen Geister-, ja Spukgeschichten eine Hauptrolle —, so scheint doch die Hauptentwicklung in der Richtung auf den Gedanken der Allbeseelung zu liegen. Der Theorie des Seelenstoffes wird die Tatsache zugrunde liegen, daß man allen Dingen eine Seele zuschreibt, ein Gedanke, den wir für andere Teile Neuguineas, z. B. für die Motumotu am Papua-Golfe, ausdrücklich angeführt finden, und zwar von besonders zuverlässiger Seite [149]. Immerhin bleibt der Glaube an die Totengeister der Hauptteil des Animismus [150]. Daß die Seelen der Angehörigen Angstgestalten, zugleich aber doch Helfer sind, daß das Verlassen des Dorfes durch sie Unheil bringt, sind auch von anderwärts bezeugte Vorstellungen [151]. Die Furcht vor den Toten kommt besonders in dem Verhalten nach Todesfällen zur Geltung. Trauerbemalung und Amulette dienen zur Abwehr der Geister. Besonders sind es die Witwen, die sich durch Verhüllungen abenteuerlichster Art, durch Einwickeln in Netze und ähnliches, dem Totengeist unkenntlich machen müssen.

Der Begriff des Seelenstoffes ist zuerst für die Verhältnisse Indonesiens geprägt worden [152], des großen Inselgebietes in Südostasien, das sicher den Ausgangspunkt für die jüngeren Völker- und Kulturwanderungen nach der Südsee hinein gebildet hat, und dessen Grundkultur heute noch aus einer Mischung der späteren malayo-polynesischen und der für Neuguinea typischen mutterrechtlichen Kultur besteht [153]. Demzufolge ist denn auch der Animismus in diesem Gebiete stark ausgebildet, und zwar vielfach systematischer durchgebildet als in anderen Gegenden. Die Eingeborenen unterscheiden hier meist zwei Arten von Beseelung, nämlich den sogenannten Seelenstoff, vielleicht besser gesagt die Lebenskraft, die dem Körper Leben, jedem Dinge seine besonderen Eigenschaften und Wirkungen verleiht, und die individuelle Seele. Diese verläßt den Körper im Tode und geht in das Seelenland, wogegen der Seelenstoff im Tode entweder verschwindet oder in Tiere und andere Dinge, auch gegebenen Falles in andere Menschen eingeht. An Lebenskräften können in demselben Dinge auch wohl mehrere unterschieden werden, etwa im Menschen fünf Lebensseelen, wie Wundt sie nennt, mit dem Sitze an den fünf Stellen des Körpers, wo man die Blutpulsung fühlt. Der Seelenstoff oder die Lebenskraft kann vermehrt oder vermindert werden. Man kann ihn einem Wesen entziehen und einem andern Wesen zuführen [154]. Besonders ausgeprägt ist in Indonesien auch die Vorstellung, daß die Seele (der Seelenstoff), wenn sie den Körper im Schlafe verläßt, von Zauberern oder bösen Geistern abgefangen werden kann, was Krankheit zur Folge hat. Um den Menschen wieder gesund zu machen, ist es dann nötig, sie oder den entführenden Geist durch Nahrung und anderes anzulocken, sie einzufangen und dem kranken Körper wieder zuzuführen [155]. Manche Menschengeister, die während des Körperschlafes in Tiere, wie Tiger und Krokodile, zu fahren oder (als Kopf mit Eingeweiden) durch die Luft zu fliegen imstande sind, fressen in diesem Zustande den Seelenstoff anderer Menschen, der besonders in der Leber sitzt. Sie sind Werwölfe und Vampire, wie man bei uns sagen würde [156]. Seelenstoff wird, wie schon gesagt, allen Dingen zugeschrieben. Er ist nichts anderes als die zauberhafte Wirkungskraft der Primitivkulturen ins Animistische übersetzt. Aber selbst individuelle Seelen werden nicht nur Tieren und Pflanzen, sondern auch leblosen Geräten usw.

zugeschrieben, soweit sie für den Menschen von besonderer Bedeutung sind [157].

Wie die Kultur Indonesiens, vor allem ihr älterer mutterrechtlicher Bodenbaubestandteil, vielfach nähere Beziehungen zu der sogenannten westafrikanischen Kultur aufweist [158], so haben auch die animistischen Vorstellungen dieses afrikanischen Kulturkreises manche Ähnlichkeit mit den eben skizzierten indonesischer. So scheint die Zweiteilung in Lebenskraft, die mit dem Körper stirbt, und individuelle Seele, die ins Totenland geht, allen Bantuvölkern gemeinsam zu sein. Die afrikanischen Nachrichten lassen dabei deutlich erkennen, daß diese individuelle Seele dem Erinnerungsbilde des Toten entspricht und demnach mit dem Schatten oder Spiegelbilde zusammengebracht wird [159]. Deutlich ist auch, wie die Vorstellung vom Totenheime sich nach dem üblichen Bestattungsorte richtet; es liegt unter der Erde, im Walde usw. [160]. Wichtig ist ferner, daß die hilfreichen Geister, die einen Kult, Opfer u. dgl. erhalten, überall die eigenen Angehörigen sind. Um familienfremde Tote kümmert sich der Bantu anscheinend immer nur dann, wenn er glaubt, von ihnen geschädigt, etwa verzaubert zu sein [161]. Gut erkennbar ist, wie es scheint, endlich in Afrika noch die Entstehung des Totenkultes aus dem Gemeinschaftsleben. Die Achtung für, das Verhalten zu den Toten ist zunächst nur die einfache Fortsetzung des Verhältnisses zu den älteren Lebenden. Es ist halb und halb, als ob sie noch in der Familie weilten. Erst allmählich wird das Verhältnis kälter, abstrakter; schließlich sind sie vergessen [162].

Sehr ausgebildet ist der Animismus bei den südamerikanischen Indianern [163]. Wie weit dieser Glaube in der Richtung auf die Allbeseelung fortgeschritten ist, zeigt die Darstellung der zahlreichen Tierarten bei Maskentänzen und die Befruchtung der ganzen Natur durch phallische Aufführungen [164]. Daß die Masken dabei als Geisterverkörperungen gelten, beweist nicht nur die Ausdrucksart der Eingeborenen, sondern auch die Tatsache, daß die Masken nach Gebrauch verbrannt werden, die Vorstellung, daß die Geister dann in die Maskenheimat gehen und zum nächsten Maskentanze zu neuer Einkörperung wiederkommen [165]. Den Hauptteil der Geister bilden doch auch hier die Totenseelen. Der Gedanke, daß die Seele den Körper im Schlafe verlasse, daß besonders die Seelen der Zauberer in wilde Tiere fahren und andere Menschen schädigen können, die Vorstellung des Hauches als Lebenskraft und der Seele als Schatten entsprechen den Gedanken anderer verwandter Kulturen [166]. Sonderbar überwiegt in unseren Nachrichten über den Animismus der Südamerikaner die Vorstellung, daß die Totengeister böse Wesen seien. Hier und da, wie auf den Antillen, scheint eine Art Zweiteilung in gute und böse Geister eingetreten zu sein. Im eigentlichen Südamerika überwiegt der Stoff über die Plagegeister weitaus [167]. Die Opfer, der ganze Kult ist weniger darauf gerichtet, die Hilfe des Toten zu gewinnen, als ihn zu versöhnen, Schaden abzuwehren, wenn möglich überhaupt sein Wiedererscheinen zu verhindern [168]. Doch sind hierbei — wie bei den verschiedenartigen Vorstellungen vom Jenseits u. a. — die starken Einwirkungen anderer Kulturen nicht zu vergessen: nicht nur der ganz alten Kulturen mit ihrem Zauberglauben und ihren Zauberbräuchen, die zweifellos einen starken Untergrund abgeben, sowie hier und da der ganz jungen Hochkulturen des Nordwestens, sondern auch eines sehr alten Einschlages, der allen älteren amerikanischen Kulturen infolge ihrer Einwanderung von Norden her eigentümlich ist und der zu den arktischen Kulturen der Eskimo und Sibirier in irgendeiner Beziehung steht [169].

In Nordamerika sind mutterrechtliche Kulturen bei den Nordwestamerikanern, den Puebloindianern und den östlichen Bodenbauvölkern der Vereinigten Staaten zu Hause. Doch sind die animistischen Vorstellungen der Nordwestamerikaner ganz schamanistisch gefärbt, und bei den Puebloindianern ist stärkerer Einfluß der Hochkultur bemerkbar [170]. Dagegen trägt etwa bei den Maskoki die Rolle des Seelenführers, der nach dem Tode den unsichtbaren Geist ins Jenseits bringt [171], ausgesprochen animistischen Charakter. Gefürchtet waren vor allem die Geister, die diesen Weg nicht zu finden vermocht hatten, die der zu Alten und der zu Jungen, derer, die andere zum Selbstmorde verführt hatten usw. Die Seelen der Selbstmörder lebten nicht weiter. Dagegen hatten sogar Geräte u. dgl. ihre Seelen [172]. Auch die Irokesen und Nachbarn kannten ein Seelenheim, dem nur die Seelen der Übeltäter fernbleiben mußten; sie brachten den Geistern der Toten, um

DIE ANIMISTISCHE WELTANSCHAUUNG

sie zu gewinnen oder zu versöhnen, Opfer dar und trugen Geisterfiguren (oder -köpfe) als Amulette [173]. Bei den benachbarten Ostalgonkin heißt die Seele geradezu: „der sich abgetrennt hat". Wie bei den Irokesen ist sie das Schatten- oder Spiegelbild, aber auch das Knochengerüst. Es gibt auch Geister lebloser Dinge, wie des Feuers, Wassers, Blitzes, Donners usw. Geister, besonders die der Zauberer, erscheinen etwa in Irrlichtern [174]. Allerdings geht gerade bei den Algonkin die Geistidee anscheinend sehr stark in die der Zauberkraft über. Doch scheint mir, daß die hauptsächlich aus der letztgenannten entwickelte Vorstellung des großen Geistes [175] immerhin auch animistisch beeinflußt ist.

Bildet der Seelen-, der Geisterglaube den wesentlichen Inhalt in der Weltanschauung dieser älteren bodenbauenden Kulturen, so war gelegentlich schon die Rede davon, daß formell vor allem die Enge des Gesichtskreises charakteristisch wirkt. Die wenigstens stellenweise bekannte Vorstellung der glockenüberdeckten Erde geht eigentlich schon über diesen Gesichtskreis hinaus [176], der wesentlich die eigene Siedelung mit ihrer nächsten Umgebung begreift. Wichtig ist dafür die Verlegung des Totenheims unter die Erde, wohin man häufig auch die Urheimat des Menschengeschlechtes setzt [177]. Doch scheint daneben — der alten Gleichsetzung von Himmel und Erde entsprechend — auch die Vorstellung eines Herabsteigens aus dem Himmel durch eine Öffnung darin aufzutreten. Diese erwähnte Begrenzung des Gesichtskreises hat nicht nur eine räumliche, sondern auch eine stoffliche Seite. In der europäischen Vorgeschichte ist es den Forschern lange aufgefallen, daß ganz alte Zeiten [178] eine hochentwickelte naturwahre Zeichen- und Malkunst, besonders vortreffliche Darstellungen von Tieren, kannten, und daß von alledem in der sonst viel höher entwickelten neolithischen Kultur keine Rede mehr ist [179]. Tatsächlich scheint es sich dabei um eine allgemein menschliche Erscheinung zu handeln: Die Altaustralier und Buschmänner kennen eine naturwahre oder wenigstens auf Naturwahrheit abzielende Zeichen- und Malkunst, deren Inhalt vor allem Tierdarstellungen sind [180]. In den bodenbauenden Kulturen ist davon nichts mehr zu spüren. Die Toten- und Geisterdarstellung nimmt hier das ganze Interesse in Anspruch [181]. Denn die Sache liegt nun nicht so, daß den Bodenbauern die Tiere ihres Gebietes fremd geworden wären. Vielmehr läßt die neue Konzentration des Wirtschaftslebens das praktische Interesse an den Tieren zurücktreten. Auch die Mythologie erscheint nur so weit ausgebaut, als es einerseits den animistischen Vorstellungen, anderseits dem wirtschaftlichen Bedürfnisse entspricht. Es ist eigentlich nur der Mond, der die mythologische Teilnahme der älteren Bodenbauer geweckt hat. Denn er erscheint mit seinen Phasen als Prototyp von Geburt, Tod und Weiterleben, seine Periode steht augenscheinlich zu der weiblichen Menstruation und also mit dem Zeugungsleben in Beziehung. Er, das Nachtgestirn, gilt als Bringer des Taues und somit der Feuchtigkeit überhaupt; und so kann er auch als Erzeuger der Vegetation allgemein angesehen werden. So ist sein Gestaltenwechsel denn auch in der verschiedensten Weise menschlich aufgefaßt worden. In Australien etwa sind Hell- und Dunkelmond zwei Männer, die abwechselnd dick und mager werden, weil abwechselnd der eine und der andere Glück auf der Jagd hat. Wesentlich verbreiteter ist die auch uns bekannte Verschlingersage. Nach einer gewöhnlichen Fassung hat der Dunkelmond als Ungeheuer alles aufgefressen. Nur eine Frau ist übriggeblieben, die sich in einer Höhle — dem Loche des dunklen Mondes — versteckt hat. Sie gebiert dort einen oder zwei Söhne — die beiden hellen Mondsicheln —, die dann den Gegner erschlagen, verbrennen u. dgl. Der Held oder die Zwillingsbrüder gelten vielfach auch als Kulturbringer[182]. An anderen Orten, wie in Zentralaustralien, übernehmen diese Rolle die Ahnen im ganzen, die auf ihren Wanderungen die Kulturgüter, religiösen Riten u. a. einführen[183]. An die Mondmythologie passen sich dann auch andere Sagen an. So ist die Form der Sintflutsage, nach der das Wasser ursprünglich in einem Topfe oder Loche war, ein Neugieriger aber trotz des Verbotes den Deckel hob und so das Wasser zum Überfließen brachte, eine deutliche Mondsage. Wie denn hier und da infolge der Neugier der Mond selbst entweicht[184]. Im zentralen Indonesien spiegelt sich in den Schöpfungssagen deutlich der mehrfache Phasenwechsel des Mondes[185]. Man erkennt die Zusammenziehung der mythenbildenden Kraft auf bestimmte Motive, und zwar auf das Gestirn, das für den Animisten und Bodenbauer die größte Bedeutung hat.

III. PERSÖNLICHKEITSWELTANSCHAUUNG DER VATERRECHTLICHEN KULTUREN

Schon einleitend [186] habe ich bemerkt, daß das Mutterrecht niemals eine allgemeine Erscheinung in der gesamten menschlichen Kultur, sondern stets auf ganz bestimmte Kulturformen beschränkt gewesen ist. Schon in der Zeit, die zwischen der Ausbreitung der altaustralischen und verwandter Kulturen und der älteren bodenbauenden Kulturen in den südlichen Erdteilen, etwa der Südsee, liegt, finden wir dort eine Kulturausbildung, in der ebenso wie in den mutterrechtlichen Ordnungen Verwandtschaftsgruppen auftreten, die über die Klein- oder Einzelfamilie hinausgehen, in denen aber die Sippenzugehörigkeit der Kinder im Gegensatze zum mutterrechtlichen System nach der des Vaters gerechnet wird [187]. Und wieder treten nach den mutterrechtlichen Kulturen in den Hirtenvölkern der alten Welt und den Malaiopolynesiern Völkergruppen auf, die ohne Spur von Mutterrecht, wo immer es sich um Deszendenzfragen handelt, die väterliche Abstammung betonen. Wirtschaftlich erscheinen diese Kulturen nicht allzu einheitlich, und es wird schwer sein, über ihre ursprüngliche Wirtschaftsform etwas Sicheres auszusagen. Gegen eine alte Vorherrschaft des Bodenbaues sprechen einige deutliche Spuren von Saisonnomadismus in dem ältesten, sogenannten totemistischen Kulturkreise [188], die eine starke Seßhaftigkeit ausschließen. Auch in den Viehzüchterkulturen scheint der Nebenbetrieb des Bodenbaues auf die jüngeren Ausbreitungsgebiete beschränkt zu sein, den älteren Formen zu fehlen [189]. Dagegen weisen die malaiopolynesischen Völker den vollen Bodenbau auf, und zwar in ganz ähnlichen Formen, wie die übrigen älteren Bodenbauer sie besitzen. Umgekehrt zeigen diese Malaiopolynesier eine andere Seite der Wirtschaft stark ausgebildet, die sonst bei Bodenbauern sehr zurücktritt, aber scheinbar schon in der totemistischen Kultur selbständigere Bedeutung hat, die Fischerei [190]. Alles in allem wird man sagen können, daß der Bodenbau, soweit er etwa in den vaterrechtlichen Kulturen vorhanden war, doch auf das Ganze der Kultur nicht entfernt denselben bestimmenden Einfluß gehabt hat wie in der mutterrechtlichen Gruppe. Wie sie unter sich die mannigfaltigsten Beziehungen aufweisen, so stehen die vaterrechtlichen Kulturen den bisher behandelten, zumal den mutterrechtlichen, schroff gegenüber durch die ganze für die Weltanschauung maßgebende Kulturtendenz. Die Richtung nach innen, die Intensität der Ausbildung, wie sie für die mutterrechtlichen Kulturen typisch ist, lassen sie vermissen [191]. Zwar ein besonderer, einzelner Mangel — daß sie nämlich in ihren älteren Formen sämtlich den Schild nicht verwenden [192], im Gegensatze zu der altaustralischen und den beiden mutterrechtlichen Kulturen —, dieser Mangel hängt vielleicht damit zusammen, daß sie überall als Kulturen aktiver, vorwärtsdrängender Völker auftreten. Jedoch nehmen sie weiter auch an der Ausbildung der wichtigsten Gewerbe, der Töpferei, Weberei, der Eisenbearbeitung nur in zweiter Linie teil. Nur die Holzbearbeitung erscheint bei ihnen höher entwickelt. Auch im Rechtsleben haben selbst die jüngeren von ihnen den großen Fortschritt der älteren Bodenbauer, den Schritt von der Rache zum Bußsystem, nicht mitgemacht. Sowohl bei Malaiopolynesiern wie bei afrikanischen Viehzüchtern, desgleichen, wie bekannt, bei den alten Indogermanen, die ja im Kerne Viehzüchter waren, steht die Blutrache in voller Blüte, gilt sogar beim Eindringen des Bußbegriffes vielfach noch als das Anständige. Im religiösen Leben treten die alten Zaubervorstellungen deutlich hervor: eine besondere Form des Verschlusses der Körperöffnungen, um böse Einwirkungen abzuwehren, ist das Penisfutteral der totemistischen Kultur, das in der Kynodesme polynesischer Völker wie auch etwa der Griechen einen Verwandten hat [193]. Anderseits ist auch die Vorstellung, daß man bei der Initiation die kindliche Schwäche durch eine Wunde herauslasse, auf das Geschlechtsorgan hingeleitet: in der totemistischen Kultur wie bei Malaiopolynesiern und Semitohamiten ist die Beschneidung üblich, bei einem Teile der Semitohamiten auch die Beschneidung der Mädchen [194]. Eine Hypertrophie der Beschneidung ist wohl die sogenannte Subincisio in Australien [195] und die Hodenamputation bei einigen Polynesiern und afrikanischen Hirten [196]. Der Gedanke des mechanischen Abwedelns übler Einwirkungen ist in all diesen Kulturen [197] in Gestalt des sogenannten Fliegenwedels — mit dem in Westafrika aber sogar Flintenkugeln abgewehrt werden sollen — bei den Hirtenvölkern wie Polynesiern verbreitet. Die Idee der automatischen Zauberwirkung tritt in der *Mana*-Vorstellung [198] sowie den ausgebildeten *Tabu*-Begriffen der Polynesier zutage [199]. Ich erwähne die Gefahr der Berührung all dessen, was mit einem Todesfalle zusammenhängt. Eine eigentümliche Wirkung des *Tabu*-Gedankens ist das nicht nur in Malaiopolynesien, sondern auch bei afrikanischen Hirten und wohl ebenso bei Indogermanen auftretende Asylrecht [200]. Es beruht darauf, daß ein Verbrecher oder Kriegsflüchtling durch Berührung eines heiligen Ortes oder eines Häuptlings — der Häuptling ist ein religiös verehrtes Wesen — diesem verfällt und damit für alle Verfolger unberührbar wird, weil diese sonst das gleiche Schicksal zu fürchten haben.

Da der Animismus die inhaltliche Haupterscheinung an der Weltanschauung der mutterrechtlichen Völker ist, erhebt sich die Frage, wie die erwähnten vaterrechtlichen Kulturen zum Toten- und Seelenglauben stehen. Sicherlich gibt es heutigen Tages wenige Völker, die vom Animismus unberührt sind. Fast alle sind mehr oder weniger in den Bann dieser Anschauungen gekommen. Dadurch ist ja die Theorie von der allgemeinen animistischen Weltanschauung der Naturvölker allein möglich geworden. Die Frage ist nur, ob sichere Anzeichen dafür vorliegen, daß dem nicht bei allen Völkern immer so gewesen sei. Seit langem bekannt ist, daß die Polynesier, die ja in gesellschaftlicher Hinsicht edle und unedle, geistige und nichtgeistige Stände unterscheiden [201], vielfach diesen Ständen auch verschiedene Schicksale nach dem Tode weissagten [202]. Dem gewöhnlichen Volke ist das Weiterleben in einer schattenhaften Unterwelt beschieden, während die Seelen der Edlen und Häuptlinge zu den Göttern emporsteigen. Auf Tahiti etwa ist die Meinung, daß sie dort von den Göttern gegessen und verdaut, dadurch aber auch sozusagen alles Erdenstaubes ledig werden [203]. An einer

Stelle Polynesiens, auf Tonga nämlich, ging aber die Trennung der Vorstellungen noch weiter. Dort wurde überhaupt nur den Edlen eine unsterbliche Seele zugeschrieben. Für das gewöhnliche Volk sei mit dem Tode alles aus [204]. Vernichtung bald nach dem Tode trifft nach der Meinung mancher Neuseeländer jedenfalls einen Teil der Seelen [205], auf Mangaia die Seelen aller derer, die den Strohtod gestorben waren [206]. Auf Samoa herrschten teilweise Vorstellungen, die den tonganischen, anderwärts solche, die den tahitischen ähnlich sind. Stellenweise glaubt man wenigstens, daß die — meist in Insektengestalt — beerdigte Seele endgültig zur Ruhe kommt [207]. Ähnliche Unterscheidungen werden in Afrika von einer Reihe von Hirtenvölkern gemacht, indem etwa bei den Herero und den Masai entweder den Frauen oder dem ganzen gewöhnlichen Volke eine unsterbliche Seele abgesprochen wird, während die Seelen besonders von Häuptlingen und anderen gewichtigen Leuten, wie Zauberern, weiterleben [208]. Einen noch allgemeineren Ausdruck findet dieser Gedanke des endgültigen Sterbens in einer unter den Hirtenvölkern weitverbreiteten Sage, nach der eine Gottheit den Menschen ursprünglich die Weisung zugedacht hätte, daß sie nach dem Tode, wie der Mond, wieder aufleben und weiterleben sollten, infolge eines Versehens oder der Bosheit eines anderen Wesens aber die wirklich überbrachte und deshalb gültig gebliebene Botschaft das Gegenteil besagt habe, daß nämlich die Menschen endgültig sterben sollten [209]. Für die Zeit der Bildung dieses Mythus, der bis zu den Hottentotten im Süden hin auftritt, darf also der Glaube vorausgesetzt werden, daß mit dem Tode alles aus sei. Derselbe Mythus ist nun weiter in der polynesischen Welt nachweisbar [210], in der dieser antianimistische Glaube auch danach früher eine weitere Verbreitung gehabt hat. Eine ganz ähnliche Sage ist aber schon in Australien, und zwar im nördlichen Zentrum, nachweisbar, augenscheinlich als Bestandteil totemistischer Kultur. Obwohl dort heute zweifellos animistische Ideen verbreitet sind [211], erreicht in der Sage das böse Wesen doch augenscheinlich seinen Zweck, den Menschen endgültig sterben zu lassen [212]. Ein besonderer Anklang an die vorher erwähnten Mythen liegt noch darin, daß im Gegenfalle [213] ein Wiederaufleben nach drei Tagen, nach dem Muster des Mondes, angenommen wird. Und ähnliche Sagen sind sogar noch in Victoria, bei den Kulin und Wotjobaluk, zu Hause [214]. Die Aranda und Loritja lassen, wie früher erwähnt, die Seele einige Zeit nach dem Tode zwar ins Totenland gehen, dort aber völlig vernichtet werden [215]. Und einer der nördlicheren Stämme, die Gnanji, läßt, wie die Herero in Afrika [216], wenigstens die Frauen nicht an dem Weiterleben teilnehmen [217]. Wie unter diesen primitivsten, so finden sich endlich auch unter den fortgeschrittensten der vaterrechtlichen Kulturen Spuren der nichtanimistischen Anschauung: die vorislamischen Araber ließen anscheinend ganz allgemein mit dem Tode alles aus sein [218]. Und ähnlich traten bei den ältesten Juden augenscheinlich die Jenseitsgedanken sehr zurück [219]. Unter den Indogermanen glauben noch die heutigen Armenier, daß mit dem ersten Donnerschlage des Jahres alle Seelen des Vorjahres vernichtet werden [220]. Und bei den homerischen Griechen führt die Seele nach der Verbrennung des Körpers kaum noch eine wirkliche, jedenfalls keine wirksame Existenz [221]. Nach deutschem Glauben konnte man einen lästigen Toten durch Vernichtung des Körpers sich endgültig vom Halse schaffen [222]. Die Vorstellung, daß die Verbindung des Toten mit der Oberwelt jedenfalls einige Zeit nach dem Tode aufhöre, ist bei Deutschen und Slawen verbreitet [223]. Und für die ältesten Inder war das Leben nach dem Tode eine Gunst der Götter nur für den Frommen, die ergänzende Höllenvorstellung so gut wie nicht entwickelt [224]. Das sind demnach alles, trotz Überwucherns animistischer Weltanschauung, deutliche Reste eines Zustandes, in dem an ein Weiterleben nach dem Tode nicht oder kaum geglaubt wurde.

Wie überall, so sollte man auch hier in den Bestattungsgebräuchen den Niederschlag der Ansichten über den Tod erkennen. Für die totemistische Kultur typisch ist da die sogenannte Plattformbestattung, die Sitte also, die Leiche auf einer Art Plattform verrotten zu lassen. Die übrigbleibenden Knochen werden dann in der Regel irgendwie beigesetzt, begraben, ins Wasser geworfen oder dergleichen [225]. Seltener, wie bei den Wonunda-Minung an der Südküste Australiens, kommt das einfache Aussetzen oder Liegenlassen der Leiche vor [226], das in anderen Zweigen derselben Kulturgruppe in den Vordergrund tritt. So bei den afrikanischen Hirten [227]. Aber auch das Aussetzen in Höhlen, wie es in Ostpolynesien häufig war [228], wird in dieselbe Kategorie fallen; doch kam in Polynesien — auf Samoa, auf Tahiti, Hawai und auf Neuseeland — auch die Plattformbestattung selbst vor [229]. Es ist wohl klar, daß dem einfachen Liegenlassen oder Fortwerfen der Leiche ohne jede weitere Fürsorge eben der Gedanke des endgültigen Todes zugrunde liegt. Die Plattformbestattung ist verschieden interpretiert worden. Man hat ihr den Zweck zugeschrieben, der Seele die Seelen-Sonnenfolge, das heißt, das Nachgehen hinter der Sonne her ins glückliche Jenseits zu erleichtern. In dem erwähnten Kulturzusammenhange werden wir aber in ihr kaum etwas anderes sehen können als eine besondere Form der Aussetzung. Daß man das Bedürfnis empfand, die Verwesung in erhöhter Lage über dem Erdboden — meist auch fern vom Lager — vor sich gehen zu lassen, dürfte auf den Glauben an die infizierende, verunreinigende Kraft des Todes zurückgehen [230]. Die Plattformen wären also wirklich primitive Vorformen der parsischen „Türme des Schweigens", die ja ebenfalls die Aufgabe haben, die Erde vor der Berührung mit dem Tode zu schützen [231]. Die Knochen, denen die Verweslichkeit des übrigen Körpers nicht anhaftet, können demnach auch begraben werden, wie sie und die Haare amuletthafte Verwendung finden können. Wenn anderseits, etwa bei den Warramunga (Australien), am Schlusse der Bestattung Schädel und Armknochen zerschmettert werden [232], so ist auch darin die Idee der endgültigen Vernichtung ausgesprochen. Vielleicht deuten die zertrümmerten Schädel der vorgeschichtlichen Germanengräber auf ähnlichen Gedankenzusammenhang [233]. Daß die Verwesung, die ja sozusagen unter den Augen der Lebenden vor sich geht, eine bestimmte Zeit in Anspruch nimmt, mag zu der Ansicht beigetragen haben, daß der Mensch in der ersten Zeit nach seinem Tode doch eigentlich noch nicht ganz tot sei, daß man den endgültigen Tod später ansetzt als den natürlichen, eine Vorstellung, die sich vielleicht ebenfalls in unseren europäischen Leichengebräuchen niedergeschlagen hat [234].

Dieser Gedanke, daß das Leben eng mit dem Dasein des Körpers verbunden sei, hat dann wohl auch zu den Anfängen einer Sitte geführt, die in den Gebieten wie im

Gefolge der Plattformbestattung und der Aussetzung — fast als Widerspruch dazu — nicht selten auftritt: zur Mumifizierung, die zunächst hauptsächlich durch Räuchern, dann durch Einölen u. dgl.[235] ausgeführt wird. Sie bedeutet eben den Versuch, den Menschen nun doch längere Zeit über den natürlichen Tod hinaus zu bewahren. Auf ähnlichen Gedankengängen beruht endlich wohl die bei jüngeren Vaterrechtlern, Malaiopolynesiern, afrikanischen Hirten, Indogermanen häufige Abneigung gegen das Alter, die Sitte, den natürlichen Tod gar nicht erst abzuwarten, sondern ein vorzeitiges Ende hervorzurufen. Mehrfach tritt dabei der Gedanke hervor, daß der Mensch in demselben Zustande weiterlebe, den er zuletzt auf Erden gehabt habe [236]. Ein Gedanke also, der sich animistischen Vorstellungen gut einfügt, aber doch von ihrer gewöhnlichen Form sehr stark abweicht und sich den zuletzt erwähnten Gedankenrichtungen anschließt. Um so mehr, als bei der daneben vorkommenden Tötung der wirklich Alten und Schwachen doch nur die Idee der Wertlosigkeit dieser Art Leben ohne animistische Nebenrücksichten zu finden ist.

In den bisher erwähnten Dingen ist die vaterrechtliche Entwickelung der mutterrechtlichen gegenüber wesentlich negativ bestimmt. Ihr fehlt die intensive, nach innen gerichtete Entwickelungstendenz. Dagegen ist ihr eine Gestaltung ins Große, ins Weite hin eigentümlich. Den kleinräumigen, in sich zusammengezogenen Dorforganisationen steht hier ein Streben zur Weiträumigkeit gegenüber. Das ist gleich in der ältesten Form vaterrechtlicher Bildung der Fall, in der Organisation, nach der wir die ganze Kultur zu nennen uns gewöhnt haben, dem sogenannten Totemismus. Allgemein versteht man darunter die Erscheinung, daß bestimmte Menschen zu bestimmten Dingen, ursprünglich sicher zu bestimmten Formen von Naturdingen, in einem engen Zusammenhange zu stehen glauben. Besondere Beachtung findet heute der sogenannte Gruppentotemismus, in dem je eine ganze Gruppe von Menschen zu einer Art von Dingen, besonders und vermutlich ursprünglich zu einer Art von Tieren, in mehr oder weniger naher Beziehung stehend gilt, also etwa eine Gruppe zu den Wölfen, eine Gruppe zu den Krähen, eine zu den Adlern usw. Die Art, in der diese Beziehung gedacht wird, ist sehr verschieden: Oft denkt man daran, daß die Vorfahren der bestimmten Menschengruppe aus der Tiergruppe hervorgegangen seien, bisweilen umgekehrt, daß die betreffenden Tiere früher einmal zu der Menschengruppe gehört hätten. Vermutlich nur auf animistischem Grunde findet sich die Fassung, daß die Menschen der Gruppe nach ihrem Tode in solche oder solche Tiere verwandelt werden. Häufig — und vielleicht zuvörderst — ist die Auffassung ganz farblos: das Tier der Totemgruppe wird als der Freund oder Kamerad des zugehörigen Menschen angesehen. Bisweilen glaubt man Zeichen, etwa Warnungen, von ihm zu empfangen. Fast regelmäßig in den primitiven Formen des Totemismus ist aber, daß es dem Menschen verboten ist, sein Totem zu töten oder zu verzehren. Ungefähr ebenso regelmäßig mit den primitiven Formen der Einrichtung verbunden ist die Sitte der Exogamie. Das heißt: kein Angehöriger einer Totemgruppe darf eine Frau aus derselben Gruppe heiraten, sondern muß sich stets eine Frau mit anderem Totem nehmen [237]. Es gibt vaterrechtlichen und mutterrechtlichen Totemismus. Und früher hielt man selbstverständlich den mutterrechtlichen für den früheren und glaubte gerade in den totemistischen Organisationen die gesuchten Übergänge zu der vaterrechtlichen Ordnung zu finden. Erst in jüngerer Zeit ist der Nachweis gelungen, daß im Gegenteil die vaterrechtlichen Formen vermutlich die älteren sind. Und zwar spielt unter diesen älteren Formen augenscheinlich der sogenannte Lokaltotemismus eine wichtige Rolle, die Gestalt also, in der die einzelnen Totemgruppen örtlich gesondert sind, in der also die Heirat in eine andere Totemgruppe hinein zugleich die Heirat in eine andere Ortsgruppe bedeutet. Ja, nicht ganz selten ist die Vorschrift sogar die, daß man sich eine Frau aus einer möglichst entfernten Gruppe holen müsse [238]. Damit ist die ganze Weiträumigkeit der Organisation deutlich ausgesprochen. Schon die Vielheit der Totemgruppen setzt natürlich die Zusammenfassung eines ziemlich ausgedehnten Gebietes voraus. Aber daß die räumlich getrennten Gruppen in dem Hauptinteresse der Erhaltung der Art aufeinander angewiesen sind, gibt der weiträumigen Lebensauffassung doch einen besonderen Ton. Und an dieses Interesse knüpfen sich dann sogleich andere: Handelsformen treten auf, in denen eine Tauschhandlung zwischen verschiedenen Ortsgruppen durch verschwägerte Personen in beiden Gruppen eingeleitet wird [239]. Es ist ein ganz anderer Handel als der Grenzmarkthandel der älteren mutterrechtlichen Kulturen; die Mitglieder der einen Gruppe besuchen die andere zum Zwecke des Austausches: ein Reise- oder Besuchshandel, wie er dann auch den jüngeren vaterrechtlichen Kulturen eigentümlich bleibt [240]. In Zentralaustralien und anderswo findet sich die Anschauung, daß die eine Totemgruppe überhaupt in bestimmter Weise für die Wohlfahrt der andern verantwortlich sei. Das erwähnte Tötungs- und Speiseverbot führt nämlich augenscheinlich dazu, daß man auch andere Tiere und Pflanzen nicht genießt, ohne die Erlaubnis dazu von der betreffenden Totemgruppe erhalten zu haben. Und da man anderseits den Angehörigen einer Totemgruppe Zauberkraft zuschreibt, das Gedeihen ihres Totemtieres oder ihrer Totempflanze zu fördern, so entwickeln sich im Zusammenhange mit jenen Erlaubniserteilungen die jeweiligen besonderen Vegetationszeremonien, die ihrer Art nach ganz in das Gebiet des alten Analogiezaubers gehören [241]. Aus diesen und ähnlichen Vorstellungen entwickeln sich augenscheinlich die Systeme festumschriebener gegenseitiger wirtschaftlicher Verpflichtungen, wie wir sie noch zwischen dem südindischen Hirtenvolke des Toda und ihren Nachbarhorden in Gebrauch finden [242].

So ist die totemistische Kultur äußerlich durch Weiträumigkeit, inhaltlich durch die Annahme fester gegenseitiger Beziehungen zauberhafter Art gekennzeichnet. Nicht sicher, aber doch wahrscheinlich ist es, daß eine verwandte Beziehung, der sogenannte Individualtotemismus, wie er hauptsächlich in Australien und Nordamerika bekannt ist [243], mit dem Gruppentotemismus genetisch zusammenhängt. Die zauberhafte Beziehung zu einem Naturdinge, besonders einem Tiere, die dem Menschen Eigenschaften, Kräfte des betreffenden Naturdinges verleiht, wird anscheinend zuerst von Zauberern oder mit deren Hilfe durch Halluzinationen und dergleichen gewonnen, aber schließlich zum integrierenden Bestandteile der Jünglingsweihe. In vielen nordamerikanischen Stämmen hat jeder Erwachsene seine „Medizin". Der Idee des Individualtotems nah verwandt ist die des *„alter ego"*, wie sie in Zentralaustralien nicht nur in den „Seelenhölzern" und „Seelensteinen", sondern auch in den seelischen Doppelgängern, die durch die Spaltung der Seelen entstehen, zum Ausdruck kommt, übrigens auch im Südosten nicht ganz fehlt [244]. Am unteren Niger ist der Glaube an einen tierischen *alter ego* ganz ausgeprägt [245], in Nordafrika der Glaube häufig — wie bei Indogermanen und innerasiatischen Türken [246] —, daß ein Mensch seine „Seele" — vielmehr eben seinen *alter ego* — an einer sicheren Stelle verbergen und sich dadurch vor dem Tode schützen könne [247].

Mit dem Totemismus, und zwar nicht unwahrscheinlich mit dem Lokaltotemismus, hängt vermutlich eine Organisationsform zusammen, die sich in den totemistischen Kulturgebieten etwa der Südsee öfter vorfindet und auch in den jüngeren vaterrechtlichen Kulturen noch ihre Nachwirkungen erkennen läßt. Das ist eine Art Gegensatz der Geschlechter, wie er zu ältest — in dem Geschlechtstotemismus der Südostaustralier — geradezu totemistische Form angenommen hat [248]. In anderen Gebieten, wie in Santa Cruz, Neuhannover und Teilen Neuguineas [249], ist die später aus dem Islam bekannte Sitte der Kopfverhüllung gegenüber den Männern, ist der Gebrauch besonderer Weiberhütten und Weiberboote üblich. Auf den Pelauinseln ist den anderer Kultur entstammenden Männerbünden eine enge Verbindung der Frauen entgegengestellt [250]. In der ostpolynesischen Kultur wie bei westafrikanischen Hirtenvölkern endlich ist die Einrichtung der getrennten Mahlzeiten für Männer und Frauen erhalten [251]. Ich sagte, daß diese Ordnungen wohl mit dem Lokaltotemismus ursprünglich zusammenhängen. Denn in dieser Organisationsform sind ja — ganz im Gegensatz zu der fortgeschrittenen mutterrechtlichen Ordnung — die dem einem Totem angehörenden Männer der bodenständige Teil der Bevölkerung, während die einheiratenden Frauen sämtlich anderen Totemgruppen angehören. Ihnen stehen deshalb nicht nur die Männer im ganzen geschlossen gegenüber, sondern sie nähren sich auch teilweise von anderen Speisen [252]. In der Männerwelt sind die Altersklassen strenger organisiert als in anderen Kulturen, so bei den Narrinyeri in Südaustralien, bei den Marindanim in Neuguinea, auf den Pelauinseln, in Afrika bei den Kaffern und dann weiter bei den Masai.

Aus den magisch gefaßten Beziehungsvorstellungen hebt sich in der vaterrechtlichen Welt der Begriff der Persönlichkeit heraus, der Persönlichkeit nicht animistisch gefaßt, auch nicht notwendig rein menschlich, aber doch selbstverständlich durchaus nach dem Bilde des Menschen. Die bisher erwähnten Gliederungen und Gruppierungen dieser Welt entsprechen noch im allgemeinen dem flächenhaften Gleichheitsprinzipe primitiver Anschauung. Doch beginnt sich schon in der totemistischen Kultur ein anderes, senkrechtes Gliederungsprinzip geltend zu machen, das dann in den jüngeren Formen der Kulturgruppe maßgebend hervortritt. Schon in Australien, und zwar augenscheinlich in dem Verbreitungsgebiete der totemistischen Kultur, ist stellenweise das Vorkommen eines erblichen Häuptlingstums zu erkennen [253], also einer Ordnung, in der eine Familie über die anderen emporgehoben ist. Das Bedürfnis nach einem solchen Häuptlingstum, das in der Regel mit dem Zauberertum in Zusammenhang steht, also von vornherein einen religiösen Charakter trägt, hängt augenscheinlich mit der früher berührten Weiträumigkeit der gesamten Organisation zusammen, deren Übersicht und Beherrschung entweder persönliche Eignung oder besondere Erziehung, Tradition voraussetzt. In den jüngeren vaterrechtlichen Kulturen finden wir dann entweder, wie bei den afrikanischen Hirten, einfach das Häuptlingstum hoch entwickelt vor [254] oder, wie bei Malaiopolynesiern [255], Indogermanen und einem Teil der Innerasiaten [256], ein ausgebildetes Ständewesen. Bei Afrikanern und einzelnen Innerasiaten — Jakuten, Kirgisen — ist neben dem Ständewesen ein mehr oder weniger deutlicher Totemismus vorhanden [257], also beide Organisationsformen nebeneinander. In anderen Kulturen, wie bei den Polynesiern, haben etwaige totemistische Vorstellungen keine wesentlich soziale Bedeutung [258]. Doch sind Sippenordnungen irgendwelcher Art in der Regel vorhanden.

Scharf ausgeprägt ist die ständische Gliederung vor allem in Polynesien. Im Durchschnitt unterscheidet man dort Sklaven, Volk, Grundbesitzer, Edle und Könige. Die Stände sind ursprünglich streng endogam. Bei Zwischenheiraten folgen die Kinder in der Regel dem Vater. Ausnahmen finden sich bisweilen bei gewissen Frauen der königlichen Familie. So auf Tonga, wo aber überhaupt aus den Sprossen von Zwischenheiraten sich besondere Klassen gebildet haben, so daß die ganze Stufenleiter verlängert worden ist. Umgekehrt erscheinen die Zustände auf Neuseeland durch Fortfall einiger und Reduzierung besonders der oberen Klassen vereinfacht. Der Hauptschnitt liegt unterhalb der Adelsklasse, der Ariki. Denn diese, zu denen in diesem weiteren Sinne auch die Fürstenfamilien zählen, gelten als durch besondere Eigentümlichkeiten von den unteren Ständen geschieden. Ich sprach schon davon, daß man beide Gruppen nach dem Tode in verschiedene, verschieden wertvolle Totenheime eingehen läßt, ja, daß man auf Tonga überhaupt nur den Edlen eine weiterlebende Seele zuschreibt [259].

Hier handelt es sich augenscheinlich mehrfach um animistisch gefärbte Gedankengänge, die aber im ganzen für die polynesischen Anschauungen und selbst für die ständischen Ideen nicht grundlegend sind. Ganz anders in den Mittelpunkt der polynesischen Vorstellungswelt treten die Vorstellungen des *Mana* und des *Tabu*. In der *Mana*-Idee [260] sind die alten Zaubergedanken von der automatischen Kraftwirkung lebendig, wenn auch hier und da durch animistischen Einschlag gefärbt; nur so ist es zu verstehen, daß ein Forscher wie Codrington die Kraftwirkungen des *Mana* stets auf den Einfluß von Geistwesen zurückführt [261]. Tatsächlich unterscheidet sich die Wirkung des *Mana* nach einer Richtung sehr wesentlich von den alten, rein assoziativen Zaubervorstellungen. Die *Mana*-Vorstellung haftet in ganz anderer, stärkerer Art am Objekt als die alte Zauberidee, viel weniger an der Eigenschaft. Zwar wird die erste anerkannte Kraftwirkung, die das Ding überhaupt in den Ruf der *Mana*haltigkeit bringt, in der Regel mit einer besonderen, assoziativ wirkenden Eigenheit des Objekts, etwa mit seiner Gestalt, zusammenhängen [262]. Hat es sich aber einmal als *mana*haltig bewährt, so wird man unter Umständen auch ganz andersartige Wirkungen von ihm erwarten. Es bleibt nicht oder wenigstens nicht notwendig rein nach seinen Eigenschaften spezialisiert, sondern es wird unter Umständen als allgemein krafthaltig angesehen [263]. Die Kategorie der Substanzialität fängt eben an, eine wesentlich bedeutendere Rolle zu spielen als im Denken der Primitivkulturen. Die Dinge gewinnen auf diese Weise eine, wenn auch nicht animistische Per-

sönlichkeit. Und so ist es kein Wunder, daß die *Mana*-Idee gerade in Verbindung mit persönlichen Wesen, besonders Menschen, auftritt und dabei ihren weitesten Sinn gewinnt [264].
Hierdurch berührt sie sich mit der *Tabu*-Vorstellung. *Tabu* ist etwas, mit dem in Berührung zu kommen man scheut, weil man von der Berührung unerwünschte Wirkungen befürchtet [265]. Jedes Ding, das *tabu* ist, hat also in gewissem Sinne *Mana*, aber ein *Mana* gefürchteter, bedenklicher Art. Auch das *Tabu* ist nicht unbedingt persönlich. *Tabu* ist beispielsweise alles, was mit dem Tode zusammenhängt. Aber nicht, weil man dabei in Berührung kommt mit der Geisterwelt; das sind wieder sekundär angewachsene Gedanken. Sondern weil alles, was mit dem Tode in Berührung gekommen ist, eine Art infektiöser Wirkung im Sinne der alten Zaubergedanken befürchten läßt. Deshalb muß man sich von der Berührung mit dem Tode möglichst fernhalten. Wer es nicht vermeiden konnte, eine Leiche anzufassen, darf seine eigene Nahrung nicht mit den Händen ergreifen, sondern muß sich füttern und tränken lassen, damit die Infektion wenigstens seinem Innern fernbleibt. Augenscheinlich aus demselben Grunde darf auf Fidji Menschenfleisch nicht mit den Händen angefaßt werden, sondern es sind dafür besondere Gabeln in Gebrauch, während man sonst die Verwendung dieses Gerätes nicht kennt [266]. Menschenfleisch hat ja natürlich ein stärkeres *Mana* und ist deshalb stärker *tabu* als andere Dinge. Seine Hauptwirkung hat das *Tabu* denn auch als Eigenschaft von Persönlichkeiten [267]. Man könnte nicht eigentlich sagen, die Ariki seien im Besitze des *Tabu*, wiewohl es praktisch naturgemäß vielfach so gehandhabt wird. Vielmehr, sie sind durchdrungen von *Tabu*, sind selbst *tabu*. Und zwar je höher, desto mehr. Was der Ariki berührt, ist wieder *tabu*. Er kann deshalb ein *Tabu* auflegen, und er tut es beispielsweise, um das Abernten von Pflanzungen vor der Reife zu verhindern. Eine eigenartige Folge des höheren *Tabu* der Fürsten ist das Asylrecht [268]. Jeder, der, wenigstens in gewöhnlichen Zeiten, den heiligen Raum betritt, den Fürsten berührt, verfällt damit dem Gotte oder dem Fürsten. Er wird dadurch sicher vor jedem Verfolger, der sich denselben Folgen nicht aussetzen will [269]. Weitaus am stärksten ist, abgesehen von den Göttern, selbstverständlich

das *Tabu* der Oberkönige, wie sie das östliche Polynesien, Hawai, Tahiti usw. kennt. Diese Oberkönige sind so heilig, daß alles, was sie berühren, damit eo ipso für den Gebrauch anderer Sterblicher unbrauchbar wird. Sie dürfen deshalb auch den Erdboden außerhalb ihres eigenen persönlichen Besitztumes nicht berühren und müssen, sowie sie ihr Gehöft verlassen, getragen werden [270]. In Polynesien geschieht das auf den Schultern von Untergebenen. Außerhalb der Südsee, vor allem in den älteren Hochkulturen, hat sich dann aber aus demselben Zwange heraus der Gebrauch von sänftenartigen Geräten, schließlich auch wohl der des Einzelwagens für Fürsten, des Kriegswagens usw. entwickelt.

Erscheinen in der vaterrechtlichen Weltanschauung die animistischen Ideen überall nur ankristallisiert, so unterscheidet sich also die dynamische Auffassung dieser Kulturen von der primitiven durch das stärkere Hervortreten des Substanzbegriffes, vor allem in der Richtung auf den Persönlichkeitsbegriff. Die Persönlichkeitsbeziehungen spielen schon in dem totemistischen Komplex eine Hauptrolle; die Welt der Polynesier erscheint im Kerne ganz als ein System von Persönlichkeiten mit ungleichem, der Spitze zu steigendem Kraftgehalt.

Die höchste Spitze ist dabei selbst mit dem Oberkönige noch nicht erreicht. Die irdische Stufenleiter setzt sich nach oben in den Göttern fort, von denen die Königsfamilien ihre Herkunft ableiten, und zu denen der Adel nach dem Tode emporsteigt. Und auch in der Götterwelt herrscht keine unbedingte Gleichheit. In weiten Gebieten Polynesiens ist es Tangaroa, der hier eine Herrschaft übt, gleich der königlichen auf Erden. Die Götter spielen in der polynesischen Religion und damit Weltanschauung eine wesentliche Rolle. Dabei ist die polynesische Mythologie in der Hauptsache eine ausgesprochene Astralmythologie mit hervorragend persönlicher Auffassung [271]. Und zwar ist auch das keine Besonderheit der polynesischen Kultur, sondern allen vaterrechtlichen Völkern gemeinsam, schon in der totemistischen Kultur deutlich. Ein Gegensatz gegen die engbegrenzte mutterrechtliche Mondmythologie ist dabei unverkennbar. Erstens ist von jener charakteristischen Begrenzung selbst nichts zu spüren: schon in der totemistischen Kultur findet sich ein Mythus verbreitet, in dem Sonne, Mond und Morgen- bzw. Abendstern Rollen spielen²⁷². Zweitens tritt als Haupt-, als Lieblingsfigur nicht der Mond, sondern die Sonne hervor, tritt in den eigentlichen Gesichtspunkt die lichte, weite Tagwelt: in dem erwähnten Mythus der Totemkultur, demzufolge die Venus als Gattin des Mondes — als Nachtgestirn — doch ständig der Sonne nachläuft, mit ihr entflieht — sie ist ja hier und da sogar am Tageshimmel sichtbar —, vom Gatten zurückgeholt wird und so fort, ist der Liebhaber, also die Sonne, in seiner Schönheit und Herrlichkeit mit sichtlicher Vorliebe behandelt. Ein weiteres, bereits im totemistischen Komplex auftretendes²⁷³, aber durch alle vaterrechtlichen Kulturen hindurchgehendes Motiv ist das sogenannte Jonasmotiv. Nach der biblischen Fassung wird der Held bekanntlich von einem Walfisch verschlungen und fortgeführt, aber dann von ihm wieder ausgespien. Ähnliche Fassungen — nur daß der Verschlinger kein Walfisch, sondern ein anderes Ungeheuer ist — finden sich schon in Australien. In anderen Fassungen wird der Held aus dem Körper des Ungeheuers herausgeschnitten oder er schneidet sich selbst heraus. Bisweilen tötet er es durch Anzünden eines Feuers im Innern und so fort. Meeranwohner und Festlandvölker unterscheiden sich oft dadurch, daß bei den ersten der Verschlinger in Fischform, bei den zweiten in Gestalt eines Landtieres auftritt. Nicht selten heißt es, daß der Held beim Herauskommen die Haare verloren hat²⁷⁴. Gerade dieser Zug deutet lebhaft auf die Sonnennatur des Helden und darauf, daß der ganze Mythus das abendliche Verschwinden des Tagesgestirns, seine unsichtbare Reise nach Osten und sein Wiederhervorkommen am Morgen zum Gegenstande hat. Denn es ist eine bekannte Erscheinung, daß die Sonne am kühleren, feuchten Morgen ohne Strahlen aufgeht, die Haare ihr erst im Laufe des Tages wieder wachsen²⁷⁵. Eine Anspielung auf den Phasenwechsel, der sich bei Betrachtung des Mondes immer zuerst in die Beobachtung drängt, fehlt allen Sagen dieses Kreises. Der einzige — doch also wohl sekundär eingedrungene — Zug einer Mondsage ist die bisweilen vorkommende Feststellung, daß der Verschlungene nach drei Tagen wieder hervorkommt. Um einen sicheren Tagesmythus handelt es sich überall da, wo die Richtung der Verschlingungsfahrt als westöstlich angegeben wird, da der Mond sich in der Zeit seiner Unsichtbarkeit von Ost nach West bewegt [276]. Alles in allem haben wir jedenfalls Anlaß, das so weit durchgehende Jonasmotiv in der Hauptsache als sonnenmythologisch anzusehen. Ganz ausgesprochen gilt das von der zentralen Mythenfigur der polynesischen Welt, von Maui, der die Erde aus dem Weltmeere angelte, den Himmel über die Erde erhob, den Menschen das Feuer brachte, die Sonne fesselte, so daß sie langsamer ging, den Tod aus der Welt schaffen wollte [277]. Am plastischsten ist wenigstens in einigen Fassungen die Sage vom Feuerdiebstahl. Wenn es heißt, daß Maui zunächst nicht das ganze Feuer davonträgt, sondern erst einzelne Feuerbrände, wenn diese ersten Feuerbrände in Neuseeland die einzelnen Finger- und Zehennägel sind, die der Feuergott sich ausreißt, wenn dieser zuletzt — mit dem letzten Nagel — einen großen Brand erregt, dem Maui mit Mühe, als Vogel, entgeht, so ist darin sehr anschaulich gemalt, wie der Mond als Feuergott bei Annäherung an die Sonne immer kleiner wird — Nagel für Nagel —, bis der letzte Brand, die letzte Mondsichel, in unmittelbarer Nähe der Sonne bei deren Aufgang verlischt, gewissermaßen in der Morgenröte auflodert, aus der sich die Sonne dann zum Himmel emporschwingt. Die Sonne ist es aber weiter auch, die das Land jeden Morgen neu aus dem Meere emporsteigen läßt; die letzte im Osten stehende Mondsichel bohrt sich dabei als Angelhaken durch die Silhouette der östlichen Berge. Die Sonne ist es endlich, die den nächtens auf der Erde lastenden Himmel emporhebt, Lebensluft und Licht in die Welt bringt. Von seinem Natursubstrate losgelöst, aber immerhin als Beherrscher und Lenker der Sonne erscheint Maui, wenn er die Sonne, die früher viel schneller lief, so daß die Tage zu kurz wurden, band und zwang, langsamer zu gehen. Recht plastisch ist dann wieder sein Schwingkampf mit dem Feuergotte, dem Monde, der sein Ahne — nach einer Sage handelt es sich um seinen eigenen Vater — ist. Wenn der Feuergott den Maui emporwirft, so steht die Sonne über dem Monde, der Mond geht nach der Sonne auf. Der Sonne schadet das Spiel natürlich nichts, sie kommt unbeschädigt wieder nach unten. Wenn aber der Mond über der Sonne steht, diese ihn also scheinbar in die Höhe wirft, so ist das in der Zeit des abnehmenden Mondes. Der Mond verträgt also das Spiel nicht, sondern geht daran zugrunde. Überall ist Maui siegreich. Nur die „Alte Mutter Nacht" vermag er nicht zu überwinden. An und in ihr geht er zugrunde. Und deshalb gelingt es ihm auch nicht, den Tod aus der Welt zu schaffen, wie er möchte. Aber gerade in dieser Art seines Unterganges erweist er sich wiederum als Sonnenheld. Maui ist weitaus die wichtigste polynesische Sagengestalt. Als Gott gilt er nicht. Doch werden auch von den Göttern Mythen erzählt; so von Tangaloa seine Geburt aus dem Ei und der Zug, daß er als blutgefülltes Gefäß dahingefahren sei. Man hat früher geglaubt — ich selbst habe es getan —, diese Motive nur als mondmythologisch erklären zu können. Ich glaube jetzt, nicht mit Recht. Auch die Sonne kann als blutgefüllte Schale angesehen werden. Und das Hervorbrechen aus dem Ei ist im Zusammenhange mit den früher erwähnten Mauisagen vielleicht sogar natürlicher als Durchbrechung des nächtlichen Welteies durch die Sonne zu deuten. Denn mit Maui steht Tangaloa in engster Verbindung, tritt auf Samoa und Tonga beispielsweise geradezu an seine Stelle als Erdfischer. Dadurch kommt denn auch der Sagenkreis von Maui in engste Beziehung zur Göttermythologie. Die nächststehenden Gestalten in dem verwandten indogermanischen Kulturkreise sind die Gewittergötter, in ihren Kulturen ebenfalls Mittelpunkte der ganzen Mythologie, von denen etwa die Unbotmäßigkeit gegen den Vater, das Emporheben des Himmels, die Sonnenhemmung u. a. erzählt wird. Doch sind auch Berührungen mit eigentlichen Sonnen- oder Lichtgöttern, wie Vishnu, Agni, Apollon, auch mit dem Göttervater Zeus vorhanden, der ja allerdings zugleich Donnergott ist. Übrigens liegt bei den Gewittergöttern die Beziehung zur Sonne recht nahe: Die Sonne ist es ja, die im Gewitter schließlich über die Mächte der Finsternis obsiegt. Die Sonne ist es, die, wie Thor, das Mondhorn leertrinkt. Und wenn Thors Ziegen an den Mond erinnern, so sind ja gerade die schmalen Mondsicheln ihrer nahen Stellung zur Sonne wegen leicht als deren dienstbare Wesen aufzufassen. Thors Stellung zu dem Feuergotte und den Feuerriesen entspricht in mancher Hinsicht der Mauis, sein erfolgloser Kampf mit dem Alter dem Mauis mit der „Alten Mutter Nacht" usw.[278].

Jedenfalls ist soviel sicher, daß auch bei den Indogermanen eine reiche Himmelsmythologie entwickelt war. Die Götter galten, hier wie in Polynesien, als obere Fortsetzung der irdischen Hierarchie; und die Menschen, besonders die Fürsten, leiteten ihren Stammbaum von ihnen ab. Wie die Verhältnisse bei den aus Innerasien stammenden türkischen Jakuten zeigen, ist auch den türkisch-mongolischen Völkern ursprünglich ein Ständewesen eigen. Ihre religiösen Anschauungen haben durch Bekehrung der Südstämme zum Islam und Lamaismus Einbuße erlitten. Sie alle stehen im Schamanismus den Arktikern nahe [279]. Doch kennen die Jakuten noch einen höchsten Gott, der, mit merkwürdigem Anklang an den polynesischen Tangaloa oder Tangaroa, Tangará heißt [280]. Unter ihm spielt eine besondere Rolle der Gegensatz zwischen dem Sonnen- und dem Feuergotte, der hier allerdings zugleich Gewittergott ist [281]. In Innerasien selbst zeigen reich entwickelte Sagenkreise, wie der von Gesser-Chan mit seinen Anklängen an polynesische Mythen, besonders an den Sagenkreis von Maui (z. B. Sonnen- und Mondfang, Jonasmotiv), die frühere Existenz eines verwandten mythischen Weltbildes [282]. Das gleiche gilt von den afrikanischen Hirtenvölkern, wo gerade bei den Vertretern der ältesten Wanderwelle, den Hottentotten, und bei so typischen Hirtenvölkern wie Masai und Herero, die deutlichsten Übereinstimmungen mit polynesischer Kultur, besonders auch polynesischen Mythen, auftreten. Derselbe Gegensatz des Sonnen- und Gewittergottes auf der einen, des Feuergottes auf der andern Seite mit der Entsprechung von Mauis Schwingkampf, sowie eine Parallele zum Sonnenfange ist bei den Hottentotten vorhanden; und die Trennung von Himmel und Erde sowohl in der anthropomorphen Form Neuseelands — diese z. B. im alten Ägypten — wie in der nicht anthropomorphen Form des übrigen Polynesien ist in der ganzen Verbreitungszone der afrikanischen Viehzüchter nicht selten. Überreste von Feuerdiebstahlsmythen, die Motive der Kniegeburt und des Todes durch Verschlucken eines glühenden Steines zeigen, wie die Analogie zu den andern kulturverwandten Gruppen, so ein paar Züge des Mythenreichtums [283], dem allerdings in Afrika die Entwickelung des Polytheismus — in Parallele zu dem Zurücktreten des irdischen Adels gegenüber dem Königtum — nicht entspricht. Die Bedeutung der Sonne für die ganze Weltanschauung kommt nicht nur in den Mythen selbst zum Ausdrucke. Das Wort für Sonne wird geradezu als Bezeichnung für „Gott" gebraucht. Und wenn an anderer Stelle ein Regengott als Typus des Gottesgedankens hervortritt [284], den Bedürfnissen des Viehzüchters in seinem Steppenklima entsprechend, so ist nicht zu vergessen, daß der Gewittergott, der den Menschen das himmlische Naß wiederbringt, bei den arischen Indern eben Indra, die Parallelgestalt zum Sonnengotte Maui, war. Wichtig für die Weltanschauung der afrikanischen Hirten ist, wie bereits erwähnt, die Sage vom Ursprunge des Todes [285] — eines endgültigen Todes —, weil sich in ihrer weiten Verbreitung (sie kommt auch in Polynesien vor) die ursprüngliche Verbreitung nichtanimistischer Anschauungen spiegelt.

Kurz erwähnt sei endlich noch, daß auch die den afrikanischen Hamiten verwandten Semiten in denselben Weltanschauungszusammenhang gehören [286]. Von den nichtanimistischen Vorstellungen der Araber sprach ich schon [287]. Daß diese vor dem Islam Naturgötter, besonders Gestirngötter verehrten, ist bekannt [288]. Bei den Israeliten sind monotheistische Ideen schon vor aller Literatur herrschend geworden. Dennoch verraten einige Mythen den Zusammenhang deutlich genug. Die Hemmung von Sonne und Mond durch Josua ist geläufig. Besonders erscheint aber Simson als Sonnenheros, der die fesselnden Stricke verbrennt, dessen Kraft in den Haaren liegt, der den Kinnbacken (wie Maui: doch wohl die in der Nähe der Sonne stehende Mondsichel) als Waffe führt, der bei seinem Scheiden das Gewölbe auf die Erde stürzen läßt, wie bei Herero und Tahitiern der Einsturz des Himmels als Vorspiel zu seiner Emporhebung erzählt wird [289]. An diese Emporhebung des Himmels mit dem Hineinfluten von Licht und Luft erinnert ferner der Beginn der Schöpfungssage mit der Schöpfung des Lichtes und der Auseinanderteilung von Himmel und Erde. Allgemein als Rest polytheistischer Anschauungen sieht man zwar heute nicht mehr die Elohim, aber die „Kinder Gottes" im 2. Kapitel der Genesis an [290]. Ganz ausgeprägt ist dann dieser Polytheismus in Babylon, wo es heutzutage nur schwer ist, scharf zwischen semitischen und sumerischen Vorstellungen zu unterscheiden.

In der Fülle der mythischen Gestaltungen, die den Weltraum füllen, spiegelt sich ganz besonders die Weiträumigkeit, die der vaterrechtlichen Weltanschauung eigen ist. Doch gibt es wenigstens in einigen dieser Kulturen auch Vorstellungsformen, die diese Weiträumigkeit unmittelbar zum Ausdruck bringen. Dahin gehört vor allem die bekannte semitische Anschauung von den vielen, drei bis zehn, Himmeln übereinander [291]. In der klassischen Siebenzahl sind sie auf die Wochenplaneten mit Sonne und Mond verteilt. Aber diese astrologische Darstellung ist doch eben nur eine von mehreren. Im ganzen genommen bedeuten sie erstens die Erweiterung des engen Unterhimmelsraumes, zweitens eine Rangstufung, wie sie der irdischen Ständegliederung entspricht. Dementsprechend ist der oberste Himmel der Wohnsitz des höchsten Gottes. Und wenigstens auf Tahiti ist die gleiche Vorstellung vorhanden, während die Übereinanderschichtung von sieben oder zehn Himmeln in ganz Polynesien verbreitet zu sein scheint [292]. Soweit man an ein Fortleben nach dem Tode glaubt, ist die Vorstellung von einer Unterwelt — bisweilen noch gegliedert [293] — natürlich vorhanden. Doch wird wenigstens das bessere Totenheim, das Paradies, wo nicht in einen Himmel, doch gewöhnlich oberirdisch ins ferne Weltmeer verlegt und auch damit eine Ausweitung des Weltbildes erzielt, wie es den Erfahrungen der kühnen Seefahrer entspricht [294]. Bei den Indogermanen ist der Gedanke der Himmelstockwerke kaum irgendwo ursprünglich [295]. Doch beweist die Vorstellung von den verschiedenen Götterheimen, die den Indern und Nordgermanen gemeinsam ist, die Gewohnheit, sich den Himmel weiträumig vorzustellen, wenn auch frühhistorische Einwirkung babylonischer Ideen, von Mondhäusern u. dgl., dabei kaum ganz auszuschließen ist.

Dieser Weiträumigkeit, die im übrigen, wie ersichtlich, mit einer festen Geschlossenheit Hand in Hand geht, entspricht eine Ausweitung des zeitlichen, historischen Gesichtskreises. Während in anderen Kulturen, in Zentralaustralien, Neuguinea (Kâte) und bei den Buschmännern etwa, dem jetzigen Zustande einfach die Urzeit gegenübergestellt wird, die Zeit des Andersseins, aus dem die heutigen Verhältnisse hervorgingen [296], ist dem Polynesier — und dasselbe gilt mindestens von den Indogermanen —

der Zeitbegriff ein weiterer geworden, schon infolge seiner ausgebildeten genealogischen Überlieferung [297]. Die Stammbäume, die an die mythische Zeit anknüpfen und sie mit umfassen, dehnen sich bis auf ungefähr hundert Generationen aus, eine immerhin recht beträchtliche Zeitdauer. In diese Zeitfolge sind, wie gesagt, auch die mythischen Ereignisse eingeschlossen; die Welt als Ganzes, die Erde erhält eine Geschichte. Dabei scheinen gewisse abstrakte Gedankengänge eine sichtliche Befreiung von der alten sinnlichen Vorstellungsassoziation anzudeuten; Gedankengänge, die sich in ihrer Besonderheit zwar nicht kritisch nachprüfen lassen, die sich aber in ihrer abstrakten Art doch gegenseitig stützen: so, wenn an der Spitze einer neuseeländischen Schöpfungssage der Gedanke steht, aus dem das Begehren hervorgeht, später erst Himmel und Götter; oder wenn die Schöpfung der Erde sich in Samoa in eine Reihe von Kämpfen auflöst, in denen jeweils das räumlich Untere von dem nächstoberen Gotte besiegt wird, zuerst der Gott der Tiefe von dem Meeresgrunde, dieser von den Felsen, diese von den vulkanischen Gesteinen, diese von der Erde, diese von den losen Steinen, diese von den Pflanzen, diese von den Raupen, die Reptile von den Vögeln [298]. Allgemeiner verbreitet und deshalb wohl auch älter ist der Mythus, nach dem Tangaloa aus dem Weltei hervorging und von ihm alle übrigen Dinge der Welt geschaffen wurden oder in genealogischer Folge abstammten, oder die wohl ursprünglich identische Sage, nach der Himmel und Erde, Rangi und Papa in Neuseeland — Papa ist in Tahiti auch die Gattin Tangaloas —, am Anfange der sinnlich wahrnehmbaren Schöpfung stehen. Es sind diese Urelternn, die nach neuseeländischer Vorstellung ursprünglich in enger Umarmung aufeinander lagen und dann durch ihren Sohn, den Waldgott Tane, auseinandergezwängt wurden, wodurch Licht und Luft in die Welt kam und die Weltgeschichte möglich wurde [299].

Eine blasse Vorstellung finden wir endlich bei den vaterrechtlichen Völkern von einem zeitlichen Ende der Weltgeschehnisse, so daß also auch die zeitliche Einheit der Weltgeschichte oder Weltperiode ein geschlossenes Ganzes wird. In Australien schon, und dann ja wahrscheinlich der totemistischen Kultureinheit angehörend, treffen wir auf den Gedanken, daß der Himmel in ältester Zeit emporgehoben und auf Pfosten gesetzt worden sei. Diese Pfosten, so meint man, verrotten allmählich und werden, wenn die Menschen nicht auf der Hut sind, sie nicht rechtzeitig erneuern, eines Tages zusammenstürzen, der Himmel auf die Erde fallen und alles Leben vernichten [300]. Die Idee von einem ähnlichen, schon einmal erfolgten Ende einer Erdperiode, das man natürlich auch ferner wieder für möglich hält, habe ich bei den afrikanischen Hirten erwähnt [301]. Ähnliches findet sich in Polynesien [302], daneben aber der Gedanke an ein freundlicheres Ende der jetzigen Weltperiode. Auf Rarotonga hielt man J. Cooks Schiff für das erwartete Schiff des Tangaloa, in Hawai für das des Rono, der eine neue Zeit heraufführen würde [303]. Und eine ähnliche, freilich ängstliche Erwartung war auf Neuseeland vorhanden; das Schiff, meinte man, werde alle Eingeborenen hinwegführen [304]. Wie sich der Gedanke eines Weltendes mit dem Ausblick auf eine glücklichere Zukunft bei den Germanen, besonders in Skandinavien, gestaltet hat, ist bekannt.

In dem Bestreben, dem noch so ausgeweiteten Weltganzen doch eine irgendwie abgeschlossene äußere Form zu geben, äußert sich ein bestimmtes ästhetisches Streben, das mit der eigenartigen Kunstgestaltung der gleichen Kulturen in Zusammenhang steht. Ihre Kunst ist im wesentlichen bildlos. Der im Totenkult der mutterrechtlichen Völker liegende Antrieb zu figürlichen Bildungen ist den vaterrechtlichen Kulturen, wie erwähnt, ursprünglich fremd. Die Naturgötter werden bei afrikanischen Hirten wie Indogermanen in Steinen, Bäumen und anderen Naturgegenständen, auch in Stäben verehrt. Bei Polynesiern findet sich eine persönliche Bildkunst zumeist in den Gebieten, in denen auch sonst mutterrechtliche Kultur einen stärkeren Einschlag bildet, Ostpolynesien und Neuseeland; und sie steht dann in nahem Zusammenhange mit dem Ahnenkult, dem Kulte der Tiki. In anderen Teilen, in Zentralpolynesien und Mikronesien, sind figürliche Bildungen sehr selten. Eine besondere Form von Bildkunst ist augenscheinlich der totemistischen Kultur eigen und steht eben mit dem totemistischen Interesse in Zusammenhang. Es handelt sich um eine angewandte Tierplastik, die Ausgestaltung von Geräten, besonders etwa Holzschüsseln und Kopfbänken, deren Form die Tiergestalt suggeriert, in dieser Tiergestalt. Aber selbst die Ornamentik hat in den vaterrechtlichen Kulturen längst nicht die große, selbständige Bedeutung wie in den mutterrechtlichen. Für die totemistische Kultur typisch ist ein einfaches, in geraden Linien oder einfachsten Bogenformen arbeitendes Ornamentband, das sich langgestreckten Geräteformen, den Rändern von Gefäßen usw. in ausgesprochen dienender Zierform anschließt. Und den jüngeren vaterrechtlichen Kulturen eigen ist die Kerbschnittornamentik, die, in ähnlichen Formen wie die totemistische Zierkunst sich bewegend, aber noch weniger selbständig die Flächen der Waffen und Geräte überzieht, ihnen gewissermaßen eine Art Patina verleiht. Wie die vaterrechtliche Kultur im ganzen die intensive Entwickelung vernachlässigt, sich nach außen gestaltet, so wird auch in der Kunst die Gesamtgestalt der Kulturdinge, das Kunstgewerbe die Hauptsache. Die Geräte, etwa die Gefäße der vaterrechtlichen Kulturen, sind an Form, an Schönheit denen anderer Kulturen weit überlegen, obwohl sie vielfach einer äußeren Ausschmückung gänzlich ermangeln [305].

Den mutterrechtlichen Kulturen überlegen erweisen sich die vaterrechtlichen zunächst durch ihre Großzügigkeit. Diese erlaubt ihnen aber ferner, in ihren weiten Räumen allerhand Bestandteile der anderen aufzunehmen, ohne ihren eigenen Charakter wesentlich zu verändern. So sind die Polynesier im Osten und in Neuseeland Plastiker geworden, haben die Neuseeländer die ausgeprägte Spiralornamentik[306] und selbst wesentliche Teile des Mutterrechtes übernommen [307]. So ist denn auch, wie erwähnt, die polynesische Weltanschauung stark animistisch durchsetzt, ohne doch dabei ihren dynamisch-magischen Grundcharakter einzubüßen. Den animistischen Einfluß haben vaterrechtliche Kulturen anscheinend schon sehr früh erfahren. Denn die beiden schon in Zentralaustralien auftretenden Theorien der Seelenwanderung und der Herkunft von Kindern aus Bäumen, Felsen u. a.[308] sind natürlich einerseits animistisch, anderseits wohl kaum sekundäre, rein lokale Bildungen, weil sie ja bekanntlich auch sonst auf der Erde vorkommen. Möglicherweise ist das animistische Gewand der Seelenwanderungsidee nur eine leichte Verhüllung assoziativer Beziehungsvorstellungen, wie sie in den Tatsachen der Familienähnlichkeit usw. begründet sind.

VERHALTEN ZU FREMDEN KULTURGÜTERN

Der Gedankengang ist ganz verwandt dem im zentralaustralischen Totemismus aufweisbaren, nach dem der Zusammenhang des Menschen mit seinem Totemtier auf eine Inkorporation des Tieres in den Menschen zurückgeführt wird [309]. Bemerkenswert ist, daß die Einflüsse mutterrechtlicher Kultur auf die vaterrechtliche nun doch keine unlösbare Verbindung ergeben. So haben die arischen Inder im Buddhismus bekanntlich den Versuch gemacht, gerade die Seelenwanderungslehre ihres animistischen Gewandes zu entkleiden, indem sie die Existenz der Seele leugneten. Ähnlich ist unsere eigene Ethik aufs engste mit dem Jenseitsgedanken verbunden. So schon bei den alten Germanen und erst recht unter christlichem Einflusse. Diese Verbindung ist nun mindestens seit Kant, obwohl dieser selbst sie nicht zerrissen hat, keine Notwendigkeit mehr. Überhaupt ist die Existenz der Seele bei uns ganz ernsthaft wieder Gegenstand der Diskussion geworden. Es liegt damit ähnlich wie mit dem bildhaften Wesen unserer Kunst, das ja in unsere Kultur hauptsächlich von außen hereingetragen ist und das neuerdings (im Expressionismus) stark abgelehnt wird, ohne daß sich die Künstler freilich des kulturgeschichtlichen Sinnes ihrer Ablehnung bewußt wären. Es scheint doch, daß kernhafte Tendenzen der Kultur selbst nach langen Zeiträumen wieder zum Durchbruch kommen könnten. So ist es denn ganz wohl denkbar, daß auch der politische Streit unserer Tage hier und da in uralten Kulturgegensätzen wurzelt [310].

IV. WELTANSCHAUUNGEN UND SPRACHEN

Daß der Gegensatz älterer und jüngerer Sprachformen einem Unterschiede der Denkart entspricht, ist allgemein anerkannt [311]. Der Gehalt an abstrakten Sprachbildungen nimmt zweifellos im Laufe der Geschichte ganz wesentlich zu; der größte Teil davon ist erst in die Geschichte der Hochkultur, hauptsächlich in unsere europäische Entwickelung seit dem klassischen Altertum zu setzen. Die Geschichte unserer eigenen deutschen Sprache zeigt das immer stärkere Eindringen abstrakter Begriffe. Zwei Namen, Notker und Wolff, bilden Marksteine für die Umdeutung deutscher Wortbildungen auf diese abstrakten Begriffe, während anderseits die Aufnahme von Fremdwörtern dem Bedürfnisse der Abstraktion mehr und mehr gedient hat. Alte, besonders natürlich die primitiven Sprachen sind konkret. Dem Wortschatze nach enthalten sie etwa reiche Benennungen für die verschiedenen Formen, besonders Gebrauchsformen derselben Pflanzengattung oder ihrer Teile, wie des Jam, der Kokosnuß usw.[312], während die einfachsten Abstraktionen, Worte für Tier, Pflanze im allgemeinen, fehlen. Selbst in den oft erwähnten Fällen, wo ein Volk sich selbst mit dem Allgemeinnamen Mensch nennt, liegt die Sache sicherlich vielfach umgekehrt. Erst ist das Wort für die engere Daseinsform, Menschen des eigenen Stammes, sind andere Worte für fremde Stämme vorhanden, und dann erst, als das Bedürfnis nach einem gemeinsamen Worte für „Mensch" auftauchte, hat man das Wort für sich selbst zur Bezeichnung für den allgemeineren Begriff, für den Menschen als solchen, genommen. Viele grammatische Formen haben sich augenscheinlich erst ganz allmählich ausgebildet. Über das grammatische Geschlecht und ähnliche Gliederungen spreche ich noch. Der Plural wird oft nur dann ausgedrückt, wenn die Anschauung ihn ausdrücklich erfordert, und dann vielfach rein anschauungsmäßig durch Reduplikation, die auch sonst zur Darstellung der Intensität, eines Dauerzustandes, daher zur Adjektivbildung usw. dient [313]. In der Buschmannsprache etwa wird oft der Inhalt eines ganzen Satzes gewissermaßen redupliziert, mehrfach wiederholt, um seine Bedeutung, seine Dauer u. dgl. zu betonen, allgemein genommen, ihn recht deutlich dem Hörenden zu Gehör zu bringen [314]. Satzverbindungen, besonders Konjunktionen rein formaler oder logischer Bedeutung, fehlen oder sind sehr selten. Sie nehmen ihren Ursprung, wie in unseren Worten „daher" und „weil", aus anschaulichen, räumlichen oder zeitlichen Begriffen. Anderseits muß vieles, was wir im Laufe der Rede als unwichtig auslassen, Zahlwörter, Possessivausdrücke, hinweisende Ausdrücke, ob etwas hier oder dort, eine Bewegung hierher oder dorthin gerichtet ist, ausgedrückt werden. Ähnlich z. B. werden von den Buschmännern — so Schritt für Schritt geht die Rede dahin — sogar geistige oder Gemütsvorgänge, die zwei Satzinhalte verbinden, zum Ausdrucke gebracht: Ein alter Pavian gibt Anweisungen, nicht weil er alt ist, sondern weil er fühlt, daß er alt ist. Die Hyäne rächt sich an dem Löwen nicht einfach, weil er sie übervorteilt hat, sondern weil sie fühlt, daß er sie übervorteilt hat; und sie tut das mit List, weil sie fühlt, daß es so in ihrer Natur liegt [315].

Ich habe früher erwähnt, daß im Denken der Primitiven die Substanzialität der Dinge zurücktritt gegenüber den Eigenschaften und Wirkungen. Das spiegelt sich sprachlich etwa in der Tatsache, daß die Dinge in ihren ältesten Bezeichnungen häufig durch bestimmte charakteristische Eigenschaften gekennzeichnet werden ohne Betonung eines Gattungsbegriffes. Weißling, Gründling, Stichling, Rotkehlchen oder Einhorn sind ältere Formen der Benennung als Weißfisch, Langhornrind u. dgl. [316]. In dieselbe Richtung weist es, daß in primitiven Sprachen Substantiv- und Verbalformen gar nicht oder sehr wenig geschieden sind [317]. Das beruht zunächst natürlich darauf, daß dort jeder Sinneninhalt, gleichgültig, ob Ding oder Vorgang, irgendwie benannt wird. Aber die unterschiedlose Behandlung ist doch eben nur deshalb möglich, weil zwischen einem mehr oder weniger unveränderlichen Dinge, das eine Wirkung ausübt, und der Wirkung, dem Vorgange selbst, kein grundsätzlicher Unterschied gemacht wird.

Von dem so in einigen Grundzügen charakterisierten Untergrunde heben sich einige schärfer ausgeprägte Typen ab, und zwar vor allem zwei in vieler Hinsicht gegensätzliche Formen, die W. Schmidt als Präfix- und Suffixsprachen gekennzeichnet hat [318], die sich aber noch in anderen Eigentümlichkeiten gegenüberstehen und wenigstens in vieler Hinsicht sich decken mit einem anderen Gegensatzpaar, das W. Wundt vom psychologischen Standpunkte aus aufgestellt hat, den Subjektiv- und Objektivsprachen [319]. Uns Europäern erscheint wenigstens der erste, sprachtechnische Gegensatz seltsam, weil unsere indogermanischen Sprachen sowohl mit Präfixen wie mit Suffixen arbeiten. Die meisten Sprachen der Erde sind aber viel ausschließlicher oder wenigstens viel überwiegender nach dem einen oder anderen Schema gebaut. Und der Sinn des Gegensatzes erschließt sich, wenn man bemerkt, daß er sich in der Regel mit einem anderen vereinigt. Die Präfixsprachen pflegen nämlich die nähere Bestimmung zu einem Hauptworte, vor allem den Possessivgenitiv, hinter das bestimmte Wort zu setzen, die Suffixsprachen umgekehrt davor. In Wirklichkeit sind diese beiden Paare von Eigentümlichkeiten des Ausdruckes nur ein einziges. Betrachten wir, um das zu erläutern, unsere sogenannten Präpositionen, so finden wir darunter einzelne, wie das Wort „wegen", die auch als Postpositionen stehen können. Gerade die Präposition „wegen" zeigt aber auch, wie ein Hauptwort zur Partikel ohne selbständige Bedeutung herabsinken kann. Denn die Präposition „wegen" ist ursprünglich nichts anderes als der Locativus pluralis des Substantivs „Weg". „Des Kaisers wegen" heißt ursprünglich nichts als „auf den Wegen des Kaisers". In ähnlicher Weise denkt man sich heute aber alle Präpositionen (bzw. Postpositionen) und anderen Partikeln entstanden, aus selbständigen Hauptworten, die häufig in Verbindung mit anderen Substantiven gebraucht wurden und infolge dieses häufigen Gebrauches allmählich ihren selbständigen Sinn einbüßten. Ein Suffix mit dem von ihm regierten vorstehenden Worte ist also nach dem Muster von „des Kaisers wegen", ein Präfix mit nachfolgendem Hauptworte nach dem Muster von „wegen des Kaisers" entstanden zu denken. Es ist demnach klar, daß, wo die Sprachen konsequent gebaut sind, der Gebrauch von Präfixen mit der Nachstellung des Bestimmungsgenitivs, der Gebrauch von Suffixen mit der Vorsetzung des Bestimmungsgenitivs Hand in Hand geht. Was nun aber die psychologische Bedeutung der beiden Ausdrucksformen angeht, so ist deutlich, wie bei den Ausdrücken „des Hauses Tür", „des Flusses Ufer", „des Schiffes Mast" und ähnlichen das Gesamtobjekt zuerst gesetzt ist, das auch bei der Betrachtung naturgemäß zuerst als Ganzes ins Auge fällt, der Teil, der nachher näher ins Auge gefaßt wird, nachgesetzt wird. Aber selbst bei Verbindungen, wie „des Vetters Hund", in denen an sich die Sache nicht so klar liegt, mag daran erinnert werden, daß jemand, der sehr plastisch, deutlich reden will, etwa sagen würde: „Du weißt, ich habe einen Vetter. Dessen Hund usw." Umgekehrt: wenn ich sage „die Tür des Hauses", so setze ich als erstes sogleich die Anschauung des Dinges, auf das es mir gerade ankommt. Ich verfahre nach der Wichtigkeit, die eine Sache für mich hat, nach subjektiven Gesichtspunkten.

Der Gegensatz der beiden Sprachformen kann nicht leicht klarer gemacht werden als durch Gegenüberstellung zweier Sprachen, die den jeweiligen Typus verhältnismäßig rein darstellen. Da bietet sich als Objektivsprache etwa das Chinesische *, als Subjektivsprache das Arabische, überhaupt, wenn auch nicht überall gleich rein, die semitischen Sprachen. Beides sind keine Sprachen primitiver Völker; und tatsächlich sind die beiden Typen selbstverständlich nicht von vornherein, sondern erst allmählich so scharf auseinander- und einander gegenübergetreten.

Das Chinesische, um mit ihm zu beginnen [320], ist zunächst eine typische Suffixsprache: „shan-shang" auf dem Berge, „shan-tung" östlich der Berge, „shan-hsi" westlich der Berge. Entsprechend stellt es den Bestimmungsgenitiv vor: „jên-chia" des Menschen Haus, „chia-mên" des Hauses Tür. Soweit stimmt das Chinesische — ganz natürlich — mit vielen Primitivsprachen, wie etwa der Buschmann-

---

* Der Gleichmäßigkeit wegen (mit Rücksicht auf Bd. 5) ist für das Chinesische die Wadesche Transkription der Schriftsprache gewählt, obwohl sie der Aussprache des Umgangs nicht entspricht. Doch kommt es ja hier nur auf den Satzbau an. Im Arabischen ist die Sprache des Koran zugrunde gelegt, weil sie die besprochenen Eigentümlichkeiten am deutlichsten zeigt, wie im Chinesischen die Umgangssprache.

sprache, überein. Wenn es nun aber weiter verallgemeinert und als Bestimmungswort auch das Adjektiv voraussetzt, so weicht es dadurch von vielen Primitivsprachen — auch der Buschmänner — ab. In der Tat kann dieser Punkt vom Standpunkte der konkreten, objektiven Betrachtung aus zweifelhaft sein. Größe, Farbe, runde oder viereckige Gestalt und anderes werden aber zweifellos häufig vor den Eigenheiten, die den Begriff als solchen charakterisieren, in das Bewußtsein treten. Und sie haben dann augenscheinlich die Grundlage abgegeben für die Verallgemeinerung, derzufolge im Chinesischen alle Adjektiva vorgesetzt werden: „*huang-ho*" der gelbe Fluß, „*t'ai shan*" der mächtige Berg.

Mit den primitiven Sprachen hat das Chinesische wieder die mangelnde Unterscheidung der Wortarten, Substantiv, Verbum usw., gemeinsam. „*shan-shang*" heißt, wie erwähnt, auf dem Berge, „*shang-shan*" einen Berg besteigen; aber „*shang*" ist auch die Spitze, das Oberhaupt, eines Klosters z. B. Wir wissen, daß dieser Zustand, wie überhaupt die einfachen, affixlosen Wortformen des Chinesischen, nichts Ursprüngliches, Primitives sind, sondern das Ergebnis einer Vereinfachung. Es handelt sich hier wirklich darum, daß eben jeder Begriff, jede sinnliche Erscheinung, ob Ding oder Vorgang, benannt wird, und daß dann Begriffe, die auf die gleiche sinnliche Tatsache, hier etwa auf das „Oben", Bezug haben, dieselbe Benennung tragen. Daß dabei die verbale Funktion wohl ausgebildet ist, zeigt eine merkwürdige Erscheinung der Wortfolge im Satze: Gewöhnlich verbindet im Chinesischen das Verbum Subjekt und Objekt, ähnlich wie bei uns. Bisweilen findet sich aber auch eine Ausdrucksweise, die an den Satzbau vieler agglutinierender, wie der benachbarten Turksprachen erinnert. Dort wird der dingliche Teil des Satzes, Subjekt und Objekt, stets vorausgenommen, der Verbalausdruck nachgesetzt [321]. Darin drückt sich eine besonders stark beschreibende Neigung der Sprache aus. Eine durchaus analoge Ausdrucksweise ist es, wenn der Chinese etwa sagt: „*na ko jên pa chê ko tse ta t'a*" = Jener Mensch nimmt das Kind, schlägt es. Er kann den Verbalausdruck zwischen Subjekt und Objekt nicht entbehren, ersetzt ihn aber durch eine Art Hilfsverbum. Die eigentliche Bezeichnung der Handlung setzt er ans Satzende und gewinnt dadurch den gleichen Vorteil, daß er die dinglichen Bestandteile des Satzes, des objektiven Bildes, vorweg zusammenfassen kann, ehe er sagt, was zwischen ihnen vorgeht. Im Verbalausdrucke selbst macht sich der beschreibende Charakter der Sprache darin geltend, daß Ausdrücke für zusammengesetzte Handlungen vermieden, diese vielmehr in ihre einzelnen Bestandteile zerlegt werden. Insbesondere Bewegungsvorgänge werden so aus dem Ganzen der Handlung herausgezogen: Man bringt nicht etwas, sondern man geht gibt. Und man holt mir nichts, sondern „*ch'ü pa lai kei wo*", man geht nimmt kommt gibt mir. Mit diesem ständigen Ausdrucke der Bewegungsrichtung verbindet sich der starke Gebrauch der Demonstrativa. Es kommt in der lebendigen Rede kaum vor, daß ein Mensch, ein Ding erwähnt wird, ohne daß durch „dieser" oder „jener" angegeben würde, ob er oder es hier oder an einem andern Orte sich befinde.

Eine besondere Eigentümlichkeit der chinesischen Sprache mag noch in diesem Zusammenhange erwähnt sein, die sogenannten Klassenworte. Bekanntlich kommt es auch bei uns vor, daß man statt „sieben Rinder" sagt „sieben Stück Rindvieh" oder „sieben Köpfe Rindvieh". In der chinesischen Umgangssprache wird nun aber ein Zahlwort niemals unmittelbar mit dem Dingworte verbunden, sondern es wird stets ein Wort dazwischengeschoben, das etwa unsern oben genannten Worten „Stück" oder „Kopf" entspricht. So wird besonders oft, stets bei Menschen, das Wörtchen „*ko*" gebraucht: ein Mensch heißt „*i ko jên*", drei Menschen „*san ko jên*" usw. Es ist dies das Wörtchen, das im sogenannten Pidgeon-Englisch, dem Geschäfts-Englisch der Chinesen, das sich die Europäer überall, auch im Verkehr mit anderen Eingeborenen, angeeignet haben, mit „*fellow*" übersetzt wird. „*One fellow coolie*" heißt es, ein Kuli, aber auch „*this fellow cocoanut*", diese Kokosnuß. Denn diese „Klassenwörter" oder „Zählwörter" werden von den Chinesen eben nicht nur nach Zahlworten, sondern auch nach den Demonstrativen gesetzt, also, wie gesagt, praktisch überall, wo von bestimmten, konkreten Personen oder Sachen die Rede ist. Diese Klassenworte sind nun aber nicht für alle Dinge gleich. Es ist eine Sorglosigkeit, wenn überall das Wörtchen „*ko*" gesetzt wird. Die bessere Sprache unterscheidet zahlreiche solcher Ausdrücke. Selbst unter Menschen ist ein angesehener Mann, etwa ein Gelehrter, nicht „*ko*", sondern „*wei*". Ein flach ausgebreiteter Gegenstand, wie ein Tisch, ist „*chang*" — „*san chang cho-tse*" drei Tische —, ein Gegenstand, den man fassen kann, wie ein Stuhl, ist „*pa*", ein langes, dünnes Ding „*tʿiau*" usw. Viele dieser Ausdrücke stehen deutlich mit der äußeren Gestalt der Dinge, ihrer Rundheit, Flachheit, Größe usw. in Zusammenhang. Und durch diese Eigenschaft stehen sie denn auch in Verbindung mit dem bisher Gesagten: wenn der erste Blick aus einiger Entfernung auf einen Gegenstand fällt, so werden in der Regel nicht sofort alle einzelnen Teile der Erscheinung, sondern es wird zunächst ihre allgemeine Form apperzipiert. Eine Sprache, deren Wesen in der Beschreibung liegt, wird demnach zunächst bemerken, daß dort ein oder mehrere lange, flache, stehende, runde usw. Dinge sind. Und daß die Klassenworte nun eben nur in der Umgangssprache gebraucht werden, in der Schriftsprache, vor allem in der Literatursprache, so gut wie nicht vorkommen, entspricht diesem ihrem Charakter. Denn dem Schreibenden sind ja eben all die Dinge, von denen er schreibt, nicht gegenwärtig vor Augen. Er nimmt ihre Form des ersten Eindruckes gar nicht wahr und hat deshalb auch keine Veranlassung, sie zu bezeichnen.

Ein arabischer Text[322] unterscheidet sich von einem chinesischen, außer durch die andere Schrift, auf den ersten Blick durch das andere Aussehen der Worte. Die chinesischen Worte sind bekanntlich heute sämtlich einsilbig und unveränderlich. Spuren einer Veränderlichkeit der Stämme sind allerdings noch wohl erkennbar. Es gibt Fälle, in denen etwa Verba, besonders Kausativa, sich von den Bezeichnungen verwandter Begriffe durch den sogenannten musikalischen Ton unterscheiden. Und dieser Unterschied geht vermutlich auf das frühere Vorhandensein von heute verschwundenen Suffixen zurück. Aber der gegenwärtige Zustand der Worte ist eben der der Einsilbigkeit und Unveränderlichkeit. Das Wort ist etwas objektiv Festes. Demgegenüber ist das Arabische wie das Semitische überhaupt durch den sogenannten Dreikonsonantismus bezeichnet; das heißt: fast alle Wortstämme enthalten drei Konsonanten und werden in der Grundform durch Dazwischentreten zweier Vokale zu zweisilbigen

Stämmen. Und da an diese Stämme sich verschiedenartige Vor- und Nachsilben hängen, die Stämme selbst auch durch innere Vorgänge verlängert werden, sind die Worte mehr- bis vielsilbig. Die Wortzusammenfügung geschieht, wie schon erwähnt, nach entgegengesetzten Grundsätzen, wie im Chinesischen. Stellt der Chinese das Bestimmungswort, also Genitiv und Adjektiv, vor, so setzt der Araber sie nach: „*ibnu'r-raǧuli*" (ohne Assimilation „*ibnu al raǧuli*") der Sohn des Mannes; „*al maliku'l-akbaru*" der mächtige König; im Vulgär- arabisch als Stammesname „*Beni Hasan*" die Söhne Hassans; „*Uled en Nebi*" die Kinder des Propheten. Wird hier das begrifflich wichtigere Wort an die erste Stelle gerückt, so äußert sich in einer charakteristischen Eigentümlichkeit des Satzbaues der Sinn für lebendige Darstellung einer Handlung, eines Vorganges. Das Verbum tritt nämlich der Regel nach an die Spitze des Satzes. Es ist das eine Wortstellung von literargeschichtlicher Be- deutung, weil sie aus dem Alten Testamente in die ver- schiedensten Bibelübersetzungen übergegangen ist, als Spracheigentümlichkeit der aramäischen Christen aber auch im Neuen Testamente Eingang und dadurch noch weitere Verbreitung, z. B. in das Gotische des Ulfilas, gefunden hat. Die Bedeutung subjektiver Geistesinhalte, wie sie sich in dieser Sprechweise geltend macht, zeigt sich aber auch schon in der Wortbildung selbst. Ich denke dabei an die vorhin erwähnten inneren Veränderungen der Wortstämme zur Bezeichnung verschiedenartiger Gefühlstöne. Am deut- lichsten tritt diese Erscheinung vielleicht in der Bildung abgeleiteter Verbalklassen zutage. Wenn von der Grund- form „*qatala*", töten, durch Verdoppelung des zweiten Konsonanten die Intensivform „*qattala*", morden, gebildet wird, so ist das Gefühl der Intensität augenscheinlich un- mittelbar durch die Verstärkung der Wortform wieder- gegeben. Und ebenso, wenn das Streben nach einer Hand- lung, also etwa das Tötenwollen, durch Dehnung des ersten Vokals zum Ausdrucke gebracht wird: „*qâtala*". Aber in dieselbe Kategorie gehört es, wenn das Passivum durch Verdumpfung des Vokalbestandes gebildet wird — „*qutila*" — und zu dem Indikativ des Präsens „*jaqtulu*" die Befehlsform durch Fortlassen des Suffixes „*jaqtul*". Das gleiche Verfahren der inneren Stammänderungen wird dann auch in der Nominalflexion gebraucht, und zwar in der Bildung der sogenannten starken oder inneren Plurale, die in der Hauptsache als ursprüngliche Kollektiva aufgefaßt werden. Neben den gewöhnlichen, durch besondere Endung gebildeten Pluralen gibt es nämlich für viele Worte Mehrheitsbildungen, die durch Veränderung des Wortstammes, besonders Verlängerung, aber auch Verkürzung zustande kommen. So heißt es „*kidâhun*" von „*kidḫun*" der Pfeil, „*mulûkun*" von „*malakun*" (hebräisch „*melech*") der König, „*riǧâlun*" von „*raǧulun*" der Mann, „*fanâǧînu*" von „*finǧânun*" die Tasse, „*Danâqîlu*" von „*Danqalîju*" der Dankali (Stammesname) und so weiter, aber auch „*kutubun*" die Bücher von „*kitâbun*" das Buch und ähnliche Bildungen. Wo der Plural eine Verlängerung darstellt, ist klar, daß die größere Lautfülle eben der Mehrheitsvorstellung entspricht. Aber auch die Abschwächung ist psychologisch verständlich, weil das einzelne Ding als geistiger Inhalt vielfach ein größeres Gewicht besitzt als die Masse. Tatsächlich spielt der Wertbegriff in der arabischen Sprache keine geringe Rolle. Das Arabische gehört zu den verhältnismäßig wenigen Sprachen, die ein ausgesprochenes grammatisches Geschlecht kennen, und zwar wie wir Masculinum, Femininum und Neutrum. Und wie bei uns hat das grammatische Femininum mit dem natürlichen Geschlechte mit einigen Ausnahmen wenig zu tun. Die vorherrschende Meinung ist heute, daß die Geschlechter ursprünglich eine Wertskala darstellen, daß das grammatische weibliche Geschlecht in vielen Sprachen und so im Semitischen einen geringeren Wert darstellt als das Masculinum [323]. Und es entspricht dann dem eben Gesagten, daß gerade unter den starken Pluralen auch eine ganze Anzahl mit Femininendung auftreten: so „*kirudatun*" die Affen vom Singular „*kirudun*". Daß — nebenbei gesagt — eine Verkleinerung nicht immer eine Wertverringerung bedeutet, zeigen die Deminutiva des Arabischen deutlich, die ausgesprochene Kosenamen sind, wie das aus der typischen Form „*kulaibun*" Hündchen von „*kalbun*" der Hund ohne weiteres erhellt.

Ein sehr bedeutsames Moment zur Beurteilung des Wesens einer Sprache ist der Akzent, der Ton. Da scheint es ja denn auf den ersten Blick, als ob der sogenannte musikalische Ton der chinesischen Sprache, die Unterscheidung der Worte durch den ebenen, steigenden, fallenden, hohen, tiefen Ton und so fort, ein besonderer Ausdruck subjektiver Gemütsregungen sei. Es ist nun natürlich nicht ausgeschlossen, daß solche Einwirkungen bei der Entstehung der Töne, der Wahl des Tones für das bestimmte Wort, neben den früher berührten phonetischen Einflüssen [324] eine Rolle gespielt haben. Bei dem heutigen Stande der Sprache ist aber davon keine Rede mehr. Heute ist der Ton etwas unveränderlich und starr mit dem Worte Verbundenes, wie ein Buchstabe, keinen seelischen Regungen irgendwelcher Art zugänglich. Dagegen kennt das Arabische nur den Starkton, der — auch abgesehen vom Satzakzent — Silben mit größerem Gewicht aus dem Worte oder der Wortgruppe heraushebt. Und während in Sprachen von vorwiegend suffigierendem Charakter, wie den meisten agglutinierenden — dem Türkischen etwa [325] — der Ton gleichmäßig über dem ganzen Worte schwebt und eher gegen den Schluß stärker wird, zieht das Arabische ihn möglichst nahe an den Anfang zurück. Er richtet sich im ganzen nach der Länge der Silben, die dadurch eine doppelte Wertbedeutung erhält. Der psychologische Sinn dieses Gegensatzes ist, daß bei schwebend oder endbetonten Worten und Wortgruppen die Bestandteile nacheinander, wie sie ins Bewußtsein treten, ohne enge Zusammenfassung aneinandergefügt werden. Der Starkton, besonders der mehr in den Anfang gesetzte, ist nur möglich, wenn eine Gruppe von Silben im Bewußtsein von vornherein unter einer Dominante zu einer Einheit zusammengefaßt werden, ein Wert- oder Willensmoment von vornherein in der Rede wirksam ist. Der gleiche Faktor ist dann auch in den sogenannten Assimilationsvorgängen deutlich. Wenn ein Wort oder eine Wortgruppe nicht sofort als Einheit apperzipiert, sondern erst Stück für Stück im Bewußtsein aneinandergefügt wird, so kann naturgemäß nur der nachklingende Lautbestand der früheren Silben die späteren beeinflussen, das heißt, es ist nur fortschreitende Assimilation möglich. Diese ist nun tatsächlich die Regel in den Sprachen mit schwebendem oder Endtone. Sie ist besonders wirksam in der sogenannten Vokalharmonie des Türkischen und verwandter Sprachen: „*ed-ersiñiz*" ihr machet, „*baq-arsyñyz*" ihr sehet, „*gel-diler*" sie kamen, „*boz-dular*" sie verdarben, „*bul-dum*" ich habe gefunden [326].

Im Arabischen kommt neben dieser progressiven Assimilation die rückschreitende in ziemlichem Umfange vor. Wenn etwa zu dem Nominativ „*imru'un*" der Mann der Genitiv-Dativ „*imri'in*", der Akkusativ „*imra'an*" heißt, so ist hier der letzte Stammvokal deutlich den Kasussilben *un, in, an* assimiliert. Der gleiche Vorgang liegt vor, wenn arabisch „*dafian*" warm zu „*difian*" oder hebräisch „*gadi*" Böckchen zu „*gidi*" wird. Natürlich beeinflussen auch Konsonanten einander: wie arabisch „*jatšaddaqun*" er rechtfertigt sich zu „*jaššaddaqun*" geworden ist oder „*adâm*" der Mensch zu „*anâm*". Alle diese rückschreitenden Formen der Assimilation sind jedoch nur denkbar, wenn bei der Aussprache des früheren Lautes die Artikulation des späteren bereits mit vorgestellt, also die ganze Lautgruppe einheitlich apperzipiert wird.

Sehr bezeichnend für das gegenseitige Verhältnis der chinesischen und arabischen Sprache ist endlich noch die Bezeichnung der Frage: Im Chinesischen unterscheidet sich der Fragesatz von dem Aussagesatze zunächst gar nicht. Der in Frage gestellte Satzinhalt wird zunächst wie in einem gewöhnlichen Aussagesatze als Tatsache hingestellt. Jener Mann kommt „*na ko jên lai*". Neben die positive Aussage wird dann entweder die negative gestellt, dem Hörer damit klar gemacht, daß beide Tatsachen möglich sind: „*na ko jên lai pu lai*" er kommt oder kommt nicht. Oder es wird hinten an den Aussagesatz einfach eine Partikel des Zweifels gehängt: „*na ko jên lai mo?*" In der verwandten siamesischen Sprache ist diese Fragepartikel identisch mit dem Worte für „oder". Wesentlich ist, daß der Fragecharakter des Satzes erst an seinem Ende zum Ausdrucke kommt. Umgekehrt bei den Arabern. Auch bei ihnen unterscheidet sich im Bau der Frage- nicht vom Aussagesatze. Auch sie bezeichnen die Frage durch eine Partikel. Aber diese Partikel steht nicht am Ende, sondern am Anfange des Satzes. Durch sie erhält der Fragesatz von vornherein seinen besonderen Gefühlston: „*a' qatala'l insânu'l malaka?*" hat der Mann den König getötet? Da, wie erwähnt, im Arabischen auch das Verbum am Satzanfange steht, tritt nun, durch Vorfügung der Fragepartikel, alles, was der Satz an Bewegung und Gemütserregung enthält, an seine Spitze.

Alles in allem zeichnet sich das Arabische aus durch Hervorhebung des Gefühlstones und die Einführung von Wertunterschieden, das letztere außer in der Geschlechtseinteilung in begrifflich-logischer Hinsicht durch die Vorziehung der Substantiva, die den Kern des Satzes bilden, vor die Bestimmungswörter. Das Chinesische macht demgegenüber den Eindruck, als ob jemand ganz ruhig und leidenschaftslos die Dinge abzeichnet, wie sie sich seinen Augen darstellen. „Anschaulich" würde man sagen, wenn nicht doch eben Gemüts- und Willensbestandteile einer Vorstellung sehr stark zu ihrer Anschaulichkeit beitrügen. So wird es besser sein, den chinesischen Sprachtypus als objektiv zeichnend zu charakterisieren, während der arabische als gefühls- und willenserregt, in dem Sinne also als subjektiv bestimmt gelten kann.

Daß die semitischen Sprachen in der Menschheit nicht vereinzelt dastehen, ist bekannt. Ihnen in mancher Hinsicht nächst verwandt sind die hamitischen Sprachen des nördlichen Afrika. Man ist aber geneigt, in diesen die ursprünglich gemeinsame Sprachform der afrikanischen Hirtenvölker zu sehen. Wenigstens besitzen deren südlichste, die Hottentotten, deren Sprache heute typologisch viel Ähnlichkeit mit der Buschmannrede hat, außer dem Zehnersystem der Zahlwörter Bezeichnungen der drei Geschlechter, die nicht nur als solche, sondern auch in den Einzelheiten stark an hamitische Formen anklingen [327]. Andererseits hat die sogenannte malaiopolynesische oder vielmehr die ganze austrische Sprachgruppe — sie umfaßt die malaiopolynesische und die verwandte austroasiatische, vorwiegend hinterindische Sprachgruppe [328] — mindestens typologisch viel Verwandtschaft mit dem Semitischen. Auch die austrischen Sprachen sind typische Präfixsprachen mit Nachsetzung der Bestimmungsworte. Zumal von den polynesischen Sprachen stellen eine ganze Anzahl das Verbum an den Anfang des Satzes [329]. Sie unterscheiden wenigstens bei Personennamen Masculinum und Femininum [330], haben selbständige Zahlwörter bis zehn, bilden die höheren Zahlen mit diesem Begriffe „zehn" [331] und so fort. Übrigens machen sich in Form und Sinn der wichtigsten Verbalpräfixe auch Einzelübereinstimmungen der semitischen mit den austrischen Sprachen bemerkbar [332]. Sehr interessant sind dann weiter die australischen Sprachen [333]. Dort ist vor dem die Mitte beherrschenden suffigierenden, den Genitiv vorsetzenden Typus noch ein älterer im Südosten zu unterscheiden, der, in Resten wenigstens, Possessivnachsetzung aufzeigt, und in den südöstlichen wie in den nördlichen Randgebieten tritt mehrfach wieder gerade die Unterscheidung der Geschlechter hervor[334], die auch in Neuguinea in den Papuasprachen totemistischer Kulturgebiete vorkommt[335]. Es handelt sich augenscheinlich um Spracheigentümlichkeiten der alten Totemkultur, die sich in Resten erhalten haben. Dabei sei dann schließlich noch angemerkt, daß die Geschlechtsunterscheidung in Vorderindien auch einzelnen Dravidasprachen eigentümlich ist[336]. Diese sind zwar sonst sehr ausgeprägte Suffixsprachen. Es ist aber zu bedenken, daß in der Kultur der Dravida mit überwiegender Wahrscheinlichkeit ein Element alter Hirtenkultur steckt[337]. Da die grammatische Bezeichnung des Geschlechtes nebst vielen anderen typologischen Merkmalen der Präfixsprachen bekanntlich auch im Indogermanischen eine Rolle spielt — über sie im ganzen spreche ich noch besonders —, so ziehen sich Sprachgleichheiten, die zunächst wenigstens typologisch und damit psychologisch zu werten sind, durch die Gesamtheit der vaterrechtlichen Kulturgruppen. Heraus fallen bis zu einem gewissen Grade nur die Sprachen der innerasiatischen Hirtenvölker, die uralaltaische Gruppe, die, wie bereits mehrfach berührt, vorwiegend mit suffigierender Agglutination arbeitet und typologisch der chinesischen Art nahesteht[338]. Allerdings bedeutet die Agglutination selbst einen Fortschritt auf dem Weg zur Zusammenfassung und damit zur abgestuften Wertung der Bestandteile, von denen viele keine inhaltliche, sondern wesentlich formale Bedeutung mehr haben. In der enklitischen Nachsetzung der pronominalen Bestimmungen, besonders der possessivischen Pronominalformen, ist außerdem ein Merkmal der Präfixsprachen[339] erhalten, so daß also die Sprachen der Innerasiaten doch nicht ganz aus dem Typus der übrigen vaterrechtlichen Kulturen herausfallen.

Das Chinesische ist heute bekanntlich die Sprache eines Kulturvolkes. Aber wir haben Anhaltspunkte dafür, daß derjenige Kulturtypus, der dort vor dem Eindringen der Hochkultur herrschte, ein mutterrechtlicher war[340]: der Bodenbau wird heute noch in Südchina verhältnismäßig primitiv — z. B. ohne Pflug — betrieben. Die Kunst der nördlichen Randvölker wie des prähistorischen Japan zeigt Formen der älteren Bodenbaukultur. Mutterrecht selbst hat sich in China und Japan stellenweise bis zum heutigen Tage gehalten. Die ostasiatische Holzarchitektur trägt bis auf den heutigen Tag weitergebildete Formen der gleichen Kultur. Dasselbe gilt von Typen der materiellen Kultur, etwa Musikinstrumenten. So mag denn auch in der Sprache nur die systematische Durchführung der Prinzipien der Hochkulturzeit angehören; der Sprachtypus im ganzen mag längst dort geherrscht haben. Um so mehr, als eine besondere Sprachform der Hochkultur auch sonst in keinem Erdgebiete nachzuweisen ist. Bei der weiteren Verfolgung der Typenverwandtschaft ist zu bedenken, daß die Grunderscheinung der Vorsetzung des Bestimmungsgenitivs auch vielen, wenn nicht allen Primitivsprachen eignet. Es wird infolgedessen gut sein, wenn sich besondere Einzelerscheinungen des Typus nachweisen lassen, und in diesem Zusammenhange sind für uns, die der Weltanschauung nachgehen, besonders wichtig die Klassenwörter. Denn sie bedeuten eine Gruppierung der Naturdinge auf objektiv-sinnlicher Grundlage, die zu der subjektiv begründeten Geschlechterteilung einen interessanten Gegensatz darstellt. Diese Klassenteilung findet sich naturgemäß bei den anderen Sprachen der chinesischen Gruppe, so beispielsweise im Siamesischen, obwohl diese Sprache — wohl unter dem Einflusse der austrischen — die Vorstellung des Bestimmungswortes aufgegeben hat. Sie hat aber gerade in Einzelheiten den alten Charakter bewahrt; außer in den Klassenworten etwa in dem Bau des Fragesatzes, von dem früher die Rede war [341]. Außerdem haben die Klassenworte in einer malaiopolynesischen Sprache, nämlich im Malaiischen selbst, Raum gefunden [342]. Aber gerade hier im westlichen Teile von Indonesien sind mutterrechtliche Institutionen nebst anderen Elementen der gleichen Kultur nicht selten [343].

Für die Südsee ist der problematische Punkt, was Übereinstimmung im Kulturtyp und Sprachtyp angeht, das östliche Melanesien. Dort ist ja ein gut charakterisierter Kulturtypus zu Hause, und zwar eine der mutterrechtlichen Formen [344]. Sprachlich ist aber für das Gros des Gebietes die darüber hinweggegangene jüngere Völker- und Kulturströmung der Malaiopolynesier (auch Austronesier genannt) maßgebend geworden [345]. Weitaus überwiegend —

ausgenommen sind im wesentlichen die Inlandgebiete einzelner großer Inseln — herrschen dort die sogenannten melanesischen Sprachen, vielleicht besser austromelanesisch zu nennen, weil sie nach ihren auffallendsten Eigentümlichkeiten und einem wichtigen Teile des Wortschatzes zu den austronesischen, also malaiopolynesischen, Sprachen gehören. So sind sie denn heute z. B. Präfixsprachen, setzen den Genitiv und die Adjektivbestimmung nach und so weiter. Ihnen gegenüber sind die typischen Sprachen der übrigen mutterrechtlichen Gebiete, sowohl die — den austronesischen gegenüber zweifellos älteren, einheimischen — Papuasprachen Neu-Guineas und der anderen Inlandsprachen [346], wie anderseits die Sprachen der australischen Mitte, Suffixsprachen [347]. Sie setzen den Bestimmungsgenitiv vor das zugehörige Substantivum. Die Sprache der früher im animistischen Kapitel als Beispiel herangezogenen Kâte (= Kai) etwa zeigt außer diesem Grundmerkmal noch die Zerlegung der Vorgänge in den „zusammengesetzten" Verben, die pronominale Wiederholung der Objekte in den „Objektverben", die Bezeichnung der Frage. Im ganzen Bau hat es eigenartige Ähnlichkeit mit dem Türkischen, nicht nur in der Agglutination, sondern z. B. in der starken Ausbildung gerundialer Formen, die sich ja ebenfalls dem beschreibenden Sprachtypus einfügen [348]. Ist nun auch der Zustand in Ostmelanesien, wie gesagt, zweifellos sekundär verändert, so würde doch ein vollständiges Fortfallen der altheimischen Sprachgrundlage nicht gerade für eine notwendige Beziehung zwischen Sprache und übriger Kultur, besonders Denkart und Weltanschauung, sprechen. In Wahrheit finden sich aber doch in den „melanesischen" Sprachen eine ganze Reihe von Erscheinungen, die gar nicht malaiopolynesisch sind. Da ist etwa das Fünfer- und Zwanzigersystem des Zählens, während die übrigen austronesischen Sprachen, wie schon berührt, das Zehnersystem haben [349]. Klassenworte sind nicht gerade typisch für die melanesische Sprachgruppe, aber sie oder nahe verwandte Ausdrucksweisen kommen doch öfter vor [350]. Eine ihrer allerauffallendsten Eigenheiten ist die Art der Possessivbildung. Wenn die indonesischen Sprachen in der Hauptsache gleich den semitischen eine kurze Form des Personalpronomens an das Substantivum hängen, die polynesischen dem Substantivum ein Possessivnomen mit angehängtem Personalsuffix nachsetzen, hängt das Melanesische das Personale nur an ganz bestimmte Substantiva unmittelbar an, nämlich an die Körperteile und Verwandtschaftsverhältnisse, also ganz enge Beziehungen, bezeichnenden: „*limaku*" meine Hand, „*limana*" seine Hand. In allen anderen Fällen wird das Personalsuffix erst an einen — nominalen — Possessivausdruck angehängt und in Gemeinschaft mit ihm dem Substantive beigegeben: „*noma parapara*" deine Axt, „*nond tapara*" sein Korb. Nun ist weiter bemerkenswert, daß in vielen melanesischen Sprachen nicht nur e i n solcher Possessivausdruck vorhanden ist, sondern mehrere, und daß jeder für eine ganz bestimmte Art von Dingen oder Beziehungen gebraucht wird, für nähere oder fernere Zugehörigkeit, für Dinge zu essen, zu trinken, für Haustiere und dergleichen [351]. Die Possessivbezeichnungen erwirken also eine eigentümliche Gliederung der Dinge, nicht genau in derselben, aber doch in verwandter Art, wie es die Klassenworte tun. Und weiter fällt noch eines auf. Das Vorhandensein einer größeren Zahl dieser Ausdrücke, also die größere Vollständigkeit dieser Einteilung, ist auf ganz bestimmte Teilgebiete konzentriert, auf die nördlichen Neuhebriden einschließlich der Banksinseln — wo auch die Analoga der Zähl- oder Klassenworte vorkommen — und schwächer die Nachbarschaft von Florida in den Salomonen [352]. Das sind aber in der Codringtonschen Sprachübersicht, die hier zugrundeliegt, diejenigen Gebiete, in denen auch die Haupterscheinungen der ostmelanesischen Kultur, Mutterrecht, Maskenwesen, die typischen Erscheinungen des Totenkultes u. a., am besten erhalten sind. Dieselben Gebiete weisen aber noch andere Spracheigentümlichkeiten besonders auf, die gar nicht malaiopolynesisch, aber gerade für die Denkart sehr charakteristisch sind. Dahin gehört vor allem die vollständige Heraushebung des Verbalausdruckes aus dem Satzganzen dadurch, daß Subjekt und öfter auch Objekt durch Pronominalausdrücke beim Verbum noch einmal wiederholt werden; als ob wir sagen würden: Der Vater er schlägt ihn den Sohn [353]. Der Verbalausdruck ist hier augenscheinlich zu einem ganzen Satze ausgebaut, aber eben dadurch von dem substantivischen Teile der Rede abgetrennt. Es ist eine andere Durchführung des Prinzips, das ich früher bei Besprechung der Wortfolge „Subjekt — Objekt — Prädikat" hervorhob [354]. Die anschauliche Zerlegung der Vorgangsausdrücke, besonders die Abtrennung der Bewegungsausdrücke, findet ihresgleichen in den sogenannten „Hilfsverben" Codringtons [355]. Endlich sei noch erwähnt, daß die Possessivausdrücke in den melanesischen Sprachen häufig, besonders aber in den erwähnten Teilgebieten, vor dem zugehörigen Substantivum stehen, in Gegensatz zu der polynesischen Ordnung, aber eben dem Sprachbau der vorauszusetzenden älteren Sprachen des Gebietes entsprechend. Denn soviel ist wohl klar, daß die erwähnten und andere nichtaustronesische Erscheinungen [356] der „melanesischen" Sprachen auf einer Mischung mit Sprachen anderen Baues beruhen, daß also die melanesischen Sprachen keine rein austronesischen, sondern Mischsprachen sind, wie man das früher auch ziemlich allgemein angenommen hat [357].

Wie weit an den eben hervorgehobenen Eigenheiten die australischen Mittelsprachen teilhaben, wie weit dort umgekehrt die primitiven Sprachzüge die Oberhand behalten haben, das zu beurteilen reicht die bisherige Verarbeitung der australischen Sprachen kaum aus. Für die Frage der Weltanschauung wichtig ist aber, daß sich dort mehrfach Versuche einer Gliederung der Weltdinge finden, die mit der erwähnten „Klassengliederung" eine gewisse Verwandtschaft zeigen. Nur eine gewisse; denn diese Systeme sind stark mit den totemistischen Anschauungen durchsetzt, die der mutterrechtliche Komplex bei seinem Eindringen in Australien vorfand. Äußerlich sehen diese Einteilungen, wie sie bei den Wotjobaluk und Buandik in Westvictoria und bei den Wakelbura im östlichen Australien auftreten, überhaupt ganz totemistisch aus [358]. Alle Dinge der Welt sind nämlich unter die Heiratsklassen und bestimmt in einzelnen Fällen unter die dazugehörigen Totems verteilt. Bei den Wakelbura beispielsweise darf ein Mann, wenn er einen Zauber ausüben will, dazu nur Dinge verwenden, die zu der gleichen Abteilung gehören wie er selbst. Aber die Zugehörigkeit zu der oder jener Abteilung wird nach rein äußeren Gesichtspunkten festgestellt, z. B. nach der Nahrung, die ein Tier frißt. Die Stellung des neueingeführten Rindes würde sich bei den Buandik etwa danach richten, daß es Gras frißt. Das ist also ungefähr die mittelalterliche Klosterküchenphilosophie, nach der Ente und Biber Fastenspeise waren, weil sie sich von Fischen nähren. Am Mt. Elliot werden die Tiere nach der Gestalt der Füße gruppiert [359]. Und so ist wahrscheinlich, daß auch sonst die äußere Gestalt dabei eine Rolle spielt, das heißt eben das Moment, das in der Klasseneinteilung der Chinesen und anderer maßgebend, wenn auch dort ebenfalls nicht allein maßgebend ist. Jedenfalls handelt es sich in beiden Fällen um eine Subsumierung der Weltdinge unter eine größere Anzahl gleichberechtigt nebeneinander stehender Gruppen nach äußeren Merkmalen. Und es ist zu bemerken, daß die uns bekannten australischen Fälle in die Zone der mutterrechtlichen Kultur gehören, während, wie vorhin erwähnt [360], das Auftreten der Geschlechtereinteilung auf die vaterrechtlichen Randgebiete beschränkt ist.

Das klassische Gebiet für die Herrschaft des Klassenprinzips in der Sprache ist das der Bantusprachen in Afrika. Deren Verbreitung deckt sich, besonders wenn man die wohl verwandten Westsudansprachen hinzunimmt [361], stark mit dem der — mutterrechtlichen — westafrikanischen Kultur, und so sind sie wohl ursprünglich als mit dieser Kultur verbunden anzusehen [362]. Charakterisiert werden sie durch die Verwendung der sogenannten Klassenpräfixe, deren es im ganzen bis zu 21 — häufig für Singular und Plural verschiedene — gibt, und deren jedes Nomen eins tragen muß, so daß alle Dinge der Welt tatsächlich unter die Kategorien dieser 21 — oder eigentlich nur 18, da 3 Lokalpräfixe darunter sind — Vorsilben verteilt werden [363]. Unterschieden werden etwa Menschen, belebte Dinge anderer Art, paarweise vorhandene Sachen, Flüssigkeiten, Tiere, kleine, große Dinge, Abstrakta usw., also Kategorien ziemlich äußerlicher Art, bei deren Abgrenzung die Gestalt nicht selten eine Rolle spielt. Wichtig ist nun weiter, daß diese Präfixe nicht nur vor das Substantivum gesetzt werden, sondern daß die gleichen oder verwandte Partikeln auch zu dem attributiven Adjektiv, zu dem von dem Substantiv beherrschten Prädikat usw. gesetzt werden, so daß zwischen allen zusammenhängenden Teilen des Satzes eine Harmonie der Klassenpräfixe hergestellt wird. Für uns interessant ist dabei, daß natürlich auch die Possessivausdrücke mit solchen Präfixen gebildet werden, als Präfix plus Pronominalausdruck. Es ergeben sich dadurch Possessiva, die formell viel Ähnlichkeit mit den „melanesischen" haben. Nur daß das System in Afrika viel ausgearbeiteter ist. Weiter erwähnte ich schon, daß eine in der Klasse dem Subjekt entsprechende Partikel, die allgemein als Pronominalform angesprochen wird, vor das Prädikat tritt. Und ich füge hinzu, daß auch das Objekt bei dem Verbum durch ein der Objektivklasse entsprechendes Präfix wiederholt wird. So hat auch die pronominale Subjekt- und Objektwiederholung beim Verbum, wie sie für Teile Ostmelanesiens typisch ist, ihre Entsprechung in den Bantusprachen, die übrigens noch durch die Herrschaft des Zwanzigersystems in der Zählung [364] und durch das häufige Vorkommen des musikalischen Tones [365] — auch in Ostmelanesien öfter vorhanden — ausgezeichnet sind.

Ein sehr merkwürdiges Verfahren befolgen die Bantusprachen bei der Wortfolge. Scheinbar setzen sie sowohl den Bestimmungsgenitiv wie das Adjektiv hinter das zugehörige Substantiv. Bei genauerem Zusehen stellt sich aber heraus, daß die Bestimmungen in beiden Fällen prädikativ gefaßt sind[366], der Inhalt des Satzes also in lauter kleine Sätze aufgelöst ist. Also etwa: Der Jäger — er ist groß — er hat ihn geschlagen den Vater — er ist des Hirten. Das ist eine konsequente Weiterführung der beschreibenden Technik, wie sie in der Heraushebung des verbalen Satzteiles angelegt ist, und bedeutet also keinen Gegensatz gegen den Satzbau etwa der Sudansprachen, die den Genitiv sowohl wie das Adjektiv vorsetzen[367] und die, wie erwähnt, möglicherweise — besonders in ihrem westlichen Zweige — mit den Bantusprachen verwandt sind.

Die eigentümliche Verwendung der Klassenworte findet sich aber auf der anderen Seite auch bis nach Amerika hinein vor. Die amerikanischen, besonders die südamerikanischen Sprachen, ermangeln zwar noch zusammenfassender Darstellungen. Doch ist jene Klasseneinteilung und ihre sprachliche Verwendung wenigstens für die nordwestamerikanische Kulturprovinz und damit wieder für ein ausgesprochen mutterrechtliches Gebiet sicher zu belegen. Die Sprache der Haida[368], um die es sich dabei handelt, ist im wesentlichen eine Suffixsprache, setzt auch den Bestimmungsgenitiv vor, das Adjektiv allerdings, in Art vieler Primitivsprachen, hinter das zugehörige Substantivum.

Die erwähnten Nominalpartikeln [369] bezeichnen ganz ausgesprochen Gruppen von Substantiven mit ähnlichem Aussehen: gefüllte Säcke, Taschen u. dgl., kubische Objekte, wie Kisten, lang liegende Gegenstände, runde, biegsame, lange, kurze, kleine, flache Dinge u. a. m. Eigenartig ist die Stellung dieser sogenannten Nominalpräfixe. Sie stehen nämlich vor dem Verbalstamm. Und da sie entweder das Subjekt oder Objekt vertreten, so wiederholen sie also Subjekt oder Objekt beim Verbalausdrucke, übernehmen demnach die Rolle, die die Pronominalpartikeln der Nominalklassen im Bantu spielen. Anderseits finden wir eine psychologische Erscheinung beim Haida wieder, die ich vom Chinesischen und „Melanesischen" anführte, die Zerlegung komplexer Verbalausdrücke. Außer den Nominalpräfixen gibt es im Haida nämlich instrumentale Verbalpräfixe, die anzeigen, auf welche besondere Art ein Vorgang sich vollzieht, ob durch Schießen oder Schlagen, durch Stoßen, durch Handausstrecken, ob mit den Händen, Schultern oder dem Rücken, mit den Zähnen oder einem Messer usw.[370]. Manche dieser Partikeln treten auch als selbständige Verba auf, so daß der zusammengesetzte Ausdruck ganz dem entspricht, was im Chinesischen oder beim Gebrauche der sogenannten Hilfsverba im „Melanesischen" zu beobachten ist. Da endlich noch die Nominalbestandteile des Satzes — und zwar erst Objekt, dann Subjekt — geschlossen vorangesetzt werden [371], so erkennt man deutlich im Haida eine besondere Art typisch beschreibender Redeweise, deren Merkmale wohl zum Teil auch weiter verbreitet, z. B. bei den südlicher wohnenden Shasta, auftreten [372].

Alles in allem sind in der Alten Welt einschließlich der Südsee und bis nach Amerika hinein zwei Typen von Sprachen zu unterscheiden, die eine deutlich verschiedene psychologische Grundlage ihres Baues erkennen lassen. Und diese Sprachtypen zeigen, soweit das immerhin große dabei berücksichtigte Gebiet in Frage kommt, in ihrer Verbreitung merkliche Übereinstimmung mit bestimmten Kulturgruppen, den sogenannten vater- und mutterrechtlichen Kulturen, die ihrerseits durch besondere Formen der Weltanschauung gekennzeichnet sind. Und zu diesen Weltanschauungen zeigen die beiden Sprachtypen entschiedene Beziehungen. Wenn die eine Weltanschauung einen engen Gesichtskreis hat, innerhalb dieses Gesichtskreises aber die einzelnen Erscheinungen mit gleichmäßiger Sorgfalt betrachtet und behandelt, keine beträchtlichen Wertunterschiede anerkennt, wo es gliedert, einander nebengeordnete Gruppen schafft, alles in die gleichmäßige geistige Sphäre des Animismus emporhebt, so entspricht dem die objektiv leidenschaftslose Beschreibung der Vorgänge in der Außenwelt, die nebenordnende Gruppierung der Klassen mit ihren völlig objektiven, oft sinnlichen Unterscheidungsmerkmalen, — Klassen, aus denen sich öfter die der geistigen oder beseelten Wesen besonders, aber doch nur als eine Klasse unter vielen, heraushebt. Und wenn dieser animistisch engräumig demokratischen Weltanschauung gegenüber die aristokratisch weiträumige der vaterrechtlichen Völker durch übergeordnete Gliederung, Hervorhebung von Wert- und Gradunterschieden, Betonung des Persönlichen sich auszeichnet, so stimmt dazu der subjektive Sprachtypus der Wert- und Gefühlsbetonungen, der subjektiven Geschlechtergliederung. Selbst in der scheinbar gleichgültigen Art des Zählens prägt sich der Unterschied aus, um so auffallender, als die Grundlagen der Systeme doch nahe verwandt erscheinen. Den primitiven Formen des Zählens bis zwei und drei gegenüber haben beide Sprachtypen die Grundlage zur Weiterbildung augenscheinlich in der Zahl der Finger und Zehen des menschlichen Körpers gefunden. Aber während der eine entweder am Grundelement der Fünf festhält oder die gegebene Möglichkeit bis zur Neige, bis zur Zwanzig, ausschöpft, hat der andere Hände und Füße nicht gleichgestellt, die Hände als Mittel der Zählung bevorzugt, den besonderen Wert der Zehn als Grundzahl — man kann nicht sagen, erkannt, sondern begründet, und schon dadurch der ganzen zivilisierten Welt seinen Stempel aufgedrückt.

Eine Sprachfamilie von höher entwickelten Völkern gibt es, unsere eigene indogermanische, in der von den besonderen, einseitigen Merkmalen der eben besprochenen Sprachtypen wenig zu finden ist, deren Wesen zum Teil gerade darin liegt, daß in ihr die einseitigen Sprachformen der anderen Typen vereinigt oder doch mehr oder weniger bunt durcheinandergemischt auftreten. Es ist das der Grund, weshalb wir die Einseitigkeit der anderen so schwer verstehen, auf der anderen Seite aber auch der, weshalb wir unsern Sprachen so häufig Beispiele zur Charakterisierung fremder Eigenart entnehmen können. Wie wir „des Vaters Sohn" oder „der Sohn des Vaters" sagen, so der Franzose „*le bon homme*" oder „*l'homme bon*", freilich nicht mit ganz der gleichen Bedeutung. Wenn der Inder und teilweise auch der Römer das Prädikat ans Satzende stellen, so gibt es doch auch Sprachen, die den entgegengesetzten Usus nicht erst der Bibel verdanken: so stellt das Irische den Verbalausdruck an die Spitze des Satzes [373]. Und im Altnordischen ist die gleiche Sitte gerade in der alten Völuspa beliebt [374]. Die inneren Veränderungen der Wortstämme sind bekanntlich in den Ablautsystemen der indogermanischen Sprachen systematisch verwendet. Im ganzen genommen sind wohl die straffen Zusammenfassungen der vaterrechtlichen Sprachen vorherrschend, wie ja die älteste indogermanische Kultur in den Grundzügen der Kultur der übrigen Hirtenvölker am nächsten steht [375]. Aber auf Schritt und Tritt begegnen doch auch die Merkmale des anderen Typus. Am meisten naturgemäß in den asiatischen Sprachen, zumal dem Indischen, das besonders mit den Turk-Tatar-Sprachen viel Berührungen aufweist. Dahin gehört vor allem der Periodenbau, die Vorliebe für partizipiale und gerundiale Konstruktionen an Stelle von Nebensätzen. Aber ähnliche Erscheinungen finden sich doch auch in europäischen Sprachen, wie etwa im Lateinischen.

Diese sprachliche Doppelstellung ist aber kulturgeschichtlich, und gerade für die Geschichte der Philosophie, nicht unwesentlich. Die Entwickelung der Philosophie liegt, wie bekannt, weitaus zum größten Teile bei den Indogermanen. Sie wird aber von einer besonderen geistigen Fähigkeit bedingt, nämlich von dem Vermögen, die Dinge der Welt von verschiedenen Seiten zu sehen. Denn dadurch erst entsteht die Grundlage alles Philosophierens, das Problem. Zur Erfassung von Problemen war aber, nach den eben besprochenen Sprachgewohnheiten zu urteilen, der Indogermane ungleich besser vorbereitet als andere Völker. Gewiß nicht alle Indogermanen für alle Probleme gleichmäßig gut. Immerhin wird es verständlich, warum in unserer Völkergruppe gerade die Philosophie und die Wissenschaft im ganzen aufgeblüht ist.

Die Probleme freilich, mit deren Lösung sich die Indogermanen abgeben, haben sie nur zum Teile selbst geschaffen. Sie fanden sie großenteils fertig vor als Ergebnis vielleicht des größten historischen Vorganges der Menschheitsgeschichte, der Entstehung der Hochkulturen.

V. DIE SCHAMANISTISCHE WELT-ANSCHAUUNG DER ARKTIKER

Ehe ich aber auf die Entwickelung in den Hochkulturen eingehe, muß ich noch bei den Arktikern verweilen, erstens weil sie, wenn auch nicht stark an Zahl, doch ein verhältnismäßig weites Erdgebiet einnehmen, von den Lappen im Westen über den ganzen Nordrand Europas, Asiens und Amerikas hinweg bis nach Grönland hin [376], zweitens aber, weil sie in noch weiteren Erdgebieten die Einwirkungen ihrer Kultur hinterlassen haben. In erster Linie ist es die Neue Welt, die in ihrer ganzen Erstreckung bis nach Feuerland hinunter und anscheinend gerade in den ältesten Perioden ihrer Geschichte den früharktischen Einfluß erfahren hat [377]. Neben Dingen der materiellen Kultur, wie Bola, Rindenboot, Kinderwiege und Stiefeln, ist es vor allem der Schamanismus selbst, auch wieder mit formellen Eigenheiten der Kultur, wie der Verwendung der Schamanentrommel, der sogenannten Reifentrommel, der uns ziemlich im äußersten Süden von Südamerika, bei den Araukanern, wieder begegnet. Der Animismus in ganz Südamerika weist durch die vorwiegend defensive Haltung den Geistern gegenüber sowie die schützende Tätigkeit der Zauberpriester Verwandtschaft mit dem Schamanismus auf [378]. In Nordamerika gar ist die Wirksamkeit der Schamanen ebenso wie Einwirkungen arktischer Kultur in Kleidung, Wohnung u. a. ziemlich allgemein, besonders bei den Stämmen der Athapasken und Algonkin sowie dann weiter bei den sogenannten Prärieindianern, Sioux usw.[379]. Aber auch die Völker der Alten Welt stehen in mannigfacher Beziehung zu den Arktikern: Die innerasiatischen Turk-Tataren, von denen mehrere Stämme, wie Jakuten und Tungusen, heute in der Arktis wohnen und sich der dortigen Kultur angepaßt haben, stehen doch auch in alter Entwickelungsgemeinschaft mit den Arktikern. Sie zeigen nicht nur in Kleidung und stellenweise in Wohnsitte (Erdhäuser) gleiche Züge, sondern weisen den Schamanismus in ganz ähnlichen Formen auf, so daß es bei Jakuten und Tungusen nicht immer leicht ist, zwischen altheimischem Gute und dem zu unterscheiden, was sie in der neuen Heimat angenommen haben [380]. Endlich ist nicht zu vergessen, daß unser heutiger europäischer Kleidungstypus, besonders der männliche, wie er früh bei Kelten und Germanen auftritt, aber allen südlichen Völkern und so auch den meisten Indogermanen von Hause aus fremd ist, uns in enge Kulturberührung mit den Arktikern bringt [381]. Tatsächlich ist die Beziehung europäischer Kultur zu der arktischen vielleicht uralt. Gerade in der fast allerältesten, sogenannten paläolithischen Zeit, lange ehe von Indogermanen überhaupt die Rede ist, zeigen besonders die Kunstformen, die plastische und zeichnerische Knochenschnitzkunst, entschiedene typologische Ähnlichkeit mit dem bei Eskimo und in Resten bei Lappen vorhandenen Typus [382]. Es ist deshalb nicht unwahrscheinlich, daß die europäische Kultur der diluvialen Zeiten mit der arktischen zusammenhing. So bleibt es immerhin denkbar, daß Formelemente der Weltanschauung nicht nur aus indogermanischer Zeit, sondern aus noch weit älterem Kulturgrunde arktische Bestandteile in die spätere europäische Kulturgeschichte hinübergerettet hätten.

Ihrem Ursprunge nach ist die arktische Kultur, auch abgesehen von den erwähnten mongolisch-türkischen Einwanderungen und anderen sekundären, etwa mutterrechtlichen Einflüssen, kaum ganz einheitlich. Bei den Eskimo — und vielleicht schon bei paläolithischen Europäern — deutet die Speerschleuder auf totemistische Kultur. Und in dieselbe Richtung weist wieder bei den Eskimo der in der Urzeit auf Pfähle gehobene Himmel, dessen Einsturz nach Vernichtung dieser Pfähle droht, und die Sage vom Ursprunge des Todes [383]. Dagegen gehört das Gros der Kultur augenscheinlich in die Nachbarschaft einer anderen Entwickelung, die von dem Typus der altaustralischen Kultur zu den mutterrechtlichen Formen führt. Wirtschaftlich beruht die Kultur der Arktiker ganz bestimmt auf altem Jäger- und Sammlertum. Manche Institutionen, wie der berühmte Singstreit der Eskimo, weisen auf älteste Kulturformen selbst der Tasmanier zurück [384]. Die äußere Kuppelform der Winterhäuser entspricht australischen und verwandten Bauformen. Dagegen besteht zwischen der soliden viereckigen Innenkonstruktion und den Viereckbauten der älteren bodenbauenden Kulturen eine Analogie, die sich auch in der Konstruktion der arktischen Rinden- und Fellboote ausprägt [385]. Die Zeichenkunst der Eskimo und Lappen zeigt, wenn auch entferntere, Beziehungen zu der Malkunst der Australier und Buschmänner, die Plastik ebenso entferntere Beziehungen zu den älteren Bodenbauern [386]. Den Hauptantrieb hat aber die arktische Kulturentwickelung überhaupt nicht aus ihren Wurzeln, sondern aus dem Zwange der Naturverhältnisse gewonnen. Diese nördlichen Randländer der Erde sind ja wohl ohne gewisse kulturelle Vorbedingungen überhaupt kaum besiedelbar. Schon die vollständige, dicke Kleidung dieser Völker, die nirgend sonst auf der Erde — außer bei Innerasiaten — auftritt, ist augenscheinlich eine Anpassung an das Klima. Dasselbe gilt von den Wohnungen, den dichteren, im Osten und Westen häufig in die Erde versenkten und mit Erde überdeckten Winterhütten. Die verhältnismäßige Kargheit der Nahrung hat überall einen ausgeprägten Saisonnomadismus zur Folge, ein ständiges Wandern zwischen der Küste, wo Fischfang oder Jagd auf Seesäuger getrieben wird, und dem Binnenlande, wo Jagd auf Landtiere, in Asien Rentierzucht die wirtschaftliche Hauptrolle spielt [387]. Dieser Saisonnomadismus hat z. B. bei den Eskimo schon einen religiösen Ausdruck gefunden. Es wird dort streng zwischen See- und Landtieren unterschieden. Wie manche Viehzüchter Blut und Milch streng auseinanderhalten, so darf bei den Eskimo Fleisch von See- und Landtieren nicht gleichzeitig in demselben Topfe gekocht werden. Stoffe, die von Seetieren stammen, wie Seehundsdärme, dürfen nicht auf dem festen Lande verarbeitet werden und so fort [388]. Der Einfluß des kargen Landes auf die Rechtsverhältnisse ist ebenso eigentümlich: nirgends auf der Erde sind die Eigentumsbegriffe so unentwickelt; an Stelle des festen Eigens tritt häufig die Okkupation; die Arktiker sind die einzigen Völker der Erde, die merkliche Fortschritte in der Richtung auf den Kommunismus gemacht haben [389]. Politisch-sozial sind kleine und kleinste Gemeinwesen über unendliche Flächen zerstreut, Gemeinschaften, deren Grenzen meist sehr verschwommen sind.

DIE SCHAMANISTISCHE WELTANSCHAUUNG

Handelsreisen gehen über riesige Strecken hin, während anderseits Jahrmärkte die Handelsbeflissenen weiter Gebiete an sich ziehen [390]. So ist freilich von einem engräumigen Weltbilde keine Rede. Aber selbst der Begriff der Weiträumigkeit deckt den wirklichen Gedankeninhalt nicht, wenigstens nicht in dem Sinne der organisierten, immerhin begrenzten Weiträumigkeit, den der Begriff bei den Polynesiern hat. Das Weltbild der Arktiker, etwa der Eskimo, ist grenzenlos. Die skizzenhafte Zeichenkunst dieser Völker, die ihre Vorgänge wie am Horizont einer weiten Schneefläche darstellt, stimmt gut zu diesem Weltbilde. Wenn bei den Eskimo jemand nur in die Höhe zu springen braucht, um eine ebene Schlittenbahn zum Hause des Mondmannes zu finden [391], so sieht man, daß selbst die Vorstellung des festen Himmelsgewölbes nur eine sehr theoretische ist. Eine festere Vorstellung von übereinander liegenden Welten mit Einsteiglöchern dazwischen besitzen die Tschuktschen [392]. Von höchster Bedeutung, aber doch eben der täglichen Erfahrung angehörend und ganz irdisch ist die oben erwähnte Scheidung zwischen Land und Wasser. Jedes der beiden steht unter Leitung einer Gottheit, die beide ein Ehepaar bilden. Doch scheinen die verschiedenen Stämme der Eskimo nicht einig darüber, ob der Mann das Meer beherrscht und die Frau das Land oder umgekehrt [393]. Die Scheidung der Geisterwelt zwischen Ost und West, Süd und Nord, Oben und Unten, wie sie bei den Jakuten mit dem Gegensatz zwischen guten und bösen Geistern verbunden auftritt, ist doch wohl eine jüngere Ausbildung, wie denn dasselbe Volk und die Tungusen auch Elemente einer entwickelteren Mythologie, die Gestalt eines höchsten Himmelsgottes, eines Sonnen-, Feuer-, eines Gewittergottes usw. aus der alten, südlicheren Heimat mitgebracht haben [394].

Bei weitem der wichtigste Bestandteil der Religion und Weltanschauung arktischer Völker ist aber der Animismus, ein Animismus, in dem ebenfalls das Fortleben des Menschen über den Tod hinaus eine Rolle spielt, in dem aber die Idee der Allbeseelung einen viel bedeutenderen Platz einnimmt als in dem Animismus der älteren Bodenbauvölker [395]. Methoden, um die Wiederkehr des Toten oder seine schädigende Wirksamkeit nach dem Tode zu verhindern, scheinen allgemein. Selbst die ältesten Bestattungsformen, Verbrennen und Beschweren mit Steinen, kommen vor. Ja sogar — bei Paläasiaten — das einfache Aussetzen und das Verzehrenlassen durch Tiere [396]. Jedoch ist fraglich, ob damit bei diesen arktischen Stämmen die Vorstellung einer endgültigen Vernichtung verbunden ist. Bemerkenswert bleibt freilich, daß man bei einzelnen Eskimo dem Toten augenscheinlich wenigstens die Fähigkeit der Rache nehmen kann, indem man von seiner Leber ißt [397]. So mögen Spuren einer Kultur, die endgültige Vernichtung jedenfalls für möglich hielt, immerhin bemerkbar sein. Die überwiegende Anschauung ist, daß der Mensch nach dem Tode weiter existiere. Bei den Eskimo geht sein „Schatten" etwa in ferne Lande, nach einer Vorstellung zum Monde. Die Grönländer beispielsweise unterscheiden wieder zwischen Land- und Seetoten. Die ersten gehen in den Himmel, die andern in die Unterwelt. Beide müssen erst in langwierigen Verfahren ihre Lebenssäfte verlieren, ehe sie wirkliche Geister sind [398]. Im allgemeinen hofft man vom Toten nicht viel Gutes. Bestenfalls ist er harmlos. Viele sind den Überlebenden feindlich gesinnt [399]. Deshalb sucht man die Toten zu versöhnen. Die Grabbeigaben umfassen allerdings das Eigentum des Toten, und wir sahen früher, daß dessen Mitbestattung nicht notwendig ein Akt der Fürsorge, sondern vielfach von Furcht vor Benutzung dieser todinfizierten Dinge eingegeben ist. Im Falle der Eskimo erscheint der Sachverhalt aber insofern anders, als häufig nicht die Gebrauchsgegenstände selbst, sondern kleine Modelle davon mitgegeben werden [400]. Daraus geht hervor, daß man die Sachen dem Geiste tatsächlich für seinen Gebrauch mitgibt. Und so werden denn den Toten häufig auch kleine Stücke oder Teile von Speise und Trank der Lebenden zugeteilt [401], ihnen also ganz richtig Opfer dargebracht, um ihr Dasein im Geisterleben zu erleichtern, sie dadurch vom Übelwollen gegen die Lebenden abzuhalten. Immerhin bleiben sie ein Gegenstand der Furcht. Aber sie sind nicht die einzigen gefürchteten Geister. Denn, wie gesagt, für den Arktiker gibt es nichts Unbeseeltes. „Alles lebt", sagt der Tschuktsche. Nicht nur die Tiere, Pflanzen und Gestirne, das Meer und das Land im ganzen, jedes Gewässer, jeder Hügel hat seinen Herren. Ja selbst das Beil, das man in der Hand hat, kann sich gelegentlich in eine menschliche Gestalt verwandeln, zum

Beweise, daß es ebenfalls eine Seele hat[402]. Denn die Vorstellung der Seele ist doch in der Hauptsache menschlich. Wenn der Alaska-Eskimo Tiergeister in Maskenform darstellt, so sind diese Masken häufig doppelt, außen die Tierform, darunter verborgen ein Menschenantlitz[403]. Daß Stürme, Wolken, Gewitter als Geister oder von solchen belebt gedacht werden, ist selbstverständlich. So ist der Arktiker in seiner unwirtlichen Natur umgeben, man kann fast sagen umdrängt von Geistern. Die ganze Unheimlichkeit der Öde kommt in dieser Form der Weltanschauung zutage. Denn mit den Geistern der sichtbaren Dinge ist ihre Zahl noch nicht erschöpft. Unsichtbar wandern bei den Tschuktschen Geister umher, die den Menschen Krankheit und Tod bringen. Ja es gibt richtige Menschenfresser unter ihnen, mit denen die tapferen Tschuktschenkrieger in ständigem Kampfe liegen[404].

Der Hauptkämpfer gegen die bösen Kräfte ist bei diesen Völkern aber der Schamane. Es gibt männliche und weibliche Schamanen, meist gewecktere Individuen, häufig allerdings auch zu krankhafter Geistesverfassung neigend, mit einer gewissen Ähnlichkeit zu spiritistischen Medien, sehr befähigt, sich in tranceähnliche oder Traumzustände zu versetzen[405]. Dies geschieht häufig unter Zuhilfenahme von Gesängen, Rasselgeräuschen, Tänzen. Durch das ganze Gebiet und weiter verbreitet ist die Schamanentrommel, aus einem über einen Holzreifen gespannten Fell bestehend, deren dumpfer und doch aufregender Klang für jene Zustände eine besonders fördernde Wirkung haben muß. Während der Verzückung[406] verkehrt die Seele mit den Geistern, geht auf Reisen, um eine verirrte Seele — die eines Kranken — oder den Urheber eines Übels zu suchen, mit ihm zu kämpfen, ihm die Seele abzuzwingen und sie zurückzubringen, Nachrichten zu erfahren, die der Schamane den Zuhörern dann in oft nur halbverständlicher oder fremder Sprache mitteilt und dergleichen mehr. Der Schamane scheut dabei kleine Tricks und Taschenspielerkunststücke, wie Bauchreden, nicht, ist aber trotzdem in der Regel von der Wirklichkeit seiner Erlebnisse, der Wahrheit seiner Aussagen usw. überzeugt, darin jedenfalls seinen europäischen Kollegen im Spiritismus meist überlegen. Die Zuhörer glauben an das ganze Wesen unbedingt. Alle seine Leistungen vollbringt der Schamane aber nicht aus eigener Kraft. Er hat einen oder mehrere Schutzgeister sozusagen in seinem Dienste, oft Tiere, die während der Prozedur in ihn hineinfahren, in die er sich halb oder ganz verwandelt, die seine Befehle ausführen. Selbstverständlich sind die verschiedenen guten Geister meist bereit, den Schamanen in ihren Unternehmungen zur Seite zu stehen. Doch gibt es selbst unter den bösen Geistern solche, die dem Zauberpriester, wenn auch unwillig, dienstbar werden können. Das Recht auf bestimmte Schutzgeister kann unter Umständen (bei Eskimo) von den bisherigen Besitzern erkauft werden. Doch wird die wirkliche engere Beziehung zu ihnen meist durch besondere Erlebnisse in der Einsamkeit gewonnen [407]. Der ganze Glaube an diese Schutzgeister ist seinem Ursprunge nach vielleicht nicht ganz einheitlich. Obwohl seinem Wesen nach heute entschieden animistisch, zeigt er doch manche Beziehungen zu totemistischen, und zwar natürlich individualtotemistischen Vorstellungen, wie sie bekanntlich in ganz Nordamerika stark entwickelt sind. Anzeichen sind vorhanden, daß jeder Eskimo seinen Schutzgeist hat [408]. Anderseits erwähnte ich, daß doch auch in den individualtotemistischen Gebieten die Zauberer das erste und stärkste Verhältnis zu der Vorstellungsgruppe besitzen. Selbst der Begriff des *alter ego* scheint den Eskimo nicht ganz fremd zu sein. Darauf deutet der Gedanke, daß nicht nur die Amulette, in denen der Schutzgeist eingekörpert ist, auf den Besitzer einwirken, sondern daß umgekehrt auch die Lebenskraft des Besitzers auf den des Amulettes von Einfluß sei [409].

Im ganzen spiegelt sich auch in der Weltanschauung der Arktiker deutlich die Natur ihres Landes. Mit großer Folgerichtigkeit ist die Anschauung durchgeführt, daß der Mensch vereinsamt in eine große unwirtliche Umwelt hineingesetzt sei, und daß er nur durch äußerste Ausnutzung der günstigen Kräfte sich all des Schadens zu erwehren vermöge, der ihn von allen Seiten bedroht. Er findet sich mit der Welt geistig so ab, wie er es im täglichen Leben materiell zu tun gewöhnt ist. Es gibt ja kein Volk der Erde — außer den Hochzivilisierten —, das so kunstvoll und geschickt wie etwa die Eskimo das kärgliche Material des Gebietes, wenig Treibholz, seltene Funde brauchbaren Steines, Knochen und Zähne der Jagdtiere, zu wirksamen Geräten auszugestalten verstünde [410]. (Ich erwähne nur, daß die Eskimo anscheinend das einzige Naturvolk sind, das mit dem Prinzipe der Schraube vertraut ist.) Die Spärlichkeit der Besiedelung ist wohl Ursache, daß arktische Völker wie die Eskimo — und Subarktiker Nordamerikas — ihre schon erwähnte Zeichenkunst in den Dienst der Nachrichtenübermittelung gestellt haben. Wieder sind sie außer den Hochkulturvölkern die einzigen, von denen das zu sagen ist [411]. Die Not hat alle ihre Kräfte angespannt; und so trägt auch ihre Weltanschauung nicht den Stempel des Welteroberers, sondern den der Selbsterhaltung unter ungünstigen Verhältnissen.

Der Spiegel der arktischen Weltanschauung findet sich in der Sprache der Eskimo, deren charakteristische Eigentümlichkeiten sich — dem arktischen Kultureinschlage entsprechend — in Amerika weit verbreitet, sogar bei dem Hochkulturvolke der Azteken finden, die aber doch in ihrer Ganzheit bei den Eskimo selbst am typischsten ausgebildet erscheinen [412]. Es ist die Form der sogenannten polysynthetischen oder einverleibenden Sprachen, die, ohne großen Anspruch auf Formvollendung und Formfülle, stets eine möglichst große Anschauungsfülle in einen einzigen, nach unsern Begriffen grotesken Zusammenhang bringen, den ganzen Gehalt eines Satzes, wie man sagt, in ein Wort zusammenfassen. Den eigentümlichen defensiven Charakter der Kultur glaubt man wiederzuerkennen, wenn der objektive Typus der Sprache hier geradezu zu einem passiven gesteigert erscheint: die Vorgänge, selbst die zweifellosen Handlungen, werden nämlich in der Eskimosprache so ausgedrückt, als sei das aktive Subjekt das leidende, an dem etwas geschieht. Es heißt also nicht etwa nur „es tönt mir" statt „ich höre es", sondern auch „es fliegt mir" statt „ich werfe es" [413]. Dabei ist es fast selbstverständlich, daß der Vorgang nicht eigentlich verbal, sondern nominal ausgedrückt wird Es heißt also z. B. nicht eigentlich „er fliegt", sondern „sein Fliegen", „der Pfeil fliegt" ist „Pfeil sein Fliegen". „Der Hund sah die Frau" würde etwa heißen „Dem Hunde Frau ihr sein Erscheinen [414]". Aus diesem Beispiel geht, abgesehen von der ganzen objektiv-nominalen Ausdrucksweise, noch hervor, daß auch im Eskimoischen, wie früher bei den Sprachen der älteren Bodenbauer ausgeführt, Subjekt und Objekt beim Verbum in pronominaler Form wiederholt werden, so daß also, trotz der engen formellen — oder formlosen — Zusammenschweißung, der ganze Vorgangsausdruck von dem objektiv-nominalen, gewissermaßen substanziellen Teile abgehoben wird. Mit dem „einverleibenden" Charakter der Eskimosprache hängt eine ihrer merkwürdigsten Eigenheiten zusammen: das sind die sogenannten „Suffixe mit großem Anschauungsgehalt". Wir pflegen in unseren Sprachen zwischen dem Stamme des Wortes einerseits, den Vorsilben und Endsilben anderseits zu unterscheiden. Vor- und Endsilben bezeichnen die Beziehungen des Wortes zu anderen, im besten Falle irgendeine bestimmte Richtung des Anschauungsgehaltes; dieser selbst wird in der Hauptsache durch den Stamm oder gar die Wurzel des Wortes angegeben. Und dieser letzterwähnte Bestandteil wird seinerseits benötigt, wann und in welcher grammatischen Verbindung immer der betreffende Anschauungsgehalt zum Ausdrucke gebracht werden soll. Verbindungen solcher Inhalte werden infolgedessen durch sogenannte Komposita bezeichnet. Anders im Eskimoischen: wenn dort das Haus „ilo", der Hausbewohner „ilo-kata" heißt, so heißt „kata" nicht etwa als selbständiges Wort „Bewohner" oder etwas Ähnliches, sondern es ist ein Wortbestandteil, der nur als Suffix vorkommt und im Zusammenhange mit einem anderen Substantiv dessen Inhaber bezeichnet. Ebenso, wenn „okalu-fik" der Predigtort, die Kirche heißt, so ist „fik" nicht der Ort, sondern nur im Zusammenhang der Ort, an dem irgend etwas stattfindet. Weiter: von „kikiak" Nagel wird „kikialiak" gemachter (nicht gekaufter oder geschenkter) Nagel abgeleitet, ohne daß „liak" etwa „gemacht" hieße oder überhaupt als selbständiges Wort eine der erwähnten verwandte Bedeutung hätte. Von „ilo" Haus stammt „ilo-kok" zerfallenes Haus usw. Fink, von dem diese Beispiele genommen sind, führt folgendes Muster grönländischer Bildung eines ganzen Satzes an: „aulisarpok" heißt „er fischt", „aulisa-ut" „Fischwerkzeug, Fischleine", „aulisa-ut-isak" „Fischwerkzeuggeeignetes", „aulisa-ut-isarsiwunga" „Fischwerkzeuggeeignetes-Erlangung meine", d. h. „ich verschaffe mir etwas zu einer Fischleine Geeignetes"; dazu „niarpunga" „ich suche" ergibt „aulisa-ut-isar-siniarpunga" „ich hätte gern etwas, was zur Fischleine geeignet ist"[415]. Die Veränderungen an den Wortenden bei der Zusammenfügung zeigen, daß man den ganzen Satz mit einem gewissen Rechte wieder als ein Wort ansieht. Aber in diesen ungefügen Zusammenschachtelungen ist wichtig, daß die nominalen Bestandteile des Satzes mit Ausnahme des ersten gar keine selbständigen Worte sind, sondern nur Suffixe, die aber, wie gesagt, den vollen Anschauungsgehalt von selbständigen Worten haben. Bei uns zu vergleichen sind vielleicht nur etwa die Verkleinerungssilben, in den romanischen Sprachen die Zierlichkeitsendung -*ina*, die Vergröberungssilbe -*ona* oder die Häßlichkeitsendung -*accia*. Doch ist ein Vergleich mit der Verwendung solcher Suffixe in der Eskimosprache weder dem Umfang noch schließlich auch der Art der Verwendung nach eigentlich möglich. Man könnte sagen, daß bei den Eskimo von einer Erscheinung, die im Zusammenhange auftritt, nicht die Sache selbst in ihrer äußeren Selbständigkeit und Abrundung, sondern der Geist, die Seele der Sache gegeben wird. So daß auch in dieser Sprachbesonderheit ein Widerschein der eskimoischen Weltanschauung läge. Doch wird schwer zu entscheiden sein, ob diese Interpretation der Eigentümlichkeit mehr als eine Gedankenspielerei bedeutet.

VI. DIE WELTANSCHAUUNG ÄLTERER HOCHKULTUR

Ich sprach vorhin davon, daß die arktischen Kulturen wahrscheinlich keinen ganz einheitlichen Ursprung haben, daß es im wesentlichen die Natur des Landes war, die ihnen ihre besondere Eigenart gegeben hat. Die Verschmelzung verschiedener und verschiedenartiger Kulturen zu einem neuen, mehr oder weniger einheitlichen Ganzen ist natürlich auch sonst auf der Erde vielfach erfolgt: so erwähnte ich, daß die polynesische Kultur, obwohl ihrem Kerne nach zur Gruppe der vaterrechtlichen Kulturen gehörig [416], den Bodenbau und mit ihm eine ganze Reihe von Errungenschaften der mutterrechtlichen Kulturen angenommen, daß dementsprechend auch ihre Weltanschauung nicht wenige animistische Bestandteile übernommen hat [417]. Ähnliches gilt infolge des In- und Durcheinanderschiebens von Völkern und Kulturen überall auf der Erde. Wenn der südamerikanische Animismus zahlreiche Züge aufweist, die an Schamanismus erinnern [418], so haben sich da Weltanschauungen verschmolzen, die nah verwandt sind und deshalb eine starke Affinität zueinander haben. Ein Gebiet allerstärkster Verschmelzungen, sogenannter Akkulturationen, ist der nordamerikanische Kontinent, in dem Kulturen der verschiedensten Typen durch beträchtliche Völkerwanderungen ineinandergeschoben oder wenigstens in nächste Berührung miteinander gebracht worden sind [419]. Selbstverständlich macht sich das in den Religionen und Weltanschauungen dieser Völker lebhaft bemerkbar. Ältester Zauberglaube, Totemismus mit seinen weiträumigen Organisationen, besonders ferner Individualtotemismus, animistische Vorstellungen [420], Sonnen- und Mondkulte spielen in buntem Wechsel, teilweise auch in enger Vereinigung, eine Rolle. Eine der merkwürdigsten Anschauungen ist dabei die vom großen Geiste der östlichen Stämme. In ihr sind wohl

Begriffe wie der von einer alldurchdringenden Zauberkraft zusammengeflossen mit der Vorstellung eines persönlichen Gottes, vielleicht sogar eines großen Gottes von der Art des australischen [421], ohne daß aber die Plastik der Persönlichkeit voll und ganz durchgeführt worden wäre [422]; trotz allem vielleicht die stärkste Annäherung an pantheistische Ideen, die wir bei Naturvölkern finden.

In diesem Falle ist augenscheinlich aus dem Zusammenfließen verschiedener Kulturen etwas relativ Neues und bis zu einem gewissen Grade Höheres hervorgegangen. Ein solcher Vorgang ist beim Zusammentreffen tiefstehender Kulturen jedoch nicht die Regel, ja nicht einmal besonders häufig. Vielfach finden wir, daß beim Zustandekommen von Mischkulturen eine Art eklektischen Verfahrens eingeschlagen wird: die Mischkultur [423] bleibt eine mehr oder weniger bunte Mischung aus Elementen der verschiedenen Kulturen, ohne daß die Elemente verschiedenen Ursprungs eine fruchtbare Verbindung miteinander eingingen. So kommt es beispielsweise in Melanesien mehrfach vor, daß die Handelsformen der polynesischen und der älteren Bodenbaukultur, Fern- und Markthandel, in ein und demselben ziemlich kleinen Gebiete unmittelbar nebeneinander bestehen, ohne dabei in irgendeine Verbindung miteinander zu treten [424]. Verbindung von Mythenmotiven verschiedenen Ursprungs ist häufig, wie auf den Neuhebriden Sagen des Maui- (Tangaroa-) Kreises mit alten Mondmythen verschmolzen sind [425]. Doch wird man schwerlich sagen können, daß dabei ein neuer oder gar höherer Sagentyp entstanden sei. Und ebenso wird sich schlecht entscheiden lassen, inwiefern die polynesische Weltanschauung durch Aufnahme der animistischen Bestandteile auf eine höhere Stufe gehoben worden wäre.

Nur bei einer Form von Kulturen läßt sich nicht nur mit Sicherheit feststellen, daß in ihr zahlreiche Elemente verschiedener Mutterkulturen sich in stärkster Weise gegenseitig befruchtet haben, sondern man kann auch kaum umhin, viele Produkte dieser Befruchtung als höhere Formen den Eltern gegenüber anzusprechen. Die fragliche Kulturform erstreckt sich ihrer Verbreitung nach von Westafrika über das ganze Gebiet des Sudan und Nordostafrika, über West-, Süd- und Ostasien hin und beherrscht auch in Amerika noch das Gebiet der sogenannten amerikanischen

DIE HOCHKULTUR ALS ERGEBNIS DER KULTURMISCHUNG

Hochkulturen [426]. Und als Hochkultur erscheint die Form im ganzen. Den niederen Lagen der älteren Kulturkreise gegenüber ist es eine Art Kulturgebirge, dessen mehr oder weniger hohe Gipfel sich im alten Ägypten, Mesopotamien, Indien und in China erheben, das aber doch auch in seinen weniger erhabenen Teilen einen ziemlich gleichartigen Bau aufweist. Den Charakter der „Hochkultur" gibt dem Kreise zunächst schon die überlegene Technik, von der ich nur die Kenntnis des Metallgusses in Kupfer, Gold, Silber, teilweise auch die Herstellung von Bronze erwähnen will. Die Gebilde der Töpferei gewinnen jetzt ihre verschiedenste, verwickeltste Form — figürliche Gestalten sind besonders aus Peru, Nachahmungen von allerhand Gegenständen auch aus dem China der Hanzeit bekannt —, bis dann in dem gleichen Kulturkreise die Erfindung der Drehscheibe zu einfachen, aber kunstgewerblich hochstehenden Formen führt. Die gleiche Einführung mechanischer Hilfsmittel, wie Drillvorrichtungen, Federstangen, Ventil usw., tritt auch in anderen Handwerken, Drechslerei, Weberei, dem Schmiedegewerbe, hervor. In der Holztechnik kommt außerdem das Falzen, Hobeln, Leimen neu auf. Das Auftreten gleichartiger technischer Fortschritte in verschiedenen Handwerken deutet auf weitgehende gegenseitige Befruchtung. Diese Verschmelzung und gegenseitige Beeinflussung der früheren Orts- und Stammesgewerbe, aus denen nunmehr gewerkliche Gruppen werden, ist naturgemäß nur möglich gewesen bei weiträumiger territorialer Vereinigung verschiedener Gebiete. Derselbe Vorgang wird in der Gestaltung des Handels deutlich: Der Fernhandel dehnt sich nicht nur — als gewerblich organisierter Kaufmannshandel — weiter aus. Er tritt jetzt auch erstmalig in Beziehung zum Markthandel, der seinerseits allmählich von den Grenzen erst in die Nähe der Orte und endlich in die Orte selbst verlegt wird, eine Entwickelung, die eine stärkere Befriedigung des Landes, die Schaffung größerer Friedensgebiete zur Voraussetzung hat. Die Entstehung solcher größerer Friedensgebiete, das heißt, größerer Staatsgebilde, die zugleich dem Fernhandel Rückhalt bieten, ist nun tatsächlich die eigentliche Grundursache für Bildung der Hochkultur. Und zwar die Entstehung einer kräftig zusammengefaßten Staatsgewalt: die Massenleistungen der Baukunst — in Stein und Ziegeln —, der Plastik, die systematische Ausbildung der künstlichen Bewässerung setzen eine weitgehende Zusammenfassung der Volkskraft unter einheitlicher Leitung voraus. Wirklich geben große Monarchien die politische Signatur für diese ganzen Hochkulturgebiete ab. In diesen großen politischen Gemeinwesen ist dann weiter Platz für andere großzügige Organisationen. Vor allem spielen die religiösen Organisationen, die Priesterschaften, überall eine wichtige Rolle. Und sie sind es, die eine der wesentlichsten und folgenreichsten Errungenschaften aller Hochkultur entwickelt haben: die Schrift [427].

Ist also die höhere Entwickelung dieser Kultur nicht anzuzweifeln, so ist es auf der anderen Seite auch nicht ihr Mischcharakter. Die wichtigsten Faktoren in dieser Mischung sind die beiden hauptsächlichen früher behandelten Kulturgruppen: die älteren Bodenbaukulturen und die ihnen gegenüberstehenden vaterrechtlichen. In technischer Hinsicht steht etwa in den Hochkulturen neben Töpferei und Weberei eine hochentwickelte Holzbearbeitung. Das mit Segel versehene Plankenboot bedeutet das Zusammenwirken technischer Prinzipien, wie wir sie einerseits in den Segelbooten Polynesiens — Auslegerbooten mit Einbaum als Bootskörper —, anderseits in den Plankenbooten der ältesten Bodenbaukultur erkennen können. Im Handelsbetriebe der Hochkulturen sind, wie erwähnt, Markthandel und Fernhandel zusammengewachsen. Im Wirtschaftsbetriebe spielt zweifellos der Bodenbau die Hauptrolle. Doch tritt wenigstens in der Alten Welt gewöhnlich daneben die Viehzucht. Und aus dem Zusammenwirken beider ist dann erst die typische Wirtschaftsform der Hochkulturen, die Pflugwirtschaft, entstanden [428]. Verhältnismäßig einseitig orientiert scheint auf den ersten Blick die soziale und politische Verfassung zu sein; denn von den mutterrechtlichen Einrichtungen der älteren Bodenbaukulturen ist — abgesehen vielleicht von einigen Erscheinungen des fürstlichen Thronfolgerechts — kaum eine Spur zu finden. Doch sind in anderen Teilen der Rechtsordnung entsprechende Einwirkungen deutlich: das Bußprinzip an Stelle der Blutrache ist zweifellos zuerst in mutterrechtlicher Kultur ausgebildet [429]. Seine weitere Ausgestaltung findet es dann aber in den Hochkulturstaaten; freilich nicht ohne Umformung: nur einen Teil der Buße erhält jetzt der Geschädigte oder dessen

Familie; ein anderer fällt an den Staat bzw. den Fürsten als Strafe für den gebrochenen Königsfrieden. Und ähnlich wird das Gottesurteil oder Ordal der älteren Bodenbaukultur [430] jetzt weitergebildet. Aus dem älteren Zauberbrauch wird jetzt erst ein richtiges Gottesurteil. Und dem früher einzigen Gift- oder Trankordal gliedert sich jetzt Feuer-, Wasser-, Kampfordal usw. an [431].
Für die Beurteilung der Weltanschauung besonders wichtig sind natürlich die religiösen Vorstellungen. Und auch bei ihnen ist das gleiche Verhältnis erkennbar wie in der übrigen Kultur. Allen Hochkulturvölkern sind animistische Ideen geläufig, vor allem die Lehre vom Fortleben nach dem Tode. Ja in einzelnen Teilen erreicht diese Vorstellungsgruppe jetzt erst ihre höchste Höhe. Die Sitte, den Toten für das Jenseits möglichst vollständig auszurüsten, hat in Ägypten wie in Peru zur Anhäufung von Gebrauchsgegenständen oder von Nachbildungen aller Lebensbedürfnisse in den Gräbern geführt [432]. Und die ältesten erhaltenen Werke chinesischer Kleinplastik in Ton, Modelle von Farmhäusern, Brunnen und dergleichen, verdanken dem gleichen Bestreben ihre Entstehung [433]. In Peru wie in Ägypten hat sich der ältere Gedanke, daß die Fortexistenz an die Erhaltung des Körpers gebunden sei, bekanntlich in der Sitte der Mumifizierung fortgepflanzt. Doch ist wenigstens in Ägypten, wo wir über diese Dinge besser unterrichtet sind, von einer lebendigen Gedankenverbindung jener Art kaum mehr die Rede gewesen [434]. Das Fortleben der Seele wurde nicht bezweifelt. Doch glaubte man allerdings, daß dieses Fortleben erst durch ein bestimmtes Ereignis, nämlich durch die Erlebnisse des Gottes Osiris, gewährleistet worden sei. Welcher Art das Fortleben nach dem Tode ist, das hängt nach ägyptischer Anschauung von dem Wandel des Lebenden ab, der durch das Totengericht außer Zweifel gesetzt wird. Besonders entwickelt erscheint die gleiche Kausalverknüpfung bekanntlich bei den Indern, deren Lehre von der Seelenwanderung die Form der jeweiligen Existenz von dem sittlichen Wandel in der vorhergehenden abhängig macht. Es ist ganz wahrscheinlich, daß diese Lehre von der Wirksamkeit des „Karma" auf die altindische, vorarische Hochkultur zurückgeht. Wenn der arische Inder um die Unsterblichkeit bittet, so hält er sie wohl eben seiner

früheren unanimistischen Vorstellung [435] gegenüber für das Höhere. Und umgekehrt ist es nicht unmöglich, daß das buddhistische Streben nach Vernichtung eine Reaktion dagegen bedeutet. Diese Reaktion ist zugleich, wie ja der gesamte Charakter des Buddhismus, durchaus demokratisch [436]. Denn für die Angehörigen der höheren Stände hat ja wohl auch das alte Ariertum ein Weiterbestehen nach dem Tode, und zwar ein besseres Weiterbestehen, eine Art Himmel, angenommen [437]. Der klassischen Karmalehre zufolge ist die Fortexistenz wenigstens in der Regel irdisch [438]. Ganz jenseitig sind dagegen wieder die Seelenvorstellungen der Chinesen. Ist die heute verbreitete Höllenvorstellung auch nicht einheimisch, so entspricht sie doch alten chinesischen Ideen vom Himmelskönig und den unteren Herrschern im Geisterreiche, die ihre Untergebenen je nach Verdienst oder Schuld erhöhen oder degradieren, ihnen Strafen zuteilen u. dgl. [439]. Bekanntlich schrieb man auch dem irdischen Kaiser die Befugnis zu, posthume Rangerhöhungen u. dgl. vorzunehmen [440]. Und man glaubte, daß solche Rangerhöhungen im Jenseits anerkannt würden.

Außer dem Totenglauben ist aber natürlich auch der Götterglaube in den Hochkulturen vollständig entwickelt. Neben Indien, wo allerdings die arische Mythologie eine Hauptrolle spielt, sind Ägypten und Mexiko Punkte der höchsten Ausbildung [441]. Aber selbst in China stellt das taoistische Pantheon eine nur zurückgedrängte Form des gleichen Entwickelungskreises dar [442]. Dabei spiegelt sich, wie überall, in der Vorstellung vom Götterstaate die irdische Verfassung. Deren wichtigstes Merkmal besteht in dem Verhältnis der einzelnen Gemeinschaftskräfte zueinander und in der Auffassung von der Monarchie. Denn Monarchien sind, wie gesagt, diese Hochkulturstaaten alle. War aber in den jüngeren vaterrechtlichen Kulturen das Königtum vorwiegend die Spitze eines ständischen Gemeinwesens, einer Aristokratie, so bekommt es in den Hochkulturstaaten vielfach geradezu eine dem Adel feindliche Stellung. An Stelle der aristokratischen tritt vielfach die reine, demokratische Monarchie: schon in den amerikanischen Hochkulturen sehen wir neben den Geburtsadel einen Ernennungsadel treten [443] — ein siegreicher Schritt der Monarchie —; in Peru, wie überall in der Alten Welt, erhebt sich teils aus dem Adel, teils neben dem Adel eine

Beamtenschaft, deren Wachstum zuletzt mit Notwendigkeit zu einer Verkümmerung und zum Untergange des Geburtsadels führt. In dem langlebigsten der Hochkulturstaaten, in China, hat sich diese Entwickelung bekanntlich völlig durchgesetzt. Aber auch in Ägypten und Mesopotamien [444] ist das Beamtentum — oder das eng mit ihm zusammenhängende Priestertum — zeitweise schon allmächtig. Und seine Keime sind etwa in den Staaten des afrikanischen Sudan deutlich [445]. Überall ist die Richtung auf reine Monarchie, auf Despotie deutlich. Und entsprechend findet sich im Götterglauben die Neigung zur Heraushebung nicht nur eines Haupt-, sondern eines Obergottes im monarchischen Sinne, vielfach geradezu eines einzigen wahren Gottes, zum Monotheismus. In Ägypten hatte nicht nur in der kurzen Periode von Heliopolis der Sonnengott eine solche überragende Stellung, auch der ältere Ammon-Rê spielt eine entschieden monarchische Rolle unter den Göttern [446]. So Marduk bei den Babyloniern [447]. Bei den Indern lösen sich Dyaus, Varuna, Indra in dieser Funktion ab [448]. Dem heutigen Inder steht entweder Vishnu oder Çiva am ersten Platze. Bekannt ist, wie in China T'ien, der Himmelsgott, alle andern mythischen Gestalten hinter sich gelassen hat [449], wichtig, weil hier die Parallele zu der staatlichen Entwickelung besonders klar ist. Und ebenso interessant ist, wie die peruanischen Inka den Dienst des Sonnengottes in ihrem ganzen weiten Reiche als Staatsreligion durchgeführt haben [450]. Von höchster Bedeutung ist aber, wie schon bei den Ewe in Togo der Himmelsgott Mavu — vielleicht ursprünglich Sonnengott — über allen anderen, den sogenannten Erdgöttern, thront, wie diese in der Hauptsache die Vollzieher seines Willens sind, wie er eigentlich gemeint ist, wenn von „Gott" allgemein geredet wird [451]. Solche Gestalt eines großen Gottes, des Schöpfergottes, der dem christlichen Gotte und dem islamischen Allâh gleichgesetzt wird, scheint in der ganzen Sudanzone anerkannt zu werden [452].

Auch abgesehen von der monarchischen Spitze üben die besonderen gesellschaftlichen Gestaltungen der Hochkultur ihren Einfluß auf die Göttervorstellungen: eine der bemerkenswertesten Erscheinungen menschlicher Ordnung in ihnen ist die Gliederung der Menschen nach ihrer Beschäftigung, die Gewerbegliederung insbesondere. Anfänge davon gibt es schon in anderen monarchischen, weiträumigen Staaten, wie bei den Polynesiern. Da dort z. B. das Bootbauen eine vornehme Beschäftigung ist, wird auch ein so mächtiger Gott wie Tangaloa zum Gotte des Bootbaues [453]. Der Ausbildung des Gewerbebetriebes in den Hochkulturen entsprechend treten dann auch die Beschäftigungsgötter, überhaupt die Schutzgötter für bestimmte Gruppen von Menschen und Teile des menschlichen Lebens dort wesentlich stärker auf. So gab es in Mexiko nicht nur Gottheiten der Sonne, des Mondes, Windes, Regens usw., auch nicht nur des Ackerbaues, Krieges und der Liebe, sondern sogar der Musik, des Pulquetrankes u. dgl. m. Und diese Ressortgötter sind dann weiter als Herren bestimmter Teile des Kalenders anerkannt, so daß diese Tage oder andern Zeiträume jeweils für bestimmte menschliche Verrichtungen geeignet erscheinen und in ihrer Kombination das mantische System der Tagewählerei ergeben [454]. Die gleiche Herrschaft göttlicher Wesen über bestimmte Zeitabschnitte und die mantische Verwendung dieses Systems findet sich etwa in Südostasien, in Birma und Java. Auch hier geht aus dieser Verwendung — selbst abgesehen von einzelnen deutlichen Namensbeziehungen auf Krieg, Liebe, Tanz u. a. — die Beziehung der Götter zu bestimmten Lebenssphären hervor [455]. In China hat das Beamtenwesen auch die Götterwelt ergriffen: es gibt nicht nur allgemein Kriegs-, Ackerbau-, Schauspielgötter, sondern jeder Bezirk hat seinen Ackerbaugott u. a., wobei im Zusammenhang mit dem ausgebildeten Ahnenkult euhemeristische Ideen stark einwirken [456]. Die Einordnung lokaler Gottheiten in ein System hängt ja augenscheinlich auch mit der politischen Entwickelung zusammen. Wir finden sie deshalb auch sonst im Hochkulturgebiete, und zwar schon frühzeitig: wie in Mexiko, so auch in der Sudanzone bei den Ewe [457]. Bei den Bambara sind die Tätigkeitsgötter ziemlich ausgebildet: es gibt solche für die Aussaat, den Schutz der Zwillinge, der Kinder usw. [458].

Bekanntlich hat diese Auffassung der Götter auch bei indogermanischen Völkern nach ihrem Eintritt in die Hochkulturzone festen Fuß gefaßt. Verhältnismäßig wenig bei Indern, wo jedoch etwa Ganesha als Gott der Gelehrsamkeit, mehr schon bei Griechen, wo Athene als Göttin der Weberei, Asklepios als Gott der Ärzte erwähnt seien. Die reichste Ausbildung haben die Tätigkeitsgötter aber bei den Römern erfahren, wo nicht nur die alten Götter ihre verschiedenen Lebensgebiete beherrschen, sondern die Begriffe fast aller menschlichen Tätigkeiten zu den Göttern erhoben werden [459]. Ich erinnere nur an Priapus, an Terminus und viele ähnliche. Augenscheinlich handelt es sich nicht um eine besondere indogermanisch-römische Entwickelung, sondern um Anschauungen der Hochkultur, wie sie bei den Etruskern lebendig waren [460]. Denn diese sind die vorrömischen Träger der frühen Hochkulturüberlieferung auch in allen anderen Dingen, Baukunst, Kunsthandwerk usw.

Das für die Weltanschauung wichtigste Element in dem Götterglauben der Hochkulturen ist jedoch das monarchische, monotheistische. Vor allen Dingen deshalb, weil die Entwickelung von ihm weiterführt zu den in der Geschichte der Philosophie bedeutsamen pantheistischen Ideen. Auch dazu sind in den sozusagen primitiven Hochkulturen bereits Ansätze vorhanden. Und eine der Wurzeln, der Hauptwurzeln dieses Ideenkreises liegt zweifellos wieder in der staatlichen Entwickelung. Gerade in den primitiven Hochkulturen etwa Afrikas ist die Meinung von einer Art Identität des Staates mit seinem Fürsten sehr stark ausgebildet. Der Fürst gilt sozusagen als die Seele, die belebende Kraft des Staatsgebildes: solange der Fürst kräftig ist, blüht der Staat nicht nur politisch, sondern auch Fruchtbarkeit von Land und Tier hängt von der inneren Kraft, man kann sagen der Zauberkraft des Herrschers, ab. Wenn die Bewohner eines Reiches Unglück trifft, Niederlage, aber auch Mißwachs, Krankheit, Dürre, so liegt der Fehler beim Fürsten. Wenn er nicht aktiv gegen seine Pflichten gehandelt hat, so nimmt man ein Versagen seiner Fähigkeiten an [461]: der König von Fazogl am blauen Nil mußte sich umbringen lassen, sobald er das Mißfallen seines Volkes erregt hatte, oder sobald er drei Tage außerstande gewesen war, Gericht zu halten. Bei den Königen der Schilluk war jede Erkrankung und jedes Zeichen körperlicher Schwäche ein Beweis, daß sie nicht mehr fähig seien, für Gedeihen des Viehs und der Felder zu sorgen. Der Herrscher wurde dann getötet. Aber auch zu jeder anderen Zeit hatte ein königlicher Prinz das Recht, die Kraft des regierenden Fürsten auf die Probe zu stellen und ihn zu beerben, wenn er selbst der Stärkere blieb. Auf den gleichen Gedankengängen beruht es, daß schon die Könige von Meroë im alten Äthiopien keines natürlichen Todes sterben durften, ebensowenig wie in neuerer Zeit Könige von Kongo, Angola, Unyoro, bei den Zulu usw. Es war eben in all diesen Gegenden Dogma, daß Altersschwäche den Fürsten unfähig mache, Glück und Wohlfahrt seines Reiches zu garantieren. Auch im Gebiete des Sudan ist die Ermordung des Königs bei Unzufriedenheit — die sich sicher auch hier vielfach auf seine magischen Qualitäten bezieht — weit verbreitet; so in Eyco (nahe Dahome), Yoruba, Mossi. Anderseits finden wir hier den staatlichen Sicherheitsexponenten noch weiter ausgebildet insofern, als z. B. bei den Mundang die Regierungsdauer ganz allgemein auf acht Jahre beschränkt ist: nach acht Jahren spätestens muß der König sterben, so oder so. In einer Gegend von Nigerien soll sogar eine nur dreijährige Regierungszeit üblich gewesen sein. Eine solche bestimmt begrenzte Herrschaftsdauer war anscheinend auch in Südindien gebräuchlich, daneben jedoch hier und bis nach Sumatra hin die Sitte, daß neuer König wurde, wem es am bestimmten Tage gelang, den alten zu töten. Es ist diese extreme Art, die körperliche Tüchtigkeit zum Maßstabe der Herrschaftsfähigkeit zu machen, die Frazer in dem latinischen Priesterkönig von Nemi wiederfand, dessen Mörder sein Nachfolger wurde, eine Erscheinung, die Anlaß und Ausgangspunkt seiner berühmten Untersuchungen über magische Vorstellungen im „Golden bough" bildete.

Die dieser ganzen Gruppe von Bräuchen zugrunde liegende Anschauung, daß der Herrscher für das Wohlergehen seines Reiches und seiner Untertanen verantwortlich sei, hat eine weitere Ausdehnung gefunden in China, wo nicht nur des Kaisers Verhalten und Lebenswandel als Ursache für die Schicksale des Landes angesehen wurde[462], sondern ebenso die lokalen Beamten als verantwortlich galten für Dürre, Mißwachs oder Überschwemmung, wo ein tüchtiger Beamter infolgedessen bei einem Unglücke, das seinen Bezirk trifft, sich selbst vor den Göttern demütigt und sich schuldig bekennt[463]. Ist hier das Ganze in eine höhere sittliche Sphäre emporgehoben, so könnte doch die gleiche Anschauungsart in Mexiko vorhanden gewesen sein. Wenigstens scheint die eigentümliche Tatsache, daß Kaiser Montezuma trotz seiner sonst absoluten Gewalt und der ihm gezollten Verehrung von seinem Volke unter Führung seines obersten Beamten abgesetzt und getötet wurde [464], am besten aus dem Kreise der eben besprochenen Anschauungen heraus erklärbar.

Eine Idee tritt in diesen Gedankengängen deutlich zutage, und zwar in dieser Form zum ersten Male in der Menschheitsgeschichte: das ist die Idee des Gemeinwohls, der Gedanke, daß der Fürst, obwohl selbst die Repräsentation, ja die Seele des Gemeinwesens, doch zugleich auch eigentlich um dieses Gemeinwesens willen da ist. In primitiver Form ist es der Grundsatz, daß der König der erste Diener des Staates sei. Aber diese primitive Form ist hier wesentlich: der Staat bekommt einen abstrakten Charakter, der sich mit der Entwickelung des Beamtentums verstärkt. Denn dieses Beamtentum wird der Träger des abstrakten Staatswesens. Und das Verhältnis des Fürsten zu seinem Staate wird allmählich ein Verhältnis der Identität. Aber in gleichem Maße geht der Fürst in dem Abstraktum des Fürstentums unter. Der Fürstendiener ist Staatsdiener, und er wird es schnell so vorwiegend, daß er die Interessen des Staates auch dem einzelnen Fürsten gegenüber vertritt. Wie es denn die höchsten Würdenträger sind, die in den vorher skizzierten Verhältnissen den Fürsten zur Abdankung und zum Tode zwingen. Es sind die gleichen Grundsätze, die theoretisch auch die Palastrevolutionen der historischen Despotien des Orientes beherrschen. Der König ist sterblich und absetzbar. Das Königtum — meist in der Familie erblich — ist ewig. Das Zurücktreten des Königs hinter seine Würde wird schon in den primitiven Hochkulturen dadurch erleichtert, daß die königliche Person dem Anblicke des Volkes vielfach entzogen, also als Person gar nicht im Gedächtnisse der Menschen lebendig wird. Die Idee des Königs als der Spitze des Staates geht völlig in die Idee vom Königtum als dem Wesen und Inhalte des Staates über. Gerade die Steigerung des Herrschaftsbegriffes führt zu seiner Verflüchtigung, zum Aufgehen in einer höheren Begriffssphäre.

Dies Verhältnis der Vorstellungen vom Staate stellt augenscheinlich ein vollständiges Analogon dar zu dem Verhältnisse der monotheistischen Weltanschauung und der pantheistischen, und es mußte den Übergang von der einen zur anderen naturgemäß kräftig unterstützen. Daß aber Ansätze zu pantheistischen Auffassungen wirklich vorhanden sind, zeigt sich in mehreren religiösen Gedankenreihen. Das ist zunächst einmal das Zusammenfließen verschiedener Göttergestalten. Denn da die Götter verschiedene Teile oder Seiten der Natur darstellen, bedeutet ihre Vermischung zugleich ein Zusammenfließen der Naturdinge in der göttlichen Natur. Bekannt ist dieser Vorgang aus dem alten Ägypten, wo der Totengott Sokaris mit Osiris, Min mit Horus, Chnum, Sebk und Ammon mit Rê gleichgesetzt werden [465]. Besonders ist Ammon-Rê zuletzt der Gott mit den vielen Namen; es gibt kaum eine Sache, zu der er nicht in Beziehung gesetzt wurde [466]. In Indien spielt die Gleichsetzung der Götter bekanntlich bei der Begründung des Pantheismus eine große Rolle [467]. Aber auch in Mexiko ist der Vorgang wenigstens in deutlichen Ansätzen festzustellen. Es gibt Götterbilder, in denen die Merkmale und Abzeichen verschiedener Götter vereinigt sind, etwa so, daß die rechte Gesichtshälfte der einen, die linke der anderen Gottesvorstellung angehört. So wird Quetzalcouatl mit dem Gotte des Planeten Venus, mit Xipe Totec, mit dem Sonnengotte vereinigt dargestellt [468]. Eine besonders vielseitige Vorstellung ist die von Tonacatecutli, dem „Herrn unseres Fleisches", dem Erzeuger der Götter, dessen anderer Name der „Sternenglanz" ist, und der mit Ometecutli, dem „Herrn der Zwei", dem Zeugungsgotte, gleichgesetzt wird. Von ihm kommt alles Dasein und alle Fülle. Dabei ist er ursprünglich nur der Gott des Nachthimmels [469].

Die Zusammenschweißung der Göttergestalten hängt mit einer anderen Erscheinung zusammen, die ebenfalls für die Religion der Kulturvölker sehr charakteristisch ist: neben den animistischen und mythischen Vorstellungen treten in diesen die Zaubergedanken noch oder wieder mit großer Stärke auf. Und zwar dringt der Zauber mächtig in den Kult ein. Der Kult hat in verschiedenen Hochkulturen nicht nur eine untertänig herabneigende, sondern eine zwingende Macht. Der Brahmane in seiner Blütezeit sucht die Götter nicht nur durch Gebet und Opfer gnädig zu stimmen, Gewährung von ihrer Güte zu erhalten, sondern durch Kenntnis der rechten Formeln und Handlungen weiß er sie zu seinem Willen zu zwingen. Durch die heilige Handlung, *brahman*, beherrscht er die Welt, und es ist bekannt, wieviel diese Auffassung zur Entwickelung pantheistischer Ideen beigetragen hat [470]. Auch der mexikanische Priester beeinflußt den Lauf der Welt und das Leben der Götter in unfehlbarer Weise durch Handlungen, die ganz und gar ins Gebiet des Zaubers fallen: so wird die künftige Nahrungszufuhr gesichert durch phallische Fruchtbarkeitszeremonien. Die Fruchtbarkeit des einen Jahres leitet man sichtbar ins andere über, indem man eine Maisähre in persönlicher (wohl göttlicher) Verkleidung bis zum nächsten Jahre aufhebt und dann in das neue Feld hineinlegt; ein Brauch, dessen Parallelen bekanntlich im vorderen Orient und in Europa zahlreich vorhanden sind [471]. Den gleichen Zweck der Wiederkehr eines reichen Jahres verfolgt die Opferung eines Gefangenen, der vorher den Vegetationsgott des verflossenen Jahres dargestellt hat, und Bekleidung des Oberpriesters mit dessen noch warmer Haut, des Priesters, der dann eben den im neuen Jahre wiedererstandenen Gott vorstellt [472]. Unverminderte Kraft der Sonne wird dadurch gewährleistet, daß man bei den häufigen Menschenopfern ihr das frisch aus der Brust gerissene Herz des Opfers darbringt [473]. Und wenn nach der großen Periode von 52 Jahren jedesmal das Ende der Welt droht, so sichern die Priester den Wiederbeginn einer neuen Periode und damit den Fortbestand der Welt, indem sie nach Auslöschung aller alten Feuer das neue Feuer quirlen, also das Weiterleuchten der Sonne veranlassen [474]. Auf diese und andere Weise werden die wichtigsten Güter der Menschheit nicht dem Wohlwollen der Götter überlassen, sondern durch menschliche Zauberkraft gewissermaßen erzwungen. Auf diese Weise sind die verschiedenartigen Göttergestalten sämtlich in die sehr gleichmäßige Sphäre der Magie herabgezogen. Und was hier vom Zauber gilt, das gilt schließlich ebenso vom ganzen Kultwesen. Je systematischer und vollständiger es vom Priesterstande ausgebildet wird, um so mehr gleichartige Züge kristallisieren sich in den verschiedenen Kulten an; die Gleichartigkeit wird im Laufe der Zeit immer größer, da außer dem Zauber dieselben Handlungen des Opfers, Gebetes, des Fastens und der Kasteiung überall eine Rolle spielen [475]. Und nicht nur die Kreise der Götter nähern sich einander. Der Zauber zieht sie an das Gebiet des Irdischen heran oder geradezu hinein. Und die Ausbildung des Animismus macht sie nicht nur selbst zu Geistwesen, sondern läßt die Sphäre der niedrigen Gottheiten mit der von mächtigeren Geistern verschmelzen. Alles geht ineinander über und bereitet so pantheistischen Anschauungen den Weg. Der wichtigste Schritt dabei ist, wie wir wieder aus der indischen Philosophie wissen [476], die Gleichsetzung des Menschen mit der Gottheit. Werden die Fürsten schon bei den Polynesiern zu Göttern oder sind sie es vielmehr eigentlich bereits bei Lebzeiten [477], so wird das gleiche Schicksal für die königlichen Toten bei den ältesten Ägyptern vorausgesetzt [478]. Wenigstens später scheint die Gleichheit mit Osiris aber jedem rechtschaffenen Toten zugeschrieben zu werden [479]. Eigenartige Anschauungen über die Identität göttlichen und menschlichen Wesens werden aber sogar von den Ewe in Südtogo berichtet. Bei ihnen werden außerordentliche Menschen geradezu mit dem Namen Gottes, Mavu, bezeichnet. Und ganz allgemein sind die alten Leute Mavu, die mehr Erfahrung und Wissen haben als die jungen. Europäer, besonders solche, die sich durch Krankenheilungen auszeichneten, wurden früher öfter mit diesem Namen beehrt. Überall ist es augenscheinlich die größere geistige Fähigkeit, das größere Können, das als göttlich empfunden wurde [480]. Das Wichtigste dabei ist aber natürlich die Möglichkeit, überhaupt eine derartige Gleichsetzung vorzunehmen. Auch hierin liegt ein Ansatz zu pantheistischem Denken. Verknüpfungen mit der theistischen Gottesvorstellung liegen auch bei den Ewe selbstverständlich vor. Sie sind etwa deutlich, wenn von einem Manne, auf dessen Wirken auffallender Segen ruht, gesagt wird, Gott sei oder wohne bei ihm [481]. Aber ebenso deutlich ist doch, daß der Gedankengang im ersten Falle noch um einen wichtigen Schritt weitergeführt ist. So sind auch die Vorstellungen verschiedener Götter bei den Ewe vielfach so stark in der Mavuidee zusammengeflossen, daß der Berichterstatter Spieth fast zweifelhaft ist, wieweit es sich um eine, wieweit um eine Mehrheit von Vorstellungen handele [482]. Dementsprechend erscheint der christliche Gott auch dem Ewe als identisch mit Mavu [483], während nahe benachbarte Völker, wie die Tschi der Goldküste, ihn als besondere Gestalt in ihr Pantheon aufgenommen haben [484].

Sogar der scharf ausgeprägte Satz kommt aus Ewemund: „Gott ist die Welt, und die Welt ist Gott[485]". Allerdings geschieht dies aber in einem rein räumlichen Sinne. Wenn die Welt als großer Baum dargestellt wird, so ist Gott als allumfassend, den ganzen Raum erfüllend gedacht. Auch in der anderen üblichen Form des Weltbildes erscheint Gott als Umfasser: danach ist die Welt eine Art kugelförmigen Hohlraumes, der von einer zweiten Hohlsphäre umgeben ist. Der innere Raum ist die Welt der Menschen; der äußere zerfällt in Gottes Himmel und die Unterwelt. Außer durch die Kugelgestalt unterscheidet sich dieses Weltbild durch die ausgeprägte Abgrenzung der drei Stockwerke. Es berührt sich dadurch mit der Weltvorstellung der Polynesier, die ihre weitere Ausgestaltung aber wieder bei verschiedenen Hochkulturvölkern findet. Neben den drei Himmeln und soundso vielen Unterwelten der vedischen Inder tritt das Mehrfache davon im Buddhismus auf. Schon im späteren Brahmanismus wird das Weltall als unendlich gefaßt und begreift unzählige Welten[486]. Die Chinesen kennen nicht weniger als 33 Himmel[487] und selbst die Mexikaner deren dreizehn und neun Unterwelten[488]. Wir erkennen auch hier wieder, wie das erweiterte räumliche Weltbild mit der Ausbildung monarchischer Großstaaten zusammenhängt. Wie sich ja anderseits in der Bildung des Weltreichbegriffes, des Weltkönigtums das Bestreben geltend macht, das eigene irdische Reich bis an die Grenzen der Erde auszudehnen. Zu einer deutlichen, gewissermaßen lebendigen Erweiterung des Weltbildes gehört aber seine Erfüllung und systematische Gliederung. Auf der Erde haben da die übrigen Völker den großartigen indischen Vorstellungen einer Gliederung durch Rand-, Gürtelgebirge usw.[489] kaum etwas an die Seite zu setzen. Dagegen gehören am Himmel in diesen Zusammenhang die nahezu überall auftretenden Tierkreise. Gegenüber den früher durch Glanz oder auffallende Gestalt hervorgehobenen Gestirnen wurden jetzt solche bemerkt, die den Lauf der großen Himmelskörper zu beobachten und festzulegen gestatteten. Und zwar war anscheinend zuerst[490] der Lauf des Mondes für Zahl und Auswahl maßgebend. Da die Dauer der Sichtbarkeit des Mondes 26 Nächte umfaßt, der Unterschied zwischen siderischer und synodischer Monatslänge ca. $1/13$ des Himmelsumfanges beträgt, so liegt für die Gliederung eines Mondzodiakus die Dreizehnteilung nahe. Und in der Tat deutet manches eher darauf, daß die älteren Tierkreise 13 Bilder gehabt haben statt der jetzt üblichen 12. Die Zwölfzahl hat sich vielleicht erst eingestellt, als aus dem Mondkreis ein Sonnenkreis wurde, in dem die wirkliche Stellung des Tagesgestirns ja ohnehin nicht unmittelbar beobachtet, sondern nur berechnet werden konnte. Die Dreizehnzahl in Beziehung zur Mondgöttin und als maßgebendes Element der Zeitrechnung war vor allem — gegenüber der altweltlichen Zwölf — in Mexiko erhalten. Spuren von ihr im Tierkreise sind vielleicht in China, Babylonien und möglicherweise in Westafrika [491] nachzuweisen. Außer diesem den Himmel belebenden und umspannenden Kreise fand man es nötig, die Hauptpunkte des Universums festzulegen. Nicht nur in Süd- und Vorderasien wußte man die Kompaßpunkte zu unterscheiden [492], sondern ebenso in China und weiter in Mexiko, ja noch bei den Puebloindianern [493], die mit Mexiko in Kulturbeziehung standen. Wie man in Ostasien außer den vier Himmelsrichtungen noch den Mittelpunkt der Welt als Fixpunkt kannte, so in Amerika den Zenith und Nadir, so daß es sechs Angelpunkte der Welt gab. Sie alle hatten ihre bestimmten Götter, waren durch besondere Farben und besondere Tiere gekennzeichnet (Richtungsfarben und Richtungstiere).

War so das große Weltall festgelegt und durch mächtige Stützen versteift, so machte sich anderseits auch das Bedürfnis geltend, die Fülle der irdischen Erscheinungen in ein System, auf eine kleinere Zahl von Grundelementen zu bringen. Besonders wichtig in dieser Hinsicht ist die Entdeckung oder Erfindung der vier bzw. fünf Elemente. Denn neben der bekannten Vierzahl, Feuer, Wasser, Luft und Erde, die in historischer Zeit noch Indien beherrscht, kennt Ostasien eine Fünfzahl: Feuer, Wasser, Erde, Holz und Metall. Wenigstens bei den Chinesen wurden diese Elemente zu den Kalenderpunkten und den Himmelsgegenden in Beziehung gesetzt (Wasser — Norden, Feuer — Süden, Holz — Osten, Metall — Westen, Erde — Mitte), und entsprechende Kalenderbezeichnungen in Mexiko könnten auf Kenntnis ähnlicher elementarer Einteilungen deuten [494]. In China tritt dann zur Anwendung dieser alchimistischen Grundbegriffe noch die Unterscheidung der beiden Grundbegriffe *yin* und *yang*, des weiblichen und männlichen Prinzipes, aus deren verschiedenartiger Mischung die ganze Mannigfaltigkeit der Dinge hervorgegangen sein soll [495]. Mit diesen alchimistischen und astronomischen Daten, zu denen vor allem im vorderen Orient noch die sieben Planeten und ihre Bahnen traten [496], wurden allmählich alle irdischen Erscheinungen in Verbindung gebracht. Es geschah das zunächst natürlich nicht aus rein wissenschaftlichen Gründen, sondern zu magischen und mantischen Zwecken; aber die ersten Anfänge einer Wissenschaft entwickelten sich doch daraus. Und es waren die Priester, die entsprechend der Berufsgliederung in den Hochkulturen und dem wachsenden Kreise der Aufgaben sich zu einem eigenen Stande ausbildeten, die sich naturgemäß diesen Aufgaben widmeten, und aus denen sich allmählich der Stand der Gelehrten entwickelte.

Ging in der polynesischen Kultur neben dem räumlichen Ausbau des Weltgebäudes nur ein unvollkommener Versuch einher, es auch zeitlich abzugrenzen [497], so tritt nun jetzt in den Hochkulturen der zeitliche Ausbau vollständig ebenbürtig neben den räumlichen [498]. Daß der Monat — und daneben mindestens der Halbmonat — sowie das Sonnenjahr als Mittel der Zeitrechnung dienen, ist selbstverständlich. Bei der Bedeutung des Bodenbaues für all diese Kulturen spielt das Jahr als Vegetationsperiode eine wichtige Rolle. Das zeigen die wichtigen jährlichen Ackerbauriten etwa in Mexiko [499] und China [500], Vorderasien und Europa [501]. Das zeigen weiter die verschiedenen augenscheinlich aus Monatsmythen umgewandelten Jahresmythen, wie Drachen-Jungfrau- und Drachen-Schatzmythus, denen zufolge der Sonnengott die Erde aus den Fesseln des Winters befreit [502]. Eine rohe Angleichung der Monatsrechnung an das einzelne Jahr wird öfter durch Einfügung der sogenannten „Epagomenen" in die Reihe von zwölf Rundmonaten (in Mexiko von 18 zwanzigtägigen Zeiträumen) erzielt. Diese Epagomenen stehen außerhalb der Monats- und überhaupt Festrechnung, gelten als überschüssige Tage und z. B. in Mexiko als unheilvoll [503]. An ihnen soll man keinerlei wichtigere Handlung vornehmen. Einen besseren Ausgleich der beiden Zeitrechnungen erhält man durch Einfügung von Schaltmonaten in bestimmte Jahre, so daß z. B. innerhalb von 19 Jahren siebenmal ein Monat eingeschoben wird. In gewissem Sinne ist dieser Zyklus bereits ein Überkragungszyklus, wie die größeren Zeitkreise der östlichen Kulturvölker, Chinesen, Siamesen, Mexikaner [504]. Das Prinzip dieser Überkragungen ist, daß der gleiche Zeitraum gleichzeitig mit zwei verschieden langen Zeitreihen gemessen wird. Die größere Periode ist dann vollendet, wenn Ende und Anfang beider Zeitreihen wieder einmal auf den gleichen Tag fallen. Das klassische Beispiel dieser Systeme ist das mexikanische Tonalamatl: die Tage werden in ihm gleichzeitig durch 13 Zahlen und 20 Bilder gekennzeichnet. Ersichtlich fallen dann die erste Zahl und das erste Bild, nach aztekischer Bezeichnung „Eins-Krokodil", erst nach Ablauf von $13 \cdot 20 = 260$ Tagen wieder zusammen. Dieser Zeitraum von 260 Tagen ist das Tonalamatl. Dies deckt sich nun aber wieder, wie zu sehen, nicht mit dem Sonnenjahre. Vielmehr fällt der Neujahrstag erst nach Ablauf von 52 Jahren wieder auf „Eins-Krokodil". Diese Periode von 52 Jahren ist der große mexikanische Zeitkreis. Eine kleinere Periode beträgt 8 Sonnenjahre, die gleich 5 scheinbaren Venusumläufen sind. In Java sind 8 Sonnenjahre ein Monatsschaltzyklus, und vier solcher Zyklen, also 32 Sonnenjahre, sind gleich 27 wieder durch Überkragung zustande gekommenen „Windu"-Perioden. In China und Siam ergeben die Räume von 10 und 12 Jahren zusammen die Periode von 60 Jahren. Hier ist also der große Zeitkreis unmittelbar einem Planetenjahre, nämlich dem Jupiterjahre gleich. Und dieser Zyklus von 60 Jahren war auch im Westen, in Indien und Griechenland, bekannt. Die großen Kreise waren für die Weltanschauung der Völker von beträchtlicher Bedeutung. In Mexiko erwartete man jedesmal am Ende der 52 Jahre mit Schrecken das Weltende und war erst beruhigt, wenn die Neuzündung des Feuers glücklich gelungen war.

Trotzdem waren natürlich selbst diese Perioden zu kurz, um das ganze Zeitbewußtsein in sich zu fassen oder zu vergegenwärtigen. Dementsprechend findet sich bei Mittelamerikanern [505] wie Indern [506] und Babyloniern [507] die Vorstellung von großen Weltaltern, die durch weitgehende Änderungen des Weltbildes abgeschlossen werden. Am wenigsten durchgreifend werden diese Veränderungen noch in Indien vorgestellt, wenn auch z. B. der Gott Vishnu in einer Yuga weiß, in der nächsten schwarz erscheint.

Dagegen sind Mexikaner und Babylonier darin einig, daß sie die Weltalter durch völlige Katastrophen trennen, die Babylonier durch Sintflut, Sinbrand und Weltwinter, die Azteken durch vernichtende Ungeheuer, Wirbelsturm, Feuer- und Wasserflut. Augenscheinlich wird in diesen Vorstellungen der uralte Mythus von der Feuer- und Wasserflut[508] in zwei Ereignisse auseinandergelegt. Gerade darin zeigt sich aber der ungeheure Kulturfortschritt, die Ausweitung des Weltbildes. Nicht nur der einzelne, eigene Weltverlauf erhält eine mächtige Ausdehnung, sondern ebenso wie die Zahl der Welträume nach oben und unten vermehrt, wird das zeitliche Weltbild durch Anfügung schon verflossener Weltalter ausgeweitet. Es ist ein und derselbe Weltanschauungsvorgang, mit dem räumlich und zeitlich die Ausfüllung und Gliederung der engeren Abschnitte Hand in Hand geht.

Als erste Eigentümlichkeit der Weltanschauung in den Hochkulturen ergibt sich demnach neben der pantheistischen Neigung eine Ausweitung der Dimensionen, der räumlichen wie der zeitlichen, gepaart mit einer feineren Gliederung und Ordnung, ja, man könnte sagen Vergeistigung im Innern. Dazu kommt aber noch ein zweites wichtiges Merkmal, das Problem der Individualität zusammen mit dem Auftreten sittlicher Fragestellungen. A. Vierkandt hat als erster in umfassender Weise diese Seite am Denken der Kulturvölker hervorgehoben[509]. Deren wichtigste Eigenschaften sind nach seiner Meinung im Gegensatze gegen die Naturvölker: die Hervorkehrung der Individualität gegenüber der rein sozialen Einstellung des Naturmenschen; die wachsende Herrschaft des logischen Denkens gegenüber der assoziativen Auffassungsweise des Primitiven; endlich die Gegensätzlichkeiten, der Bruch im theoretischen, ästhetischen und sittlichen Denken gegenüber der Geschlossenheit und Selbstverständlichkeit bei den Naturvölkern. Dabei sind, wie ersichtlich, die Naturvölker als Gesamtmasse den Kulturvölkern gegenübergestellt. Doch wird die Übergangsstufe der Halbkulturvölker dazwischengeschoben, so daß kein Sprung von einem Typus zum anderen nötig wird, sondern eine allmähliche Entwickelung möglich bleibt. Angenommen wird dabei naturgemäß, daß die Vorbedingungen für die Entwickelung auch auf der Stufe der Naturvölker schon allmählich hervortreten. Tatsache ist ja, daß nicht nur das Leben gerade der primitivsten Völker, der Sammler und Jäger, in vieler, wie z. B. in wirtschaftlicher Hinsicht verhältnismäßig individuell verläuft, sondern daß auch in den Gemeinschaften dieser Primitiven der Einfluß der Individualität nicht fehlt. Vierkandt selbst hat später über diese wichtige Seite des primitiven Lebens, über „führende Individuen bei Naturvölkern" gehandelt [510]: geistig und willenmäßig überlegene Menschen spielen schon bei Australiern eine wenig bestrittene Rolle. Immerhin bleibt die Erhebung und Heraushebung aus der Gesamtfläche bei ihnen noch recht gering, der Zwang der Gemeinschaft im Denken und Wollen noch ganz übermächtig, selbst der Begriff des Individuums verschwommen. In dieser letzten Beziehung wenigstens macht sich in den beiden sonst divergierenden jüngeren Hauptentwickelungen, merkwürdigerweise in beiden, ein Wechsel geltend. Der Animismus [511] hat begreiflicherweise eine stärkere Betonung, vor allem der menschlichen Individualität, zur Folge. Aber ich wies darauf hin, daß auch in den nichtanimistischen Kulturen der Kraftbegriff eine Tendenz zu persönlicher und damit individuellerer Fassung aufweist [512]. Gerade bei den letzterwähnten Völkern führt die verschiedene Wertung der Menschen zu praktischer Differenzierung. Individualisierendes Streben zeigt sich etwa in der Empfindlichkeit gegen Kränkungen, besonders Beleidigungen. Die kolonisierende Loslösung einzelner Bevölkerungstrümmer und wichtige politische Ereignisse anderer Art sind z. B. in Polynesien ihr nicht seltenes Ergebnis gewesen [513]. Doch ist auch hier das *principium individuationis* noch relativ schwach entwickelt. Der Gegensatz wird besonders erkennbar, wenn in den entwickelten Hochkulturen — dem Typus, den Vierkandt als Vollkulturen bezeichnet — gerade der vollendete Mensch, der Heilige, von der menschlichen Gemeinschaft losgelöst auftritt, wie z. B. in Indien [514] und China [515]. In den weniger entwickelten, den, wie ich sagte, primitiveren Hochkulturen tritt dieser Typ noch nicht auf. Doch ist auch in ihnen der Zusammenhang vieler Individuen mit der Gemeinschaft schon wesentlich schwächer geworden als selbst bei polynesischen und ähnlichen Völkern. Wenden wir uns beispielsweise nach dem Sudan, dessen Zustände uns nach dieser Richtung hin gut bekannt sind, so treffen wir dort ganz ausgeprägt die Einrichtung des fahrenden Ritters, der, von Heimat und Familie losgelöst, auf Abenteuer zieht, auch wohl gar nicht nach Hause zurückkehrt, sondern in der Fremde Weib und Reich gewinnt. Neben den Edeln sind es vor allem die Spielleute, die ein irrendes Leben führen, oft als Knappen der Ritter [516]. Doch ist auch sonst die Heimatbeständigkeit der Bevölkerung manchen Einschränkungen unterworfen. Bei den Ewe heißt es zwar, daß nur die Frauen sich überall leicht einleben, wo es ihnen gut geht; der Mann leide an Heimweh, wenn er in die Fremde ziehe. Doch heißt es weiter, der Mann gehe nur aus der Heimat fort, wenn guter Verdienst winke; also doch ein Motiv, das stärker ist als die Heimatliebe, die Loslösung von der engeren, aber bisweilen doch auch von der weiteren Heimat ermöglicht [517]. Sehr charakteristisch für die individualistischen Neigungen der Hochkulturvölker ist das Vergnügen, das sie sämtlich an Betrügergeschichten empfinden: die Betrüger vom Typus des Reineke Fuchs, im Sudan die Spinne [518], in Indonesien der Zwerghirsch, bei den Cora in Mexiko das Opossum [519], wissen immer andere Tiere ins Unglück zu bringen, teils aus bloßer Schadenfreude, teils um sich selbst Vorteile zu verschaffen. Für den Hörer liegt der Reiz vorwiegend in der Komik; ein Zeichen, daß ihm in dem Augenblicke jedenfalls die individuelle Komik höher steht als das sittliche, soziale Verhalten.

In früheren Jahren hätte man diese stärkere Neigung zum Individualismus zweifellos schematisch als höhere Entwickelungsstufe gewertet, einfach auf Grund der angenommenen Entwickelungstendenz. Auch Vierkandt hat sich die Sache vermutlich früher so gedacht, würde sich aber heute kaum damit begnügen. Denn wir sind heute wohl imstande, die besonderen Kausalzusammenhänge, in denen die Entwickelung steht, besser zu durchschauen. Wenn die Hochkulturen durch eine Verquickung mehrerer älterer Kulturen entstanden sind, und zwar nicht mehrerer gleichartiger, die sich leicht ineinanderfügten, sondern ganz verschiedenartiger, deren Einrichtungen und Anschauungen sich in mancher Hinsicht geradezu widersprachen, und wenn diese Verschmelzung, wie wahrscheinlich, verhältnismäßig schnell, infolge von Eroberung, vor sich gegangen ist, so wird verständlich, daß die Gegensätze nicht in allen Dingen restlos ausgeglichen wurden. Dem einzelnen wurde an Stelle und neben seiner engeren Heimat eine weitere gegeben, es entstand gewissermaßen eine größere Freizügigkeit, ohne daß deswegen aber die Einrichtungen und Anschauungen der weiteren Gemeinschaft die der engeren vollständig zu ersetzen vermocht hätten. Das Individuum wurde in höherem Grade auf sich selbst gestellt. In erster Linie auf rechtlich-sittlichem Gebiete: in allen älteren Kulturen ist von einem Gegensatze, ja auch nur von einem Unterschiede der beiden Normen des Verhaltens, von Recht und Sitte, kaum die Rede. Sittlichkeit ist Leben nach den überlieferten Gesetzen der Gemeinschaft. Ein sittliches Problem besteht infolgedessen gar nicht. Das ändert sich mit der angegebenen Entstehung der Hochkulturstaaten. Der neue Großstaat tritt nicht nur über und neben die alten Gemeinschaften, sondern ihnen in mancher Hinsicht gegenüber. Staat und Gesellschaft sondern sich, mit ihnen Recht und Sitte. Manche alten mehr oder weniger allgemein menschlichen Vorschriften sind dabei gemeinsam, besonders solche, die ein Gemeinschaftsleben erst möglich machen, wie das Verbot des Mordes und Diebstahls. Einige Angleichungen finden außerdem statt, wie das früher erwähnte Eindringen mutterrechtlicher Einrichtungen in die Rechtssphäre. Der Gegensatz wird trotzdem empfunden: beispielsweise erzählte ein Ewemann, daß die Gesetze von den Häuptlingen und den jungen (waffenfähigen) Leuten gemeinsam gemacht würden, und fuhr dann fort: „Merkwürdig ist, daß es Gesetze gibt, die nicht von den Häuptlingen gemacht wurden, und die nicht unter Androhung gewisser Strafen ausgerufen worden sind, die aber doch jedermann bekannt sind." Und zwar handle es sich dabei gerade um die allerschwersten Verbrechen, Mord, Diebstahl, Ehebruch. „Es gibt also Gesetze, die in jedermanns Herz geschrieben sind [520]."

Macht gewinnen die Sitten, selbst soweit sie nicht in die Rechtssphäre eingedrungen sind, durch den religiösen Rückhalt, den sie genießen. Und wegen der Pflege des religiösen Brauches durch das ausgebildete Priestertum in den Hochkulturen ist das Wissen von der Sitte, den üblen Folgen ihrer Verletzung und der etwaigen Sühne eine förmliche Wissenschaft geworden, die aber auch eben nur der Priester zu beherrschen vermag. Jedes unangenehme Ereignis des Lebens mag und wird voraussichtlich die Folge irgendeiner

SITTLICHE PROBLEMATIK

Sittenverletzung, einer „Übertretung" sein. Aber was für einer? So entsteht die im babylonischen Bußpsalm ausgedrückte Stimmung:

„Wüßte ich doch, daß vor Gott solches wohlgefällig ist!
Was aber einem selbst gut erscheint, das ist bei Gott schlecht.
Was nach jemandes Sinn verächtlich ist, das ist bei seinem Gotte gut.
Wer verstünde den Rat der Götter im Himmel [521]!"

Der gleiche Gedankengang ist aber auch schon bei den Ewe vorhanden. Ein Priester des Zodzi wird zu einem Kranken gerufen und von ihm nach der Ursache der Krankheit gefragt. Der antwortet: „Es ist Zodzi. Wahrscheinlich hast du dich gegen ihn versündigt!" Es wird dann ein Opfer gebracht, und der Opfernde spricht: „Ich bitte; ich bitte. Ich bin schuldig, aber ich habe es nicht gewußt [522]." Es ist das allgemeine Gefühl der Sündhaftigkeit, das sich hier ausspricht und augenscheinlich in dieser Kultur zuerst ausbildet. Und diese Sündhaftigkeit wird ebenso in Mexiko, bei den Cora, als gleichbedeutend mit oder als Ursache für die menschliche Unvollkommenheit angesehen. Sie ist auch der Grund, weshalb die an sich zwingenden Zauberriten von den Menschen nur unvollkommen ausgeübt und die Götter deshalb nicht gezwungen werden können [523]. Die Sünde ist aber vorwiegend nicht sittliche Unreinheit in unserem Sinne, sondern rituelle Befleckung. Und dieser mechanischen Auffassung von der „Befleckung" entspricht die ebenso mechanische Auffassung von der „Reinigung". Deshalb ist eins der wichtigsten Mittel für die Entsühnung die Waschung, das Bad, dem etwa bei den Ewe gewisse zauberkräftige Kräuter oder andere Substanzen beigefügt werden [524]. Daneben wird das alte Mittel zur Vermehrung der Zauberkraft, die geschlechtliche Enthaltsamkeit, jetzt zu einem hervorragenden Merkmale kultischer Reinheit und die Nichtenthaltsamkeit — so wieder besonders bei den Cora — zu einem Hauptfaktor der Sündhaftigkeit ausgebildet [525]. Auch bei anderen alten Zauberhandlungen oder Vorbereitungen dazu, wie Kasteiungen und Fasten, tritt bei den Mexikanern die Auffassung als Selbstpeinigung oder Selbstverleugnung ebenfalls zum Zwecke der Heiligung und Reinigung in den Vordergrund, sobald diese religiösen Mittel nicht mehr von Leuten angewandt werden, die eine bestimmte Zauberhandlung vorhaben, sondern ganz allgemein der Hervorrufung einer religiösen Stimmung oder Atmosphäre dienen [526]. Jedenfalls macht sich schon auf diesen tieferen Stufen der Hochkultur die Auffassung bemerkbar, daß die Abtötung des Fleisches und seiner Begierden dem Göttlichen näher bringe, wie denn die Zurückziehung vom sinnlich-weltlichen Leben später für Inder und Chinesen die Vorbedingung zur Erreichung höherer Geistigkeit, der Heiligkeit, wird [527]. Bekannt ist, daß für die Erreichung dieser religiös-philosophischen Stufe das intellektuelle Denken in der Regel dem Willen, der Tat gegenüber überschätzt wird [528]. Und da ist es vielleicht nicht bedeutungslos, daß ähnlich schon bei den mexikanischen Cora die geistige Tat als ein Denkakt aufgefaßt wird.

„Es denken die Denker, die hier weilen auf dieser Welt.
Hinter ihrem Feuer sprechen sie untereinander, die dort
gegenwärtig sind.
Wie sollen wir es machen mit unsern Gedanken?"

Preuß [529] sagt: „Wir können an verschiedenen Beispielen sehen, daß die Gedanken bei den Handlungen als wirkendes Mittel in den Vordergrund treten, ja ohne Hilfe der Worte oder der Tat bereits eine Wirkung auszuüben vermögen." Die Bedeutung der Meditation ergibt sich daraus, „daß vor jeder Handlung, so geringfügig sie sein mag, immer das Nachdenken und die Eingebung betont wird.

‚Unser Vater im Himmel denkt über seine Erde, unser
Vater, der Erschienene,
Dort befindet er sich, jenseits der Welt. Er denkt mit
seinen Gedanken, unser Vater, der Erschienene.
Er erinnert sich dessen, was er tun wird, unser Vater,
der Erschienene.'

Genau ebenso ist es bei den Menschen. Bei wichtigen Anlässen setzen sich die Alten hin und denken die zeremonielle Zeit von fünf Tagen nach, worauf denn auch die Erleuchtung kommt."

Im allgemeinen scheint die angedeutete Herausarbeitung von Ansätzen höherer Weltanschauungen, die Tendenz zu monotheistischen und pantheistischen Anschauungen wie auch zu ethischen Problemstellungen aus den bisher erwähnten kulturgeschichtlichen Vorgängen, dem Zusammenwachsen der Hochkultur aus den beiden Hauptentwickelungsrichtungen der vater- und mutterrechtlichen Kulturen verständlich zu sein. Doch ist es immerhin zweifelhaft, ob damit die ursächlichen Beziehungen erschöpft sind. Ich habe früher angeführt, daß der Sintflutmythus in den alten Kulturen vom Typus der altaustralischen in Verbindung mit einer hochentwickelten Gottesvorstellung eine Rolle spielt [530]. Denselben Mythus finden wir in der alten babylonischen Kultur wieder [531]. In den alten orientalischen Hochkulturen tritt ferner die Malkunst mit figürlichen Darstellungen und eine ihr nahestehende Flachreliefkunst auf, die beide in den vaterrechtlichen und mutterrechtlichen Zwischenkulturen fehlen, aber ebenfalls bei Altaustraliern und Buschmännern Parallelen besitzen [532]. In materieller Kultur haben Ägypter und Mesopotamier den Bumerang [533]. Da mag denn die Frage berechtigt sein, ob nicht ein Einschlag ganz alter menschlicher Kultur, wenn nicht in allen, so doch in einem Teile der alten Hochkulturen drinsteckt. Dann könnten natürlich nicht nur die monotheistischen Neigungen und ihre Folgeerscheinungen, sondern ebenso die ethische Auffassung dieser Göttergestalten und überhaupt das starke Auftreten der ethischen Problematik in diesen Hochkulturen in dem alten Kultureinschlage wenigstens eine ihrer Wurzeln haben.

Gestützt wird diese Auffassung durch das besondere Verhältnis der sittlichen zu den religiösen Ideen. Ist ein solches Verhältnis zwar in allen Kulturen vorhanden, so doch in besonderem Maße beim Monotheismus der Altaustralier wie der Hochkulturen. Und zwar entspricht die sittliche Auffassung hier ganz enge der Auffassung des einen Gottes: der persönlichen Auffassung Jehovas entspricht ganz klar die Vertrags- und Gehorsamsmoral des alten Bundes. Wenn der blasse chinesische Himmelsgott als unzugänglicher, fast unpersönlicher Herrscher über der Welt thront, so hat auch die chinesische Ethik, wie sie Konfuzius herausarbeitete, einen farblos zeremoniellen Charakter angenommen. Und umgekehrt hat die pantheistische Gottgestaltung der Inder ihre Parallele weniger als ihren gestaltenden Inhalt in einer das Irdisch-Individuelle konsequent verleugnenden Moral. Den noch nicht so folgerichtig monotheistisch durchgebildeten primitiven Hochkulturen fehlt entsprechend auch eine wirklich durchgebildete Ethik. Es ist eine Entwickelung innerhalb der Hochkulturen, zu der sich im Anfange eben nur die Ansätze zeigen, und die deshalb an dieser Stelle auch nur ansatzweise behandelt werden kann.

SCHLUSS

Wenn wir nun die ältesten Formen menschlicher Weltanschauung überblicken, so erhebt sich als erste und wichtigste Frage, ob diese Weltanschauungen alle durch die gleichen Denkformen zustande gekommen sind oder ob die Denkformen selbst, die eigentliche Erkenntnisgrundlage, im Laufe der Entwickelung eine Änderung, eine Verschiebung erfahren haben. Die Annahme einer entsprechenden Verschiedenheit der geistigen Anlage ist seit dem Emporblühen der ethnologischen Studien vielfach als eine Beleidigung für unsere schwarzen Brüder zurückgewiesen worden. Während man früher zeitweise lesen konnte, daß ein „Wilder" wenig besser sei als ein Tier, konnte man sich später nicht genug darin tun, festzustellen, daß dieser sogenannte Wilde genau so logisch, genau so sittlich veranlagt sei wie die weiße Bestie, daß seine Anlagen nur infolge besonders ungünstiger Verhältnisse nicht die gleichen Ergebnisse gezeitigt hätten wie die bei uns sichtbaren. Hier und da glaubte man den Beweis erbringen zu können durch Hinweis auf Individuen, die sich in weiße Erziehung und weiße Gesellschaft mehr oder weniger ebenbürtig eingefügt hätten. Tatsächlich wäre dieser Nachweis über das Gewollte weit hinausgegangen. Denn er hätte eine ungeheure Überlegenheit des primitiv Geborenen ausgesagt. Eine wissenschaftliche Bedeutung konnte er nicht haben, weil er stets nur allgemeine volkstümliche Begriffe von Intelligenz und Sittlichkeit zugrunde legte, eine wissenschaftlichen Ansprüchen genügende Analyse der Anlagen und Fähigkeiten in ihrer Totalität nie versucht wurde. Ernsthafte Forscher sind demgegenüber kaum zweifelhaft gewesen, daß irgendein wesentlicher Unterschied existiere. Die bedeutsame Frage war, worin er bestehe. Wichtige Symptome des Unterschiedes haben Vierkandt, Wundt, Preuß und auch Lévy-Brühl herausgearbeitet. Mir scheint aber, wie ich schon angedeutet habe, daß den Erscheinungen noch eine tiefere, kernhafte Tatsache zugrunde liegt. Sowohl die Bedeutung der Assoziation wie die der Komplexvorstellungen und die enge Verbindung von Gefühls- und Willenselementen mit den Vorstellungsbestandteilen im primitiven Denken hängen eng mit dem stark verschobenen Verhältnis zusammen, in dem Eigenschaften und Wirkungen, also jedenfalls attributive Faktoren, zu den substanziellen Vorstellungen stehen. Die Attribute spielen im primitiven Denken eine viel größere, die Substanzen eine viel geringere Rolle als bei uns. Am stärksten wird noch der tierische und menschliche Organismus substanzhaft gefaßt; und darauf beruht es augenscheinlich, daß diese Organismen, besonders die Tiere, am liebsten und meisten bildend dargestellt werden, sowie die verhältnismäßig hochstehende Art, in der das geschieht. Aber selbst bei diesen Wesen zeigt die Leichtigkeit wechselnder Gestaltvorstellung, der Verwandlung vor allem von Mensch in Tier und umgekehrt, die geringe Festigkeit der substanziellen Bildung. Was bleibt, sind in der Regel attributive Bestimmungen, Eigenschaften, Wirkungsarten, aber natürlich wiederum ohne feste Begrenzung. Umgekehrt ist ja auch das logische Denken, das unserer Hochkultur eigen ist, viel mehr als durch andere Dinge durch di feste substanzielle Begrenzung und Festlegung der Begriff gekennzeichnet. Ohne damit ein Werturteil aussprechen zu wollen, wird man sagen dürfen, daß der primitive Mensch in dieser Hinsicht natürlich nicht auf tierischer Stufe, aber doch dem Tiere näher steht als wir. Denn im tierischen Denken fehlt zwar auch der Substanzbegriff — wenigstens bei den höheren Tieren — sicher nicht ganz. Aber er spielt dort doch wohl im ganzen eine noch untergeordnetere Rolle als beim primitiven Menschen.

Wenn demgegenüber der Kausalbegriff, das Kausalbedürfnis, von Anfang an in vollster Schärfe und Stärke ausgebildet erscheint, so hängt das augenscheinlich damit zusammen, daß das Kraft-, das Wirkungsbewußtsein im Menschen nicht nur besonders früh aufgetreten ist, sondern sich auch nach außen projiziert hat. Wenn es aber scheint, als ob der Substanzbegriff zuerst und am vollständigsten auf menschenähnliche Organismen angewandt wurde, so wird man annehmen dürfen, daß die Ausbildung des substanziellen Selbstbewußtseins, die Wahrnehmung, daß die verschiedenen Wirkungen und Eigenschaften von dem gleichen Ich ausgehen und mit ihm verbunden sind, sich ebenso in die allgemeine Substanzvorstellung projiziert habe wie jenes vorhin erwähnte absolute Kraft- und Wirkungsbewußtsein in den Kausalbegriff. Der Gedanke ist begründet, daß der Mensch von Anfang an die Welt nach seinem Bilde gestaltet habe. In den jüngeren Entwickelungsrichtungen tritt dieser Vorgang deutlich zutage. Denn sowohl die besondere animistische Theorie wie die allgemeinere Auffassung der Weltmächte als persönlicher Kräfte läßt erkennen, wie in jeder Weltanschauung die Weltdinge neuerdings menschenähnlich gestaltet sind. Dadurch, daß in den Hochkulturen animistische und Persönlichkeitsauffassung im wesentlichen zusammenfallen, wird in ihr die naive Vorstellung zunächst eher verstärkt. Die Ausbildung des nichtanimistischen, unpersönlichen Kraftbegriffes gehört in die Geschichte der Philosophie und Wissenschaft im engeren Sinne.

Dagegen deutet die Parallelität der animistischen und der Persönlichkeitsauffassung in den beiden Hauptentwickelungsrichtungen auf ein anderes, wissenschaftssystematisches Problem. Der kulturgeschichtliche Nachweis, daß die verschiedenen Erscheinungen der ethnologischen Welt nicht Phasen einer einheitlichen Menschheitsentwickelung, sondern Bilder aus verschiedenen nebeneinanderliegenden, selbst divergierenden Entwickelungen darstellen, tut doch das Problem der Entwickelungseinheit und Entwickelungsgesetzlichkeit nicht in jedem Sinne endgültig ab. F. Kruegers Entwickelungspsychologie [534] will etwa auch in der kulturgeschichtlichen Mannigfaltigkeit eine einheitliche psychologische Gesetzlichkeit nachweisen. Und die kulturgeschichtliche Richtung selbst hält es doch nur für unwahrscheinlich, daß eine solche Gesetzlichkeit vor der kulturgeschichtlichen Arbeit gefunden werden könnte. Wirklich zeigen die Entwickelungsrichtungen nach Herausarbeitung der Hauptlinien, trotz weitgehender Verschiedenheiten, ja Gegensätze, doch einzelne auffallende Ähnlichkeiten. So mutet es eigentümlich genug an, daß die beiden ältesten Kulturkreise sowohl der mutterrechtlichen wie der vaterrechtlichen Kulturen sozial durch die Einrichtung der Exogamie charakterisiert sind [535]. Und wenn nun die beiden wichtigsten Entwickelungsrichtungen in der Weltanschauung einerseits durch Animismus, anderseits durch Vorherrschen der Persönlichkeitsidee gekennzeichnet sind, so spricht sich auch darin doch wohl ein merkwürdiger Parallelismus aus. Bei der Exogamie läßt sich technisch noch an den Vorgang der Entlehnung von einer Kultur zur anderen denken. Bei dem Parallelismus der Weltanschauung ist diese Annahme schwierig. Zu einer sicheren Entscheidung freilich wird unsere heutige Sachkenntnis noch kaum hinreichen. Wesentlich ist schon die Frage, ob neben den heute als Hauptentwickelungsrichtungen erscheinenden Linien sich noch andere herausstellen, die nur nicht so deutliche Spuren hinterlassen haben, und in welchem Umfange das der Fall ist. Denn je mehr etwa solche in anderer Richtung verlaufende Linien sich feststellen lassen, um so weniger werden die genannten beiden, wenn auch sehr lebenskräftigen Entwickelungen im Sinne einer Gesetzmäßigkeit zu verwerten sein. Alles in allem handelt es sich heute um ein Zusammentreffen, das noch keine sicheren Schlüsse zuläßt, das aber hinreicht, die Aufmerksamkeit auf die erwähnten entwickelungspsychologischen Probleme zu lenken.

Wie dem aber auch sei, jedenfalls treten individualistische Vorstellungen und damit ethische Probleme erst in den Hochkulturen in einiger Schärfe zutage. Damit ist nicht gesagt, daß die sittlichen Anschauungen in den älteren Kulturen eine völlig gleichartige, ungesonderte Masse darstellen. Es ist nicht unwahrscheinlich, daß der ältesten Gewohnheitsmoral der primitiven Völker eine Furchtmoral der ältesten bodenbauenden und dieser eine Ehr- und Gehorsamsmoral der vaterrechtlichen Völker gegenübertritt. Denn daß die Furcht vor den Geistern und den sie darstellenden Geheimbünden einerseits, der Gehorsam gegen die Oberen und in weiterer Folge gegen die Götter anderseits im Rechtsleben und der Erziehung eine Rolle spielt, ist sicher. Doch ist auf diese ethischen Grundgedanken noch viel weniger geachtet worden als auf andere psychische Eigentümlichkeiten. Und immerhin kann dabei wohl nur von Varianten die Rede sein, weil doch immer Überlieferung und Gewohnheit, nicht Grundsätze, den Untergrund des sittlichen Handelns, die Begründung der sittlichen Forderungen bilden. Wie denn auf der anderen Seite die Furcht oder wenigstens Ehrfurcht vor dem großen Gotte ein wesentliches sittliches Motiv für den Südostaustralier darstellt. Für eine oberflächliche Betrachtung sind übrigens auch auf diesem Problemgebiete Furcht- und Gehorsamsmoral wieder so gut wie identisch. Und tatsächlich stehen sie sich in ähnlicher Weise nahe wie Persönlichkeit und Beseeltheit. Wie wenig gerade die beiden letzten Begriffe wirklich identisch sind, zeigt ihr fortlebender Widerstreit in den ethischen Systemen der Hochkulturen. Die folgerichtige Durchführung animistischer Ideen ermöglicht eine pantheistische Ethik. Aber sie vernichtet den Gedanken der Persönlichkeit. Die Ideale des Helden, wie er schon im Sudan und dann bei den westlichen Indogermanen herrscht, und das des Heiligen — etwa vom indischen oder ostasiatischen Typus — entsprechen den widerstreitenden Weltanschauungen einigermaßen. In einem Sinne könnte man von einem Unterschiede zwischen westlicher aktiver und östlicher passiver Sittlichkeit reden, obwohl dem ganzen Mischcharakter der Hochkultur entsprechend keiner der Typen ganz rein auftritt.

Daraus, daß schon in den ältesten Kulturen die theoretische Weltanschauung ein Hinausprojizieren der Tatsachen des Selbstbewußtseins in die Außenwelt bedeutet, ergibt sich die Kernhaftigkeit des praktischen Verhaltens für die Weltanschauungsformen. Die praktische Vernunft ist auch historisch genommen das Apriori der theoretischen. Und die einfache Folge davon ist es schließlich wieder, daß es eine theoretische Weltanschauungsproblematik nicht gibt, ehe mit dem Individualitätsbewußtsein eine praktische Problematik entsteht. Der Ursprung des Individualitätsbewußtseins ist der der Philosophie oder wenigstens ihrer Probleme. Er liegt in den alten Hochkulturen. Aber die eigentliche Geschichte der Philosophie, die Geschichte der versuchten Lösungen ist in besonderem Maße mit der Geschichte der indogermanischen Völker verflochten. Den wichtigsten Grund dafür habe ich früher schon angedeutet. Er liegt in der sprachlich erfaßbaren Fähigkeit dieser Völker, die Dinge von verschiedenen Seiten zu betrachten und auf diese Weise die in den Dingen liegenden Probleme zu ergreifen. Gleich die Inder erkennen nicht nur das ontologische Problem, sondern auch dessen engen Zusammenhang mit dem sittlichen und rücken dieses mit energischem Bewußtsein in den Mittelpunkt [536]. Im griechischen Denken ist zum ersten Male der Substanzbegriff folgerichtig durchgeführt [537] und damit das logische Denken zum Abschluß gebracht. Sogar die sittlichen Probleme werden als begrifflich erfaßbar und lösbar unter demselben Gesichtswinkel betrachtet. Die Ordnung der substanziellen Weltdinge ergibt das ästhetische Weltbild, wie es griechischem Künstlertum entspricht. Römisches Staatsbewußtsein faßte die sittlichen Probleme selbständiger; aber der praktische Versuch, die Welt als Einheit zu begreifen, läßt schließlich nur die leere Form dieser Einheit übrig und den Atomismus der Individuen. Gegen dieses Überwiegen des Individualismus macht die religiöse Bewegung, besonders das Christentum, Front. Die absolute Wertung der individuellen Seele liegt doch auch ihm tief im Wesen. So bereiten beide das Germanentum mit seiner ungeahnten Wertung des Subjektes vor. Nicht nur tritt der objektiven Kunst der Antike schon in der Gotik, dann im Barock und weiter, aber auch in der Musik ein auf subjektive Wirkungen berechnetes Schaffen gegenüber. Im philosophischen Denken wird die aktive Rolle des Subjektes entdeckt. Zuerst von den Nominalisten. Die Theorie des Mikrokosmos, der Monaden versucht dann die Möglichkeit objektiver Erkenntnis mit der Annahme des aktiven Subjekts zu verbinden. Den Abschluß gibt Kant und der Idealismus. Erst jetzt wird die Frage wirklich sinnvoll, ob denn dies Denken der Menschen ein starres, durch alle Zeiten gleichbleibendes oder wieweit es wandelbar gewesen sei. Kant führt uns aber zugleich einen Schritt weiter auf den Standpunkt, daß die praktische Vernunft das Primäre, Grundlegende, die reine Vernunft, das Denken, gewissermaßen nur ein Organ der praktischen Vernunft sei. Tatsächlich läßt uns unser übertrieben individueller Standpunkt leicht vergessen, daß es zum Wesen des Menschen in erster Linie gehört, ein ζῷον πολιτικόν zu sein, und zwar nicht nur in sozialen Verbänden irgendwelcher Art, sondern in staatlicher Bindung zu leben. Daß dem aber so ist, ja daß die Form dieser Bindung bestimmenden Einfluß hat auf die Form der menschlichen Weltanschauung, lehrt die vorangehende Betrachtung. Und davon war nicht nur theoretisch, sondern auch praktisch niemand so überzeugt wie die Griechen, deren Kultur schon deshalb auch heute ein unentbehrlicher Erziehungsstoff ist für unsere

Zeit, in der wir die Kinder noch vorwiegend zu tüchtigen Individuen heranbilden. Wir vergessen dabei, daß die wirkliche große Persönlichkeit, die die Menschheit vorwärts bringt, sich nicht züchten läßt, daß sie in einer Welt kleiner massenhafter Individuen eher erstickt wird. Gerade jetzt lohnt es sich zurückzublicken auf die unzähligen Generationen von Menschen, denen der Staat nicht ein Institut war, um seine Glieder glücklich zu machen, bei denen der Staat überhaupt nicht um des einzelnen willen, sondern eher der einzelne um des Staates willen da war. Wir brauchen das Individuum als ein Haupterzeugnis der Kulturentwickelung nicht zu verleugnen. Aber wir müssen uns dessen bewußt sein, daß es eben nur ein Erzeugnis der Entwickelung und insofern etwas Zufälliges ist, während das staatliche Leben zum Wesen des Menschen gehört. Ein Mensch ohne Staat ist allerhöchstens ein Halbmensch. Selbstverständlich ist der einzelne Staat nichts Ewiges — und es bleibt auch in Zukunft möglich, daß sich immer größere Staaten bilden. Für freiwilligen Zusammenschluß ist aber die Zeit hochgespannter nationaler und wirtschaftlicher Gegensätze kaum günstig. Und Gewalt? Wer seinen Volksstaat da im Stiche läßt, ist heute wie zu jeder Zeit ein Ehrloser!

Zum Schluß endlich noch eine rein wissenschaftsgeschichtliche Bemerkung. Man hört heute noch, selbst von Leuten, die es besser wissen könnten, den Satz, die kulturgeschichtliche Richtung in der Ethnologie sei von Grund aus museologisch, in der Hauptsache auf die materielle Kultur gerichtet und gegründet. Hier habe ich den Versuch gemacht, mit ihren Mitteln in die Tiefe menschlicher Geisteskultur zu leuchten. Wieweit das gelungen ist, darüber muß die Zukunft entscheiden.

BIBLIOGRAPHISCHER WEGWEISER
QUELLEN
Einzelne Erdgebiete
(T. = mit einheimischen Texten)

Tasmanien
1. Ling Roth, H., The Aborigines of Tasmania, Halifax, 1899.

Australien
2. Howitt, A. W., The Native Tribes of South East Australia, London, 1904.
3. Matthews, R. H., Ethnological Notes on the Aboriginal Tribes of New South Wales and Victoria, Sydney, 1903.
4. Roth, W. E., Ethnological Studies among the North-West-Central Queensland Aborigines, Brisbane, 1897.
5. Salvado, R., Memorie storiche dell' Australia, particolarmente della Missione Benedettina di Nuova Norvia e degli usi e costumi degli Australiani, Roma, 1851.
6. Schmidt, W., Die Gliederung der australischen Sprachen. Geographische, bibliographische, linguistische Grundzüge zur Erforschung der australischen Sprachen, Wien, 1919.
7. Smyth, Brough, The Aborigines of Victoria, with Notes relating to the Habits of the Natives of other parts of Australia and Tasmania, 2 Bde., London, 1878.
8. Spencer, B., and Gillen, F. J., The Native Tribes of Central Australia, London, 1899.
9. —, —, The Northern Tribes of Central Australia, London, 1904.
10. Spencer, B., Native Tribes of the Northern Territory of Australia, London, 1914.
11. Strehlow, C., Die Aranda- und Loritjastämme in Zentral-Australien (Veröff. d. Städt. Völker-Mus. Frankfurt a. M. I, 1—5), Frankfurt, 1907—1920. (T.)

Südsee-Inseln
12. Chalmers, J., Pioneering in New Guinea, London, 1887.
13. Codrington, R. H., The Melanesians, Studies in their Anthropology and Folk-Lore, Oxford, 1891.
14. —, The Melanesian Languages, Oxford, 1885.
15. Ellis, W., Polynesian researches during a residence of nearly eight years in the Society and Sandwich Islands, 4 Bde., London 1853.
16. Grey, G., Polynesian Mythology and Ancient Traditional History of the New Zealand Race, as furnished by their priests and chiefs, London, 1855. (Dazu auch Textausgabe.)

17. Keysser, Ch., Aus dem Leben der Kaileute (R. Neuhauß, Deutsch-Neuguinea III; in demselben Bande Kapitel über die Nachbarvölker von den Missionaren Stolz, Zahn, Lehner und Bamler), Berlin, 1911.
18. Krämer, A., Die Samoainseln, Entwurf einer Monographie mit besonderer Berücksichtigung Deutsch-Samoas, 2 Bde., Stuttgart, 1902/1903. (T.)
19. Lehmann, R., Mana. Der Begriff des „außerordentlich Wirkungsvollen" bei Südseevölkern (Staatl. Forschungsinstitute in Leipzig, 1. Reihe: Ethnographie und Ethnologie II), Leipzig, 1922.
20. Müller, W. (-Wismar), Yap (Hamburg. Wissensch. Stiftung. Ergebnisse der Südsee-Expedition 1908—1910 II B, 2), 2 Halbbde., Hamburg, 1917/1918. (T.)
21. Reports of the Cambridge Anthrop. Expedition to Terres Straits IV u. V, Cambridge, 1908 u. 1904.
22. Seligmann, C. G., The Melanesians of British New Guinea, Cambridge, 1910.
23. Thurnwald, R., Forschungen auf den Salomoinseln und dem Bismarckarchipel, 2 Bde., Berlin, 1912. (T.)
24. Waitz, Th., Anthropologie der Naturvölker VI (von G. Gerland), Leipzig, 1872.
25. White, J., The ancient History of the Maori, his Mythology and Traditions, 7 Bde., Wellington, 1887—1891.

Indonesien

26. Krujt, A. C., Het Animisme in den Indischen Archipel (uitgeg. voor rekening v. h. K. Inst. voor Taal-, Land- en Volkenk. in Ned.-Indië), s'Gravenhage, 1906.
27. Nieuwenhuis, A. W., Die Veranlagung der malaischen Völker des Ostindischen Archipels (Internat. Archiv f. Ethnographie XXII, S. 165 ff.; XXIII, S. 17 ff., 49 ff.; XXV, S. 114 ff., sowie Suppl. zu XXI u. XXIV [„Die Wurzeln des Animismus"]), Leiden, 1913—1920.
28. Wilken, G. A., Handleiding voor de vergelijkende Volkenkunde van Nederl.-Indië (herausg. v. C. M. Pleyte), Leiden, 1893.

Afrika

29. Ankermann, B., Totenkult und Seelenglaube bei afrikanischen Völkern (Zeitschr. für Ethnologie L [Berlin, 1918], S. 89 ff.).
30. —, Verbreitung und Formen des Totemismus in Afrika (Zeitschr. für Ethnologie XLVII [1915], S. 114 ff.).
31. Bleek, W. H. J., und Lloyd, L. C., Specimens of Bushman Folklore, London, 1911. (T.)
32. Erman, A., Die ägyptische Religion (Handb. d. Kgl. Museen zu Berlin), Berlin, 1905.
33. Frobenius, L., Atlantis, Volksmärchen und Volksdichtungen Afrikas, I ff., Jena, 1921 ff.
34. —, Und Afrika sprach. 3 Bde., Berlin-Charlottenburg, 1912/1913.
35. —, Das unbekannte Afrika. Aufhellung der Schicksale eines Erdteils, München, 1923.
36. Garstang, J., The burial customs of Ancient Egypt as illustrated by tombs of the Middle Kingdom, London, 1907.

37. Hestermann, P., Kritische Darstellung der neuesten Ansichten über Gruppierungen und Bewegungen der Sprachen und Völker in Afrika (Anthropos. VII, S. 722 ff., VIII, S. 219 ff., 1104 ff.).
38. Hollis, A. C., The Masai. Their Language and Folklore, Oxford, 1905 (T.)
39. Junod, H. A., The Life of a South African tribe, Neuchatel, 1912/1913.
40. Meinhof, C., Afrikanische Religionen. Hamburg. Vorträge, Berlin, 1912.
41. —, Grundzüge einer vergleichenden Grammatik der Bantusprachen, Berlin, 1906.
42. Pechuël-Loesche, E., Volkskunde von Loango, Stuttgart, 1907.
43. Spieth, J., Die Ewe-Stämme. Material zur Kunde des Ewe-Volkes in Deutsch-Togo, Berlin, 1906. (T.)

Amerika
(Außer der Arktis)

44. Ehrenreich, P., Die Mythen und Legenden der südamerikanischen Urvölker und ihre Beziehungen zu denen Nordamerikas und der alten Welt. (Suppl. zur Z. f. Ethn., 1903.)
45. Handbook of American Indian Languages I (Bureau of American Ethnology Bull. 40), Washington, 1911.
46. Joyce, Th. A., Mexican Archaeology. An introduction in the Archaeology of the Mexican and Mayan Civilizations of Pre-Spanish America, London, 1914.
47. —, South American Archaeology. An introduction to the Archaeology of the South American Continent with special reference to the early history of Peru, London, 1912.
48. Koch-Grünberg, Th., Zum Animismus der südamerikanischen Indianer (Intern. Archiv f. Ethnogr. Suppl. zu XIII), Leiden, 1900.
49. —, Zwei Jahre unter den Indianern. Reisen in Nordwest-Brasilien, 2 Bde., Berlin, 1910.
50. Krickeberg, W., Amerika (in G. Buschan, Ill. Völkerkunde I), Stuttgart, 1922.
51. Loewenthal, J., Die Religion der Ost-Algonkin (Diss.), Berlin, 1913.
52. Loskiel, G. H., Geschichte der Mission der evangelischen Brüder unter den Indianern in Nordamerika, Barby, 1789.
53. Owen, M. A., Folklore of the Musqakie Indians of North America, London, 1904.
54. Preuß, K. Th., Die Nayarit-Expedition. Textaufnahmen und Beobachtungen unter mexikanischen Indianern. I. Die Religion der Cora-Indianer in Texten nebst Wörterbuch, Leipzig, 1912. (T.)
55. —, Religion und Mythologie der Uitoto. Textaufnahmen und Beobachtungen bei einem Indianerstamm in Kolumbien, I., Göttingen und Leipzig, 1921.
56. Roth, W. E., An Inquiry into the Animism and Folk-lore of the Guiana Indians (XXX. Ann. Report of the Bureau of Amer. Ethnology), Washington, 1915.
57. Seler, E., Gesammelte Abhandlungen zur amerikanischen Sprach- und Altertumskunde, 6 Bde., 1902—1923.

BIBLIOGRAPHISCHER WEGWEISER

Arktiker

58. Boas, F., The Central Eskimo (6. Ann. Report of the Bureau of Ethnology to the Secretary of the Smithson Institution 1884—85, Washington, 1888, S. 409 ff.).
59. Byhan, Die Polarvölker (Wissenschaft und Bildung 63), Leipzig, 1909.
60. Hawkas, The Labrador Eskimo, Geol. Survey, Memoir 91, Ottawa, 1916.
61. Jennes, D., Report on the Canadian Arctic Exploration 1913 till 1918, XII, Ottawa, 1922.
62. Rasmussen, K., Grönlandsagen, Berlin, 1922.
63. Stadling, J., Shamanismen i Novva Asien (Populära Ethnol Skrifter, utgivna under red. af C. v. Hartman, 7.), Stockholm, 1912.

Asien

(Außer der Arktis)

64. Brockelmann, C., Grundriß der vergleichenden Grammatik der semitischen Sprachen, 2 Bde., Berlin, 1908 u. 1913.
65. Deussen, P., Allgemeine Geschichte der Philosophie mit besonderer Berücksichtigung der Religionen I, 1—3, Leipzig.
66. Doré, P. H., Le Panthéon Chinois (Variétés Sinologiques Nr. 39. 41, 42, 44, 45, 46, 48: Recherches sur les Superstitions en Chine II), bisher 6 Bde, Chang-Hai, 1914—1918.
67. Gabelentz, G. v. d., Chinesische Grammatik. Mit Ausschluß des niederen Stiles und der heutigen Umgangssprache, Leipzig, 1881.
68. Groot, J. J. M. de, The Religious System of China, its ancient forms, evolution, history and present aspect, manners, customs and social institutions connected therewith. I, 1—3; II. 1—3. Leiden, 1892—1910
69. Grube, W., Religion und Kultus der Chinesen, Leipzig, 1910
70. Jeremias, A., Handbuch der altorientalischen Geisteskultur, Leipzig, 1913.
71. Kirfel, W., Die Kosmographie der alten Inder, Bonn 1921.
72. Lessing u. Othmer, Lehrbuch der nordchinesischen Umgangssprache, Berlin, 1913.
73. Oldenberg, H., Buddha. Sein Leben, seine Lehre, seine Gemeinde. 4. Aufl., Stuttgart u. Berlin, 1903.
74. Wilhelm, R., Chinesische Volksmärchen. (Die Märchen der Weltliteratur, 2. Reihe.) Jena, 1913.

ZUSAMMENFASSUNGEN

Wirtschaft, Gesellschaft und Recht

75. Frazer, J. G., Totemism and Exogamy, 4 Bde., London, 1910.
76. Graebner, F., Handel bei Naturvölkern (Andree, Geographie des Welthandels, 2. Aufl., I, 1907).
77. Grosse, E., Die Formen der Familie und die Formen der Wirtschaft, Freiburg u. Leipzig, 1896.
78. Koppers, W., Die ethnologische Wirtschaftsforschung, Wien, 1917.
79. Lowie, R. H., Primitive Society, London, 1921.

80. Varii autores, Das Problem des Totemismus (Anthropos IX—XV. St. Gabriel-Mödling, 1914—1920).

Religion

81. Ehrenreich, P., Die allgemeine Mythologie und ihre ethnologischen Grundlagen (Mythol. Bibl. IV, 1), Leipzig, 1910.
82. Frazer, J. G., The Belief in Immortality and the Worship of the Dead. Bisher 1 u. II (Australien, Melanesien u. Polynesien), London, 1913 u. 1922.
83. —, The golden Bough, 3. Aufl., 10 Bde., London, 1911—1913.
84. Frobenius, L., Die Weltanschauung der Naturvölker (Beitr. z. Volks- u. Völkerk. VI), Weimar, 1898.
85. —, Das Zeitalter des Sonnengottes, I, Berlin, 1904.
86. Marett, R. R., The Threshold of Religion, London, 1909.
87. Preuß, K. Th., Die geistige Kultur der Naturvölker (Aus Natur- u. Geisteswelt, 452), Leipzig u. Berlin, 1914.
88. —, Der Ursprung der Religion u. Kunst (Globus LXXXVI, Braunschweig, 1904, S. 321 ff., 355 ff., 375 ff., 388 ff.).
89. Vierkandt, A., Die Anfänge der Religion u. Zauberei (Globus XCII, 1907, S. 21 ff., 40 ff., 61 ff.).
90. Schmidt, W., Der Ursprung der Gottesidee, I. Münster, 1912. Fortsetzung im Anthropos XVI/XVII, 1921/1922, S. 1006 ff.
91. Tylor, E. B., Primitive Culture. Researches into the development of Mythology, Philosophy, Religion, Language, Art and Custom. 4. Aufl., 2 Bde., London, 1903.

Sprache

92. Finck, F. N., Die Haupttypen des Sprachbaues (Aus Natur- u. Geisteswelt, 268), Leipzig-Berlin, 1909.
93. —, Die Sprachstämme des Erdkreises (Aus Natur- und Geisteswelt, 267), 2. Aufl., Leipzig-Berlin, 1915.

Kulturbeziehungen

94. Graebner, F., Alt- und neuweltliche Kalender (Zeitschr. f. Ethnol. LII, Berlin, 1921, S. 6 ff.).
95. —, Die melanesische Bogenkultur und ihre Verwandten (Anthropos IV, 1909, S. 726 ff., 998 ff.).
96. —, Thor und Maui (Anthropos XIV/XV, 1919/1920, S. 1099 ff.).
97. Schmidt, W., Grundlinien einer Vergleichung der Religionen und Mythologien der austronesischen Völker (Denkschr. d. K. Ak. d. Wiss. Wien LIII), Wien, 1910.
98. —, Die Mon-Khmer-Völker ein Bindeglied zwischen Völkern Zentralasiens und Austronesiens, Braunschweig, 1906.
99. —, Die Stellung der Pygmäenvölker in der Entwicklungsgeschichte des Menschen (Stud. u. Forschungen z. Menschen- u. Völkerk., unter Leitg. v. G. Buschan, VI/VII), Stuttgart, 1910.

Allgemeines und Verschiedenes

100. Graebner, F., Ethnologie (Kultur d. Gegenwart, herausg. v. P. Hinneberg, Reihe 3, Bd. V [Anthropologie], S. 435 ff.), Leipzig, 1922.

BIBLIOGRAPHISCHER WEGWEISER

101. Knabenhans, A., Die Erziehung bei den Naturvölkern. (Mitt. d. Geogr.-Ethnogr. Ges. Zürich XIX, 1920, S. 52 ff.).
102. Lévy-Brühl, L., Das Denken der Naturvölker (deutsch von W. Jerusalem), Wien und Leipzig, 1921.
103. Thurnwald, R., Psychologie des primitiven Menschen (Handb. d. vgl. Psychologie), München, 1922.
104. Vierkandt, A., Naturvölker und Kulturvölker, Leipzig, 1896.
105. Westermarck, E., Ursprung und Entwicklung der Moralbegriffe, 2 Bde., Leipzig, 1907 u. 1909.
106. Wundt, W., Völkerpsychologie, Leipzig, 1900—1917.

ANMERKUNGEN

1. Tylor **91** I, S. 417 ff.; II, S. 1 ff.
2. So W. Wundt in dem mit anderen Gelehrten herausgegebenen Werke „Allgemeine Geschichte der Philosophie". Berlin u. Leipzig, 1909.
3. Marette **86**, Preuß **88**.
4. A. Lang, The Making of Religion, Neuyork u. Bombay, 1900. Ders., Magic and Religion, London, 1901. Ders., Myth. Ritual and Religion, Neuyork u. Bombay, 1901, u. a. W. Schmidt **90**, bisher Bd. I erschienen; jetzt Fortsetzung Anthropos XVI—XVII, S. 1006 ff. Allerdings wendet sich Schmidt zugleich kritisch auch gegen Marette und Preuß. Seine Anschauung, daß der primitive Monotheismus älter sei als der präanimistische Zauberglaube, ruht vor allem auf der meines Erachtens nicht bewiesenen Theorie von der Priorität des sogenannten pygmäischen Kulturkreises, dessen Einheitlichkeit mir überhaupt zweifelhaft erscheint, der aber außerdem kaum so alt ist wie die Kultur der Tasmanier. Und in dieser ist der Monotheismus trotz Schmidts Versuch nicht nachweisbar (vgl. unten S. 24 ff.). Schmidt wendet sich lebhaft gegen die Theorie der sogenannten „Urdummheit". Tatsächlich hat aber, wie sich zeigen wird, das Auftreten des präanimistischen Zauberglaubens mit einer solchen Urdummheit nichts zu tun, sondern beruht auf einer eigentümlichen Einseitigkeit des Denkens, die in der allmählichen Ausbildung des Selbstbewußtseins begründet ist. Über Schmidts Auffassung von den „Urkulturen", insbesondere der größeren Ursprünglichkeit des „pygmäischen" Kreises, vgl. jetzt noch W. Sch., Ethnologische Bemerkungen zu theologischen Opfertheorien.
5. Vgl. etwa Graebner **100**.
6. Besonders herausgearbeitet bei L. H. Morgan, Ancient Society. Als Dogma noch bis in die neueste Zeit von den Sozialdemokraten anerkannt, bei Engel und Bebel zu finden. Eine Neuauflage der Kautskyschen Übersetzung von Morgan ist erst kürzlich erschienen.
7. Vgl. dazu jetzt Lowie **79**, S. 157 ff.
8. Vgl. die sehr gute Zusammenstellung von Ling Roth **1**.
9. Graebner **100**, S. 449 f., 462 f.
10. Vgl. das in Anm. 4 Gesagte.
11. In W. Wundt **106** weiter herausgearbeitet.
12. Vierkandt **104**.
13. Anm. 3.
14. Lévy-Brühl **102**. Für das folgende vgl. besonders S. 23 unten.
15. Zum Beispiel Howitt **2**, S. 379 ff., Brough Smyth **7** I, S. 262.
16. Ling Roth **1**, S. 63.
17. A. a. O., S. 125 f.
18. Graebner **100**, S. 555.
19. A. a. O., S. 522.

ANMERKUNGEN

20. Unten Kap. III, S. 49.
21. A. a. O., S. 21 ff.
22. Häufig dient die Erhitzung, um die Krankheit hervorzurufen, das Wasser, um die Glut, d. h. die Krankheit, zu stillen. Vgl. Howitt 2, S. 361, 363 f. In fortgeschrittenen Kulturen, wie bei uns selbst, aber auch in Indonesien, werden Wachsbilder durchbohrt oder sonst als lebende Feinde behandelt.
23. Auch diese Knochen werden nachher noch mit Feuer, Wasser und dergleichen behandelt. Tödlicher werden sie dadurch, daß man sie vor Gebrauch mit dem Verwesungssaft einer Leiche infiziert. Über das ganze Verfahren vgl. Howitt 2, S. 355 ff.; Spencer and Gillen 9, S. 455 ff.; Roth 4, S. 152 ff. u. a. Daß bei ähnlichen Handlungen unseres eigenen Aberglaubens die Gedankenverbindung das Wesentliche ist, hat z. B. Weinhold, Über die Bedeutung des Haselstrauchs im altgermanischen Kultus und Zauberwesen, Zeitschr. d. Ver. f. Volksk. XI, S. 15, gut zum Ausdruck gebracht: „Der Aberglaube ist weit verbreitet, daß man einen Entfernten durchprügeln könne, wenn man auf ein Kleidungsstück oder einen Lappen, indem man an den Gemeinten denkt oder seinen Namen nennt, mit einer einjährigen Haselgerte schlägt."
24. Howitt 2 z. B. S. 360 f. u. a. Vereinigung dieses Gedankenganges mit dem zuerst genannten (Anm. 22) in der Röstung eines Knochens von einem Vogel, den der andere gegessen hat, bei den Narrinyeri; vgl. The Native Tribes of South Australia, S. 24.
25. Howitt 2, S. 366.
26. A. a. O., S. 361.
27. A. a. O., S. 736 ff.
28. Photographien entsprechender Zeremonien im Rautenstrauch-Joest-Museum.
29. Matthews 3, S. 55.
30. Howitt 2, S. 397 f.
31. A. a. O., S. 394 ff. (auch bei den Karamundi). Vgl. ferner Spencer u. Gillen 9, S. 394.
32. Spencer u. Gillen 9, S. 283 ff.
33. Howitt 2, S. 399 f.
34. Ling Roth 1, S. 64 f. In Australien sind Knochen außer zum Mordzauber z. B. zu Nasenstiften beliebt.
35. Vgl. z. B. Graebner, Ethnologica II, S. 7.
36. Vgl. oben S. 18. Ferner Howitt 2, S. 380 ff.
37. Zum Beispiel Howitt 2, S. 367. Auch Blut spielt im Zauber, etwa im Wetterzauber, eine große Rolle. Über den Zauber des Körperauswurfs vgl. Preuß 88, S. 321 ff.
38. Howitt 2, S. 402.
39. Andree, Die Anthropophagie, S. 43 ff.
40. Howitt 2, S. 431.
41. Wundt 106 IV. S. 66 ff.
42. Mythen dieser Art zusammengestellt bei A. van Gennep, Mythes et Légendes d'Australie, S. 1 ff. In Zentralaustralien, wo diese Mythen am häufigsten sind, herrscht die allgemeine Vorstellung von der Altjeringazeit. Doch sind ähnliche Vorstellungen, wie etwa von einer Zeit, da es kein Wasser auf der Erde gab, auch im Südosten vorhanden (vgl. Matthews 3, S. 152). Känguruh und Wombat waren einst Männer (Brough Smyth 7, S. 449; vgl. auch S. 432).

43. Z. B. der Murrayfluß. Brough Smyth 7, S. 456; Matthews 3, S. 81 f.
44. Matthews 3, S. 152 (Wonghaibon).
45. Brough Smyth 7, S. 461 (Narrinyeri). Vgl. auch z. B. Roth 4, S. 125 f.
46. Matthews 3, S. 153 (Kamilaroi).
47. Brough Smyth 7, S. 429 f.
48. Zum Beispiel Brough Smyth 7, S. 458 ff.; Matthews 3, S. 149 ff. (451).
49. Brough Smyth 7, S. 427 f., 431; Howitt 2, S. 429 ff. Über die auf anderem Wege gewonnene Vorstellung vom Fortleben nach dem Tode vgl. unten S. 35.
50. Howitt 2, S. 429 f. Vgl. auch Matthews 3, S. 78; K. Langloh Parker, Australian Legendary Tales, S. 70 ff. Interessant ist folgender Zauber: Wenn die Eingeborenen gegen Morgen von Kälteschauern erwachen und die Plejaden gerade aufgegangen sehen, halten sie diese für die Ursache der Kälte und werfen ihnen glühende Kohlen entgegen, um die Kälte abzuwehren (Ngeumba; Matthews a. a. O.).
51. Howitt 2, S. 493. Ganz ähnlich auf den Buccaneerinseln in Nordwestaustralien (W. H. Bird, Ethnogr. notes about the Buccaneer Islanders, Anthropos VI, S. 176). Aber auch die Darling-river-Sage, der zufolge der die Flut bringende Blutball erst blutig und dann erst wasserhell zerfließt, dürfte auf dieselbe Vorstellung zurückgehen (Langloh Parker, More Australian Legendary Tales, S. 90 ff.). Und endlich soll vielleicht auch die Nathagurazeremonie der Warramunga, bei der vorher allerhand Stammessitten grundsätzlich übertreten werden, dies strafende Feuer in Erinnerung bringen.
52. Vgl. Ethnologica II, S. 47. Den Allvaterglauben haben neuerdings die PP. Dr. Koppers und Gusinde in Feuerland kräftig gefunden (briefl. Mitt. von Prof. W. Schmidt, St. Gabriel). — Die vorhin gegebene Deutung der Sintflutsage erscheint noch z. B. im Deukalion-Mythus zutreffend: Die neuen Menschen entstehen aus Steinen, die Deukalion und Pyrrha hinter sich werfen; denn die ersten Sterne erscheinen im Osten, also hinter dem von Ost nach West laufenden Monde.
53. Van Gennep a. a. O., S. 29 ff. Vgl. W. E. Roth, North Queensland Ethnography Bull V, S. 7.
54. Vgl. Howitt 2, S. 427 f.
55. Langloh Parker, The Euahlayi, S. 98.
56. Curr, The Australian Race II, S. 448 f. (Mt. Elliot). Die Unpersönlichkeit ist hier nicht ganz sicher. Vgl. aber darüber, daß Sonne und Mond nach Ansicht der Nord-Queenslander von den Schwarzen gemacht sind, Lumholtz, Unter Menschenfressern, S. 328. Mehrheit der Monde in Boulia vgl. W. E. Roth a. a. O. (auch Curr a. a. O.). Der Mond als Bumerang auf den Buccaneerinseln Bird a. a. O., S. 177).
57. Brough Smyth 7 I, S. 432 Anm. (nach H. E. A. Meyer). Vielleicht allerdings erst ein Motiv der Zweiklassenkultur (vgl. Graebner im Globus XCVI, S. 365).
58. Howitt 2, S. 426.
59. Vgl. unten Kap. 3.
60. Vgl. Brough Smyth 7 I, S. 465 f. Wenn Wundt (oben Anm. 2) das Kausalbedürfnis des Primitiven gering schätzt, weil dieser die

ANMERKUNGEN

Naturvorgänge nicht als Ursachen seiner Sinneseindrücke erkenne, so heißt das natürlich philosophische Forderungen an primitives Denken stellen.

61. Oben S. 16 f., 19 f.
62. Ling Roth 1, S. 57.
63. Vgl. die Behandlung heiliger Steine bei den Intichiumazeremonien in Zentralaustralien (oben S. 19).
64. Ling Roth 1, S. 53 ff. Vgl. dazu W. Foy im Archiv für Religionswiss. XV, S. 494 ff.
65. Für Australien vgl. Brough Smyth 7 I, S. 435 ff.; Salvado 5, S. 297 f.
66. Salvado 5, S. 299.
67. Vgl. unten S. 26 f.
68. Howitt 2, S. 488 ff.; Matthews 3, S. 137 ff. The Native Tribes of South Australia, S. 55 ff. Vgl. dazu W. Schmidt 90 I, S. 281 ff. Seine Hauptfehler sind zweifellos die zu starke Verallgemeinerung des Glaubens auf die ganze Urmenschheit — tatsächlich ist er nur in einer ganz besonderen Kulturgruppe nachweisbar, aber z. B. nicht bei den Tasmaniern — und die Behauptung, daß der Gott ursprünglich ganz unmythisch sei. Siehe nächste Anm.
69. Diese Aussagen hält Schmidt für besonders unmythisch; aber gerade sie entsprechen genau dem Verhältnis des Mondes zur Sonne. Vgl. f. S.
70. Howitt 2, S. 509 ff.; Matthews 3, S. 120 ff u. a. a. O.
71. Oben S. 22.
72. Preuß, Die höchste Gottheit bei den kulturarmen Völkern (Psychol. Forschung II, S. 164 f.).
73. Bird a. a. O., S. 177. Als Mond charakterisiert dadurch, daß er die Nacht hindurch fliegt.
74. Knabenhans 101, S. 80 ff.
75. Vgl. Ling Roth 1, S. 118, 125.
76. Vgl. Matthews, The Rock Paintings and Carvings of the Australian Aborigines, Journ. of the Anthrop. Institute XXV, S. 145 ff.; ders., Notes on the Aborigines of N. S. Wales, S. 24 f.; R. Thornton, Problemes of Aboriginal Art in Australia, Transact. Victoria Institute XXX, S. 205 ff.; Brough Smyth 7 I, S. 283 ff.
77. Howitt 2, S. 573. Vgl. W. Foy, Fadenstern und Fadenkreuz, Ethnologica II, S. 67 ff. Kulturverwandt erscheinen die bekannten Tanzfiguren der Baining auf Neupommern.
78. Vgl. Graebner 100, S. 463.
79. K. Weule, Botenstäbe bei den Buschmännern, Jahrb. d. Mus. f. Völkerk., Leipzig VI, S. 42 ff.
80. Bleek und Lloyd 31.
81. A. a. O., S. 372 f.
82. A. a. O., S. 271 ff.
83. A. a. O., S. 67 f.
84. S. Passarge, Die Buschmänner der Kalahari, S. 108.
85. A. a. O.
86. P. German, Der Buschmannrevolver, ein Zaubergerät, Jahrb. d. Mus. f. Völkerkunde, Leipzig VIII, S. 51 ff.
87. Passarge a. a. O., S. 101 ff.
88. Bleek und Lloyd 31, S. 44 ff.

ANMERKUNGEN

89. A. a. O., S. 2 ff. W. Schmidts Zweifel an Bleeks Bericht (W. Schmidt **99**, S. 239 f.) wird durch Orpens Daten hinfällig, nach denen Kaggen ebenfalls ein Tier als Kind hat, also deutlich als in die Tiermythologie hineingezogen erscheint.
90. Schmidt **99**, S. 237 f.; Bleek und Lloyd **31**, S. 3 ff.
91. Bleek und Lloyd **31**, S. 17 ff.
92. Oben S. 27.
93. O. Moszeik, Die Malereien der Buschmänner in Südafrika. Vgl. E. Cartailhac und H. Breuil, La Caverne d'Altamira, S. 185, 188 u. a. Die jungpaläolithischen Höhlenmalereien stellen einen weiteren Fortschritt in ähnlicher Richtung dar.
94. Vgl. Graebner **100**, S. 514, 526, 543.
95. A. a. O., S. 452 ff., 464 ff., 480 ff., 48 ff., 505 f.
96. Man kann vielleicht sagen, daß die mutterrechtlichen Kulturen in mancher Hinsicht einen mehr weiblichen, die vaterrechtlichen einen mehr männlichen Charakter tragen.
97. Graebner **76**, S. 158 ff.
98. Graebner, Soziale Systeme in der Südsee, Zeitschr. f. Sozialwissenschaft XI, S. 2 ff.
99. A. a. O., S. 18.
100. Graebner **100**, S. 533 f.
101. Ling Roth **1**, S. 116 ff. Salvado **5**, S. 360 f. Graebner, Kulturkreise und Kulturschichten in Ozeanien, Zeitschr. f. Ethnol. XXXVII, S. 39 f.
102. So die Fesselung bei Salvado begründet.
103. Graebner a. a. O., S. 40 f.
104. Ling Roth **1**, S. 57.
105. Howitt **2**, S. 434 ff, 404 ff.
106. Der klassische Ausdruck ist überall: „jump up white fellow." Die Toten werden in der englischen Literatur über Australien gewöhnlich als „spirits" oder „ghosts" bezeichnet. Doch geht aus den angeführten Tatsachen hervor, daß diese Bezeichnungen jedenfalls nicht immer zutreffen, daß es sich vielmehr vielfach um das handelt, was wir heute einen „lebenden Leichnam" nennen.
107. Obwohl wir bei den Altaustraliern immerhin schon öfter besuchte Lagerplätze mit ständigen Kochstellen finden (vergl. Graebner im Anthropos VIII, S. 805).
108. Vielfach wird sogar in den Hütten bestattet. (Vgl. z. B. für Afrika M. Küsters, Das Grab der Afrikaner, Anthropos XIV/XV, S. 641 ff. für Amerika Preuß, Die Begräbnisarten der Amerikaner und Nordostasiaten, S. 17, 28 ff.)
109. Vgl. Anm. 95.
110. Z. B. auf Neupommern und Neumecklenburg.
111. Z. B. bei den Jivaro, Mundruku und Peruanern in Südamerika, in der Südsee auf Neuseeland.
112. Am schönsten in Neuguinea (Sepik usw.) und Nord-Neumecklenburg.
113. Graebner **95**, S. 767.
114. A. a. O., ferner S. 1004, 1011, 1017.
115. Oben S. 18.
116. Graebner **95**, S. 768 f, 1004, 1011, 1017, 1021. Graebner **100**, S. 453 u. a.

ANMERKUNGEN

117. Graebner **100** a. a. O., **95**, S. 743.
118. Besonders auf Neuguinea und den nördlichen Salomo-Inseln. Die berühmten „tanzenden Männchen" sind wohl häufig nichts anderes als solche auf die Fläche oder Rundung projizierten Hocker.
119. Graebner **95**, S. 739, 1006, 1010, 1018, 1021. Z. f. Sozialwiss. XI, S. 18.
120. H. Schurtz, Altersklassen und Männerbünde, S. 352 f.
121. Codrington **13**, S. 120 ff., 150 ff., 247 ff.
122. Vgl. unten Anm. 127.
123. Codrington **13**, S. 249 f.
124. Rascher, Die Sulka, Arch. f. Anthrop. N. F. I, S. 215. Für die Banks-Insel vgl. Codrington **13**, S. 270.
125. Codrington **13**, S. 124 ff., 254.
126. A. a. O., S. 126 f.
127. A. a. O., S. 255.
128. A. a. O., S. 128, 255.
129. A. a. O., S. 201, Graebner, Völkerk. d. Santa-Cruz-Inseln, Ethnologica I, S. 151.
130. Oben S. 34.
131. Howitt **2**, S. 435.
132. A. a. O., S. 434.
133. Spencer u. Gillen **9**, S. 145 ff.
134. C. Strehlow **11** I, 1, S. 15 f. I, 2, S. 7.
135. Vgl. Graebner **100**, S. 454 f.
136. Graebner **95**, S. 767.
137. Alle Geister, die nicht im Totenreiche Einlaß finden — meist ist Armut, nämlich zu geringe Geldverteilung bei der Leichenfeier, der Grund —, werden Spukgeister, A. Kleintitschen, Die Küstenbewohner der Gazelle-Halbinsel, S. 336, 342.
138. Codrington **13**, S. 121.
139. Vgl. z. B. Ch. Keysser **17**, S. 141 ff., C. G. Seligmann **22**, an versch. Orten, besonders unter „Religion".
140. Keysser **17**, S. 113.
141. Von Krujt für Indonesien begründet. Vgl. S. 42 f.
142. Keysser **17**, S. 117, 122, 118.
143. A. a. O., S. 135.
144. A. a. O., S. 143, 147.
145. A. a. O., S. 145.
146. A. a. O.
147. A. a. O. f.
148. A. a. O., S. 149 ff.
149. J. Chalmers **12**, S. 168 f. Darüber, daß der gleiche Glaube im östlichen Melanesien fehlt, vgl. Codrington **13**, S. 123.
150. Chalmers **12**, S. 169.
151. Seligmann **22**, S. 189 ff., 310.
152. Vgl. Krujt **26**.
153. Graebner **100**, S. 505 f.
154. Krujt **26**, S. 1 ff., 235 ff.
155. A. a. O., S. 82 f.
156. A. a. O., S. 109 ff.
157. A. a. O., S. 158 ff.

ANMERKUNGEN

158. Zuerst von Frobenius nachgewiesen (Der Ursprung der afrikanischen Kultur, Berlin, 1898), dann von Ankermann weiter herausgearbeitet (Kulturkreise und Kulturschichten in Afrika, Z. f. Ethn. XXXVII, S. 54 ff.). Vgl. Graebner **100**, S. 505.
159. B. Ankermann **29**, besonders S. 128 ff.
160. A. a. O., S. 140 f.
161. A. a. O., S. 138 f.
162. A. a. O., S. 136 f.
163. Th. Koch **48**.
164. Th. Koch **49** I, S. 176 ff., 193 ff.
165. A. a. O., S. 173 f.
166. Koch **48**, S. 7 ff.
167. A. a. O., S. 36 ff.
168. A. a. O., S. 62 ff.
169. Vgl. Graebner **100**, S. 478 ff. Arktische Weltanschauung vgl. unten Kap. 5.
170. Graebner **100**, S. 484 ff. Über Ahnenkult bei den Pueblo vgl. etwa J. W. Fewkes, Ancestor Worship ' of the Hopi-Indians (Rep. Smiths. Inst. 1921, S. 485 ff.).
171. M. A. Owen **53**, S. 81 ff.
172. A. a. O., S. 40.
173. G. H. Loskiel **52**, S. 46 ff.
174. J. Loewenthal **51**, S. 32 ff.
175. Vgl. etwa Krickeberg **50**, S. 109.
176. Vgl. Keysser **17**, S. 155. Da totemistische Vorstellungen in der Gegend von Finschhafen eine gewisse Rolle spielen, ist auch hier die Kulturzugehörigkeit dieses Weltbildes ebensowenig sicher wie oben S. 23; vgl. nächstes Kapitel.
177. Keysser **17**, S. 149 f., vgl. freilich S. 155, wonach ein Teil der Toten im Himmel wohnen soll. Die Erde als Urheimat besonders in Amerika. Vgl. etwa B. Mahling, Die Ansichten der Ozeanier und Indianer über die Erde, S. 22 ff.
178. Das jüngere Paläolithicum vgl. oben S. 32, Anm. 93.
179. Vgl. etwa M. Verworn, Zur Psychologie der primitiven Kunst, Naturwiss. Wochenschr. N. F. VI.
180. Oben S. 31 f.
181. Graebner **100**, S. 562 f., 95, S. 743, 768 f.
182. Graebner, Zur australischen Religionsgeschichte, Globus XCVI, S. 364 f. Für andere Gebiete vgl. etwa Ehrenreich **44**, S. 44 ff. Ders. **81**, S. 71 f. Über die erwähnte allgemeine Bedeutung des Mondes vgl. etwa Frazer **83**, IV, S. 361 ff.
183. Spencer u. Gillen **9**, S. 393 ff.
184. Ehrenreich **44**, S. 30 f.
185. Schmidt **97**, S. 120 f.
186. S. 11.
187. Graebner **100**, S. 451. Andere Gebiete S. 464, 480, allgemein S. 515, vgl. auch **95**, S. 733 f.
188. Außer in Teilen Australiens etwa auf Santa-Cruz. (Vgl. Ethnologica I, S. 100.)
189. Sowohl die nördlichsten Viehzüchter (Lappen, Samojeden) wie die südlichsten (Hottentotten, Herero) sind ohne Bodenbau.
190. Vgl. Graebner **95**, S. 745, **100**, S. 457.

ANMERKUNGEN

191. Graebner **100**, S. 514 ff.
192. Graebner **95**, S. 778 ff. Auch die älteren Hirtenvölker, Hottentotten, Herero, selbst Jakuten und Tungusen haben ihn nicht.
193. Graebner **100**, S. 523. Vgl. auch Graebner **96**, S. 119.
194. Graebner **96**, S. 1112, 1115, Anm. 7.
195. Graebner **100**, S. 736.
196. Graebner **96**, S. 1111.
197. Vgl. Graebner, Rückenamulette i. d. Südsee, Ethnologica I, S. 235 ff. Graebner **96**, S. 1112, 1114.
198. F. R. Lehmann **19**, J. Röhr, Das Wesen des Mana, Anthropos XIV/XV, S. 97 ff.
199. Vgl. Frazer **83**, Part. II „Taboo and the Peril of the Soul", besonders S. 131 ff., natürlich zunächst nur das polynesische Material. Die Bedeutung des Wortes ist vielfach weit über seinen ursprünglichen polynesischen Sinn hinaus erweitert worden. Wenn heute sogar eine Margarinemarke „Tabu" heißt, so liegt dabei kaum die Absicht vor, die Käufer zurückzuschrecken.
200. Vgl. A. Hellwig, Das Asylrecht. Siehe auch Anm. 268/269.
201. Graebner, Zeitschr. f. Sozialwiss. XI, S. 21 ff.
202. Frazer **82** II.
203. A. a. O., S. 297 ff.
204. A. a. O., S. 84 ff.
205. A. a. O., S. 27 (ein Teil der Seelen wird auf dem Wege ins Jenseits Beute eines Dämons), 29 (zweiter, endgültiger Tod der gewöhnlichen Menschen).
206. A. a. O., S. 242.
207. A. a. O., S. 244, 206.
208. Graebner **96**, S. 1112 f.
209. A. a. O., S. 1100.
210. In Neuseeland und Fidji a. a. O., S. 1109. Ganz ähnlich auf Araga, Neu-Hebriden; Codrington **13**, S. 286 f.
211. Oben S. 40.
212. Kaitish: Spencer u. Gillen **9**, S. 513.
213. Nämlich bei Anwendung der Plattformbestattung.
214. R. Howitt 2, S. 428 f.
215. Oben S. 40.
216. Oben S. 40.
217. Spencer u. Gillen **9**, S. 546.
218. J. Wellhausen, Reste arabischen Heidentums. 2. Aufl., Berlin, 1897, S. 185. (Nach v. Negelein, unten Anm. 220.)
219. P. Torge, Seelenglaube und Unsterblichkeitshoffnung im Alten Testament, S. 216: „Für den gewöhnlichen Sterblichen ... war und blieb das irdische Leben alles, darüber hinaus kannte und erwartete man nichts." J. Scheftelwitz, Der Seelen- und Unsterblichkeitsglaube im Alten Testament (Arch. f. Religionswiss. XIX, S. 210 ff.) bringt Stoff von sehr ungleicher Beweiskraft für das Bestehen animistischer Vorstellungen. Das ist natürlich unzweifelhaft, merkwürdig nur ihre geringe Stärke.
220. J. v. Negelein, Die Reise der Seele ins Jenseits, Zeitschr. d. Vereins f. Volkskunde XI, S. 22.
221. Ed. Kammer, Die Einheit der Odyssee, S. 510 ff. E. Rhode, Psyche I, S. 2 ff.

ANMERKUNGEN

222. Fr. Chr. Andreae, Die Totengebräuche der verschiedenen Völker der Vor- und Jetztzeit, Leipzig, 1846, S. 220.
223. V. Negelein, a. a. O., S. 17 ff. Noch im 13. Jahrh. wird von der Universität Paris aus die Fortdauer der Einzelseele bestritten (Dilthey, Einleitung in die Geisteswissenschaften I, S. 304).
224. A. Kaegi, Der Rigveda, 2. Aufl., S. 95 ff.; vgl. unten Anm. 420.
225. Vgl. Graebner **100**, S. 451, 480, 484.
226. Curr, Australian Race I, S. 396.
227. Meinhof **40**, S. 62. Küsters, Anthropos XIV/XV, S. 690 ff.
228. Frazer **82** II, S. 232, 312, 418, 420.
229. A. a. O., S. 210, 309 ff., 20.
230. Daneben kommt der Schutz vor wilden Tieren in Betracht.
231. Das Aussetzen und Verzehrenlassen durch Tiere ist auch in Tibet und Siam üblich.
232. Spencer u. Gillen **9**, S. 531, 540.
233. C. Clemen, Das Leben nach dem Tode, S. 15.
234. Nach v. Negelein, a. a. O., S. 17 ff., liegt einem Teile der Totengebräuche die Vorstellung zugrunde, daß die Seele nach längerer oder kürzerer Zeit (30—40 Tagen, ½ oder 1 Jahr) endgültig vom Leben Abschied nimmt. Dieser Abschied gilt heute natürlich nicht als endgültiger Tod, sondern als Eingang in ein anderes Leben. Es ist aber sehr zweifelhaft, ob nicht ursprünglich doch die erste Anschauung (ähnlich wie bei den Armeniern; vgl. oben Anm. 220) vorliegt.
235. Vgl. z. B. R. Hamlyn-Harris, Papuan Mummification, u. ders., Mummification [in Queensland], Memoirs of the Queensland Museum I, S. 1 ff., 7 ff. Anfänge wirklicher Mumifizierung mehrfach in Polynesien, vgl. Frazer **82** II, S. 210 (Samoa), 232 (Hervey-Inseln), 309 (Tahiti), 356 (Marquesas-Inseln), 418 (Hawai).
236. Graebner **96**, S. 1111. O. Schrader, Reallex. d. Indogerm. Altertumsk., 2. Aufl. I, S. 43 f.
237. Auch hierfür stammt die umfangreichste Stoffsammlung von J. G. Frazer **75**. Die für die Urform wichtigsten australischen Verhältnisse im 1. Bd., S. 175 ff.
238. Vgl. Graebner, Wanderung und Entwicklung sozialer Systeme in Australien, Globus XC., S. 181 ff., 207 ff., 220 ff., 237 ff.
239. Graebner **76**, S. 154.
240. A. a. O., S. 172 ff.
241. Spencer u. Gillen **9**, S. 283 ff.
242. Graebner **76**, S. 158.
243. Frazer **75** zerstreut, vgl. Graebner **80**, S. 253 f. Für Amerika jetzt R. F. Benedict, The Conception of the Guardian Spirit in North America (Mem. Amer. Anthr. Ass. 29).
244. Spencer **10**, S. 270 ff. Etwas anders Spencer u. Gillen **8**, S. 512 ff. Über die Alter-ego-Natur der Tjurunga vgl. z. B. a. a. O., S. 138, über den Südosten Foy, Arch. f. Religionswiss. XV, S. 504.
245. Frazer **75** II, S. 583.
246. Tylor **91** II, S. 152 f. J. A. Macculloch, The Childhood of Fiction (London 1905), S. 120 ff.
247. Vgl. z. B. Frobenius, **33** II, S. 109, 113.
248. Vgl. Schmidt **90**, S. 288 ff.
249. Graebner, Ethnologica I, S. 142, 160. Anm. 252.
250. A. a. O., S. 160. Z. f. Sozialwiss. XI, S. 25.

ANMERKUNGEN

251. Graebner **96**, S. 1112.
252. Andrerseits sind sie ursprünglich rechtmäßige Weiber für alle Männer der Gruppe, ist ihre Stellung zu diesen Männern infolgedessen Gegenstand der Eifersucht für ihre Gatten. Vgl. Zeitschr. f. Sozialwiss. XI, S. 6 f. Vgl. Anm. 249.
253. Vgl. A. Knabenhans, Die politische Organisation bei den australischen Eingeborenen, S. 188 f.
254. Post, Afrikan. Jurisprudenz, S. 199 ff.
255. Graebner, Zeitschr. f. Sozialwiss. XI, S. 21 ff.
256. Byhan **59**, S. 102.
257. Frazer **75** II, S. 341 f., 354 ff.
258. A. a. O., S. 151 ff.
259. Oben S. 50 f.
260. Lehmann **19**. J. Röhr, Das Wesen d. Mana, Anthropos XIV/XV, S. 97 ff.
261. Vgl. Codrington **13**, S. 191 ff.
262. Lehmann **19**, S. 47.
263. A. a. O. Wenn ein Stein für eine Sache keine Kraft hat, dann vielleicht für eine andere.
264. A. a. O., S. 8 ff.
265. Frazer **83** II, S. 101 ff.
266. Williams and Calvert, Fiji and the Fijians, I, S. 77.
267. Frazer, a. a. O., S. 131 ff.
268. A. Hellwig, Das Asylrecht der Naturvölker, S. 9 ff.
269. Über die Gefahr, auch nur indirekt mit einem neuseeländischen Fürsten in Berührung zu kommen, vgl. etwa Frazer **83** II, S. 134 ff.
270. Waitz **24**, S. 190 ff.
271. Vgl. Waitz **24**, S. 229 ff. Zur Auffassung etwa Schirren, Die Wandersagen der Neuseeländer und der Maui-Mythus. Frobenius **84**, S. 4 ff. Ders. **85**, S. 59 ff., 223 ff., 334 ff. Ehrenreich **81**, S. 155 ff.
272. Graebner, Globus XCVI, S. 363 f.
273. A. a. O., S. 364.
274. Vgl. etwa Frobenius **85**, S. 60 ff, 81 ff.
275. Eine Beziehung auf den Mond, wie sie Siecke u. a. konstruieren möchten, ist gezwungen, weil der helle Mond ja eben im Augenblicke des Hervorkommens seinen Glanz, d. h. seine Haare, wieder hat.
276. Der Mond verschwindet am Morgenhimmel und taucht am Abendhimmel wieder auf.
277. Vgl. Graebner **96**, S. 1099 ff.
278. A. a. O., S. 1100 ff.
279. Vgl. unten Kap. 5.
280. Stadling **63**, S. 21 f. Der Name ist auch den südlichen Stämmen nicht fremd, bezeichnet hier aber allgemeiner die mächtigen Geister. Vgl. H. Vambéry, Die primitive Kultur des Turko-Tartarischen Volkes, S. 150 f., wonach das Wort ursprünglich den strahlenden Himmel bezeichnet.
281. Stadling a. a. O.
282. Frobenius **85**, S. 128 ff., 200 ff.
283. Graebner **96**, S. 1108 ff.
284. Meinhoff **40**, S. 116. Vgl. auch Graebner **96**, S. 1110, Anm. 2.
285. Oben S. 51.

ANMERKUNGEN

286. Über das Verhältnis des ursemitischen Gottesgedankens zu den irdischen Verhältnissen. Vgl. S. J. Curtiß, Ursemitische Religion, S. 294.
287. Oben S. 52.
288. Vgl. z. B. J. Hehn, Die Biblische und die Babylonische Gottesidee, S. 140 ff. A. Byhan bei Buschan, Ill., Völkerk., 2. Aufl. II, S. 377.
289. Vgl. auch Stucken, Astralmythen, S. 5 u. a. Frobenius 85, S. 198.
290. Herr Prof. Meinhold, Bonn, mündlich.
291. A. Jeremias **70**, S. 40 ff.
292. Waitz **24**, S. 235, 299. So auf Tahiti. Zehn Himmel in Neuseeland nach der Rupe-Sage. Desgl. auf Mangaia nächste Anm. (Gill).
293. Vgl. etwa Gill, Myths and Songs from the Southern Pacific, S. 1 ff. Mahling, Die Ansichten der Ozeanier und Indianer über die Erde, S. 39 f.
294. Frazer **82** II, verstreut.
295. Über Indien vgl. W. Kirfel, die Kosmographie der alten Inder S. 42.
296. Vgl. etwa Spencer u. Gillen **9**, S. 393 ff. (Die Altjeringa-Zeit), Keysser **17**, S. 156, Bleek u. Lloyd **31**, S. 174 ff.
297. Vgl. S. Percy Smith, Hawaiki, 3. ed.
298. Waitz **24**, S. 247, 249.
299. Graebner **96**, S. 1099, Grey **16**, S. 1 ff.
300. Howitt **2**, S. 427.
301. Oben S. 65.
302. Graebner **96**, S. 1109.
303. Waitz **24**, S. 237. Ellis, **15** I, S. 383, 386.
304. A. a. O., S. 243. Eine ähnliche, ängstliche Fassung doch auch auf Atiu (Gill, From Darkness to Light in Polynesia, S. 261).
305. Graebner **100**, S. 563, 565 f., Taf. 26 ff.
306. Graebner **100**, S. 459.
307. Graebner, Zeitschr. f. Sozialwiss. XI, S. 24.
308. Vgl. W. Foy im Archiv f. Religionswiss. VIII, S. 532 ff.
309. Spencer u. Gillen **8**, S. 119 f.: Die sich unmittelbar oder mittelbar reinkarnierenden Totemahnen werden bei den Aranda vielfach als Tiere oder Halbtiere vorgestellt. Irgendwo — ich finde die Stelle augenblicklich nicht — wird auch folgender Vorgang angegeben: Eine Frau sieht ein Känguruh, das aber gleich wieder verschwindet. Das Kind, das sie trägt, ist dann „Känguruh". Das Känguruh ist in jenem Augenblicke in sie eingegangen.
310. Zu den Kulturgegensätzen innerhalb der Hochkulturen vgl. unten Kap. VI.
311. Wundt **106** II, S. 436 ff.
312. Vgl. etwa Stephan-Graebner, Neu-Mecklenburg, S. 138 ff.
313. Wundt a. a. O., S. 12, 14, 36 f., 187 u. a.
314. Vgl. die Texte bei Bleek u. Lloyd **31**.
315. A. a. O., S. 21 ff., 123 ff.
316. J. v. Rozwadowsky, Wortbildung und Wortbedeutung.
317. Wundt **106**, S. 137 ff.
318. W. Schmidt, Mitt. d. Anthrop. Ges., Wien XXXIII, S. 381 ff.
319. Wundt **106** I, S. 451 f.
320. Zur chinesischen Schriftsprache vgl. etwa G. v. d. Gabelentz **66**, zur Umgangssprache Lessing u. Othmer **72**.

ANMERKUNGEN

321. Vgl. etwa M. Horten, Einführung in die türkische Sprache und Schrift, S. 69.
322. Vgl. etwa A. Socien, Arabische Grammatik; M. Horten, Philos. d. Islam, München, 1923, S. 306 ff.
323. Vgl. Brockelmann **64** I, S. 404 f.
324. Oben S. 76.
325. Horten, Einführung, S. 45 f.
326. A. a. O., S. 29 f.
327. C. Meinhof, Die Sprachen der Hamiten (Abh. Hamb. Kolon.-Inst. IX), S. 219. Fr. Müller, Grundriß der Sprachwissenschaft I, 2, S. 18.
328. Schmidt **98**. Siehe Graebner **96**, S. 1116, Anm. 4.
329. Vgl. die Sprachproben bei Fr. Müller, a. a. O. II, 2, S. 39 ff.
330. Codrington **14**, S. 108 f.
331. A. a. O., S. 220 ff.
332. Causativpräfix sem.; sa, a, austr.: wa, a. Das t-Präfix bezeichnet im sem. das Reflexivum, im austr. die Spontaneität, augenscheinlich also verwandte Sphären. Das m-Präfix bildet im austr. allgemeine Verbalausdrücke, auch wohl Präterita, im sem. Partizipia und andere Verbalnomina. Auch ein Suffix an, en bildet in beiden Sprachgruppen Adjektiva und Abstrakta.
333. Vgl. Schmidt **6**.
334. A. a. O., S. 298 unter „Geschlecht".
335. Z. B. bei den Monumbo. Graebner, Z. f. Ethnol. XXXVII, S. 37.
336. Vgl. Fr. Müller a. a. O. III, 1, S. 172.
337. Graebner **100**, S. 511.
338. In mancher Hinsicht abweichend die finnisch-ugrischen Sprachen; vgl. Szinnyei, Finnisch-ugrische Sprachwissenschaft.
339. Typisch bei austrischen und semitischen Sprachen.
340. Vgl. Graebner **95**, S. 1023; **100**, S. 520.
341. B. O. Cartwright, An elementary Handbook of the Siamese Language, S. 72 ff., 131.
342. Vgl. etwa De Hollander, Handleiding bij de Beoefening der Maleische Taal-en Letterkunde, S. 222 ff.
343. Graebner **95**, S. 1005 f.
344. A. a. O., S. 739 ff.
345. Graebner **100**, S. 448.
346. Vgl. W. Schmidt, Die sprachlichen Verhältnisse Oceaniens, Mitt. Anthrop. Ges. Wien XXIX, S. 245 ff.
347. Vgl. Anm. 333.
348. Nach persönlichen Mitteilungen von Herrn Missionar Flierl jun.
349. Codrington **14**, S. 235 f.
350. A. a. O., S. 242. In der mikronesischen Gruppe sind auch typische Klassensysteme nicht selten.
351. A. a. O., S. 128 ff. u. zerstreut.
352. A. a. O., S. 252 ff., 522 ff.
353. A. a. O., S. 425 ff., 532 ff.
354. Oben S. 76.
355. Codrington **14**, S. 286 ff.
356. Auch phonetische Erscheinungen gehören dahin. So außer der starken Wortzusammenziehung, also Neigung zur Einsilbigkeit, der Gebrauch von velolabialen Konsonanten wie q.

ANMERKUNGEN

357. Besonders Fr. Müller; neuerdings Dempwolff.
358. Howitt **2**, S. 124, 113.
359. Curr, Australian Race II, S. 449.
360. Oben S. 84.
361. Vgl. Finck **93**, S. 115 ff.
362. Vgl. Graebner **100**, S. 464 ff., 475.
363. Vgl. Fink **93**, S. 107 ff. Ders. **92**, S. 46 ff. Meinhof **41**, S. 5 ff.
364. M. Schmidl, Zahl und Zählen in Afrika, Mitt. Anthrop. Ges., Wien XLV, S. 168 ff.
365. Vgl. etwa H. Nekes, Die Bedeutung des musikalischen Tones in den Bantusprachen, Anthropos VI, S. 546 ff. — „Hilfsverba" vgl. Meinhof **41**, S. 70 ff.
366. Meinhof **41**, S. 29 f., 32.
367. Vgl. Westermann, Die Sudansprachen (Abh. d. Hamb. Kolonialinstituts III), S. 47 ff. Vgl. auch die weitgehende Einsilbigkeit (S. 14) und die Zerlegung der Verbalausdrücke (S. 47).
368. **45**, S. 209 ff. Über die südamerikanischen Sprachen dürfen wir eine Behandlung mit weiten Gesichtspunkten von W. Schmidt bald erwarten.
369. A. a. O. S. 227 ff.
370. A. a. O. S. 219 ff.
371. A. a. O. S. 266 f.
372. Lévy-Brühl **102**, Das Denken der Naturvölker, S. 127 ff.
373. R. Thurneysen, Handbuch des Alt-Irischen (Indogerm. Bib. VI), S. 308.
374. Gleich Vers 1, 5 der Völuspa: viltu; ferner Vers 7, 1: hittusk; 8, 1: tefldu.
375. Graebner **100**, S. 515. **96**, S. 1099 ff.
376. Graebner **100**, S. 497 ff. Byhan **59**.
377. Graebner **100**, S. 479.
378. Vgl. oben S. 65.
379. A. a. O., S. 483 ff.
380. A. a. O., S. 500 ff. Über Schamanismus vgl. Stadling **63**.
381. Vgl. auch etwa die Badstuben unserer älteren Kultur mit den arktischen Schwitzhäusern.
382. Vgl. Graebner **100**, S. 563.
383. Zum Beispiel Jennes **61**, S. 196; F. Nansen, Eskimoleben, S. 241.
384. Vgl. Ling Roth **1**, S. 59. H. König, Die Behandlung der Rechtsbrüche bei den Eskimo (erscheint im Anthropos), Kap. III, 3. B, d.
385. Graebner **100**, S. 524 f., 539 f.
386. A. a. O., S. 561 ff.
387. A. a. O., S. 497 ff.
388. Vgl. z. B. Jennes **61**, S. 182 ff.
389. Graebner **100**, S. 542 f.
390. Graebner **76**, S. 174 f. Über die geographische Bedingtheit allgemein vgl. F. Riedel, Die Polarvölker, eine durch naturbedingte Züge charakterisierte Völkergruppe (Halle 1902).
391. Rasmussen **62**, S. 36. Auf Seite 31 geht die Reise allerdings erst zum Horizonte und dann den Himmel aufwärts, eine auch sonst übliche, zu der Glockengestalt des Himmels stimmende Vorstellung. Aber typisch ist eben schon die Unsicherheit des Bildes.

ANMERKUNGEN

392. Stadling **63**, S. 19.
393. Hawke **60**, S. 124 ff.
394. Stadling **63** S. 20 ff.
395. Stadling **63**, S. 11 u. a. O.
396. A. a. O., S. 27 ff. Preuß, Die Begräbnisarten der Amerikaner und Nordostasiaten.
397. Vgl. König a. a. O., Kap. III, 3. A e.
398. Jennes **61**, S. 177. Rasmussen **62**, S. 22 ff.
399. Zum Beispiel Jennes **61**, S. 178.
400. A. a. O., S. 174 ff.
401. A. a. O., S. 178.
402. Stadling **63**, S. 11 ff.
403. Hawke **60**, S. 127.
404. Stadling **63**, S. 19.
405. A. a. O., S. 44 ff., 52 f., 59 ff.
406. Über das Folgende vgl. z. B. Stadling **63** und Jennes **61**, S. 191 ff.
407. Jennes **61**, S. 191 f. Vgl. auch Stadling **63**, S. 63.
408. Vgl. Hawke **60**, S. 135.
409. A. a. O., S. 136.
410. Zum Beispiel Fr. Boas **58**, S. 471 ff.
411. Vgl. Th. W. Danzel, Die Anfänge der Schrift, S. 130 ff.
412. Finck **92**, S. 31 ff. Ders. **93**, S. 82. Krickeberg **50**, S. 59 f.
413. Finck **92**, S. 35 f.
414. A. a. O., S. 40.
415. A. a. O., S. 31 f.
416. Graebner **100**, S. 515.
417. Oben S. 58 ff.
418. Oben S. 45.
419. Graebner **100**, S. 476 ff., 483 ff.
420. Oben S. 45 f.
421. Vgl. oben S. 25 f.
422. Vgl. Krickeberg **50**, S. 109.
423. Vgl. über die psychologischen Vorgänge Graebner **100**, S. 577 ff.
424. Graebner **76**, S. 165, 183. Genauer gesagt fährt etwa der Motuhandel am Mekeogebiet mit seinem Markthandel vorbei, ohne es zu berühren.
425. Vgl. Frobenius **85**, S. 378. Graebner, Globus XCVI, S. 372; **96**, S. 1106.
426. Graebner **100**, S. 517 ff.
427. A. a. O., S. 517 ff.; Graebner **94**, S. 6 f., 35 f.
428. Graebner **100**, S. 528.
429. A. a. O., S. 544.
430. A. a. O.
431. Für die Kulturzugehörigkeit wichtig ist z. B. die geographische Verbreitung in Afrika. Vgl. C. Wiedemann, Die Gottesurteile bei den Bantuvölkern, Sudannegern und Hamiten. (Diss.)
432. Vgl. etwa J. Garstang **36**; W. Reiß und A. Stübel, Das Totenfeld von Ancon in Peru; A. Bäßler, Altperuanische Kunst.
433. B. Laufer, Chinese Pottery of the Han Dynasty.
434. A. Erman **32**, S. 87 ff.
435. Oben S. 52 (Anm. 224).

ANMERKUNGEN

436. Vgl. etwa H. Oldenberg **73**, bes. S. 45 ff., 253 ff. Über die Bedeutung des Nirvana vgl. J. Dahlmann, Nirvana, S. 8 ff. Die antianimistische Richtung des Buddhismus liefert ein gewichtiges Bedenken gegen W. Koppers' im übrigen dankbaren Versuch (Kulturkreislehre und Buddhismus, Anthropos XVI/XVII, S. 442 ff.), im Buddhismus den Höhepunkt mutterrechtlicher Reaktion gegen das Ariertum nachzuweisen. Kulturgeschichtlich allgemein scheint er mir das Ariertum zu unmittelbar auf die mutterrechtlichen Kulturen stoßen zu lassen. Auch ist zu bemerken, daß die stark matriarchale Ausbildung des Mutterrechts doch kaum der gleichen Ausbildungsform der Kultur angehört wie die Geheimbünde.

437. Entsprechend den polynesischen Vorstellungen (vgl. oben S. 50). Es ist kaum wahrscheinlich, daß die Idee von Götterhimmeln bei den verschiedenen indogermanischen Völkern restlos aus Babylon stammt.

438. Über den unbestimmten Charakter der älteren indischen Höllenvorstellungen vgl. Kirfel **71**, S. 49 f.

439. Vgl. z. B. Wilhelm **74**, S. 189.

440. Grube **69**, S. 37. Die umfangreichste Veröffentlichung über chinesischen Animismus ist J. J. M. de Groot **68**.

441. Vgl. Erman **32**, S. 4 ff.; Krickeberg **50**, S. 197 ff.

442. Vgl. Wilhelm **74**, S. 29 ff.; Grube **69**, S. 101 ff.; vgl. S. 31 ff.; Doré **66**.

443. Krickeberg **50**, S. 185 ff., 384 ff. In Mexiko ist z. B. ein ganz neuer Kaufmannsadel geschaffen worden. Ganz von dem Bestehen des Geburtsadels absehen konnte E. Brühl, Die Kulturvölker Altamerikas, S. 330 ff.

444. Für Ägypten vgl. A. Wiedemann, Das alte Ägypten (Kulturgesch. Bibl. II), S. 62 ff., für Mesopotamien B. Meißner, Babylonien und Assyrien (Kulturgesch. Bibl. III), S. 115 ff.

445. A. H. Post, Afrikanische Jurisprudenz, S. 220 ff.

446. Erman **32**, S. 9 ff., 65 ff.

447. Jeremias **70**, S. 226 ff.; ders., Monotheistische Strömungen innerhalb der babylonischen Religion.

448. L. v. Schröder, Arische Religion I, S. 299 ff.; II, S. 624.

449. W. Grube **69**, S. 27 ff.

450. Krickeberg **50**, S. 402 f.

451. Vgl. J. Spieth **43**, S. 414 ff.

452. Vgl. z. B. die Märchen bei A. Mansfeld, Urwalddokumente, S. 228 ff. (Westkamerun).

453. Waitz **24**, S. 237.

454. Krickeberg **50**, S. 197 ff.; Preuß **87**, S. 50, weist darauf hin, daß solche Gestalten bei den Naturvölkern selten sind, allerdings z. B. bei den Nordwestamerikanern vorkommen.

455. Vgl. Graebner **94**, S. 10 ff.

456. Vgl. etwa Wilhelm **74**, S. 190 f.

457. Spieth **43**, S. 444 ff.

458. Preuß **87**, S. 49 f.

459. A. a. O., S. 50 (Useners „Sondergötter").

460. Darüber, daß tatsächlich nahe verwandte Vorstellungen bei den Etruskern bekannt waren, vgl. schon O. Müller, Die Etrusker, II, S. 90 ff. (Besonders über die Laren.)

ANMERKUNGEN

461. Zum folgenden vgl. Frazer **83** III, S. 14 ff., 148 ff.; Frobenius **34** I, S. 183 ff., II, S. 316 ff., III, S. 147 f.
462. Doch geht es hier meist revolutionärer zu. Es sind vor allem die Begründer einer neuen Dynastie, die die Strafe des Himmels vollstrecken. In Zusammenhang mit dem Grundgedanken steht das bekannte Amt der Zensoren.
463. Vgl. etwa Wilhelm **74**, S. 154 (auch S. 143).
464. Brühl a. a. O., S. 361.
465. Erman **32**, S. 17, 21, 60.
466. A. a. O., S. 61 ff.
467. Deussen **65** I, 1, S. 104.
468. E. Seeler **57** III, S. 450 ff.
469. Preuß **87**, S. 61.
470. Vgl. Deussen **65** I, 1, S. 103 f.
471. Frazer **83** V, 1, S. 171 f.
472. Krickeberg **50**, S. 191.
473. A. a. O.
474. A. a. O., S. 192; Graebner **94**, S. 9.
475. Für Mexiko vgl. etwa Krickeberg **50**, S. 190 f.
476. Deussen **65** I, 1, S. 331.
477. Oben S. 50, 59.
478. Erman **32**, S. 90 ff.
479. A. a. O., S. 96 ff.
480. Spieth **43**, S. 419 f.
481. A. a. O., S. 419.
482. A. a. O., S. 417 f.
483. A. a. O., S. 414 ff.
484. A. B. Ellis, The Tshi speaking peoples of the Gold Coast, S. 24 ff.
485. Spieth **43**, S. 550.
486. Kirfel **71**, S. 2 ff., 180 ff. Im Buddhismus werden 7 bis 128 Himmel gezählt. Die angenommenen Maße sind stets rein spekulativ und von indischer Ungeheuerlichkeit.
487. Vgl. etwa Wilhelm **74**, S. 30. (Allerdings vielleicht buddhistischer Einschlag.)
488. Krickeberg, S. 201, Brief 28. Okt. 1923; Seeler **57** IV, S. 21 f.
489. Kirfel **71**, S. 57 f. u. a.
490. Graebner **94**, S. 6 ff.
491. F. Bork, Tierkreisforschungen, Anthropos IX, S. 74 ff.; ders., Tierkreise auf westafrikanischen Kalebassen, Mitt. d. vorderasiat. Ges., 1916, S. 266 ff.
492. Jeremias **70**, S. 49 ff. Für Indiens Frühzeit vgl. Kirfel **71**, S. 10.
493. Bork, Amerika und Westasien, Oriental. Archiv III, S. 8 f.; ders., Weitere Verbindungslinien zwischen der Alten und der Neuen Welt, ibid. III, S. 152 f.
494. Vgl. etwa J. Doolittle, Social life of the Chinese, S. 580; Graebner **94**, S. 26.
495. Grube **69**, S. 179.
496. Jeremias **70**, S. 80 ff.
497. Oben S. 67 f.
498. Zum folgenden vgl. besonders F. K. Ginzel, Handbuch der mathematischen und technischen Chronologie I.

499. Oben S. 117.
500. Grube 68, S. 77 f.
501. Frazer 83 III—V.
502. Graebner 100, S. 560.
503. Krickeberg 50, S. 206 f.
504. Graebner 94, S. 8 ff. Zum 60-Jahreszyklus in Indien und Griechenland (Böotien) vgl. Frazer 83 VII, 2, S. 77, Anm.; Ginzel I, S. 369.
505. Krickeberg 50, S. 203.
506. J. A. Dubois, Hindu-Manners, Customs and Ceremonies, S. 420 f.
507. Jeremias 70, S. 193 ff.
508. Vgl. oben S. 22.
509. Vierkandt 104, S. 287 ff.
510. In Zeitschrift für Sozialwissenschaft, 1908.
511. Oben Kap. II.
512. Oben Kap. III.
513. Vgl. etwa Krämer 18 I, S. 27 f., 106 u. a. O.
514. Zum Beispiel Oldenberg 73, S. 71 f.
515. Vgl. etwa Wilhelm 74, S. 66 ff.; Grube 69, S. 89 f.
516. Frobenius 33 VI, S. 5 ff., 93 ff. — Die Ausbildung des Beamtentums führt in gleiche Richtung.
517. Spieth 43, S. 568 f.
518. A. a. O., S. 573 ff. u. a.
519. Graebner 94, S. 27 ff.
520. Spieth 43, S. 108.
521. Jeremias 70, S. 329 ff.
522. Spieth 43, S. 469 ff.
523. Preuß 54 I, S. CIV.
524. Spieth 43, S. 486.
525. Preuß 54, S. CV.
526. Vgl. Krickeberg 50, S. 191.
527. Anm. 514/515.
528. Vgl. z. B. Grube 69, S. 86 f.; Deussen 65 I, 2, S. 57 ff.
529. Preuß 54, S. XCVII (vgl. auch S. XCV f.).
530. Oben S. 26.
531. Jeremias 70, S. 70. In einer Form wird Feuer über den Himmel geworfen und damit noch die alte Verbindung von Sinbrand und Sinflut angedeutet.
532. Oben S. 28, 31 f.
533. Für Ägypten Museumsmaterial, für Babylonien vgl. Brough Smyth 7 I, S. 324.
534. F. Krüger, Über Entwicklungspsychologie (Arbeiten zur Entwicklungspsychologie I), 1915.
535. Graebner 100, S. 516.
536. Deussen 65 I, 2, S. 282 ff.
537. Vgl. W. Dilthey, Einleitung in die Geisteswissenschaften I, S. 174 ff.; B. Bauch, Das Substanzproblem in der griechischen Philosophie bis zur Blütezeit (Heidelberg, 1910).

SACHREGISTER

Abendstern 61
Ablautsystem 93
Abstammung der Totems 55
Abstrakta 68, 72
Ackerbaugott 112
Ackerbauriten 121
Adel 51, 58 ff., 61, 65, 110
Adjektiva 73, 76, 79
Ägypten 65, 107, 109, 110 f., 116, 128, 129
Ältere Bodenbauvölker 33 ff.
Ältestes Menschentum 14
Affinität 105
Afrika 34, 44, 49, 50, 57, 83, 111, 113
Afrikanische Hirtenvölker 57 f., 83
Agglutinierende Sprachen 76, 81, 84, 86
Agni 64
Ahnen als Kulturbringer 47
Ahnenkult 69
Akkulturation 105
Aktive Sittlichkeit 135
Aktive Völker 49
Akzent 80 f.
Alaska-Eskimo 100
Alchemie 120 f.
Aldebaran 22
Algonkin 95
Allâh 111
Allbeseelung 40 f., 42, 44, 98 f.
Allvater 25
Allvater als Wahrer der Stammessitte 26
Allverschlinger 47
Altaustralische Kultur 15, 23, 34, 41, 48 f., 96, 129
Alte Mutter Nacht 64
Alter, Abneigung gegen 54
Alter ego 56 f., 101
Alter, Kampf mit dem 64
Altersklassen 57

Alte Welt 91, 108, 110
Altnordische Sprache 93
Amazonenstrom 34
Amerika 12, 36, 90, 91, 95, 102, 106
Ammon 116
Ammon-Rê 111
Amphiktyonieen 26, 34
Amulette 20, 30, 36, 42, 46, 53, 101
Analogiezauber 18, 39, 41, 56
Analyse der komplexen Kulturen 12
Angola 114
Angstgestalten 45
Animismus 10, 33 f., 50, 51, 54, 55, 59 ff., 70 f., 92, 95 ff., 98, 105, 106, 109, 116, 118, 124, 133 ff., 135
Animistische Weltanschauung 9, 33 ff.
Antiindividuelle Moral der Inder 129
Antillen 45
Apollon 64
Araber 52
Arabische Sprache 66, 75, 78 ff.
Aranda 40, 52
Araukaner 95
Arier 109 f.
Ariki 59 f.
Arische Mythologie 110
Aristokratie 92, 110
Arktische Kulturen 45, 65, 95 ff., 105
Armenier 52
Asklepios 112
Assimilation 81
Assoziatives Denken 16 ff., 25, 27 ff., 36, 59, 68, 70, 123 132
Astralmythologie 22 ff., 47, 61
Asylrecht 50, 60
Athapasken 95

SACHREGISTER

Äthiopien 114
Atlantische Bodenbauer 34
Aufmodellierung des Gesichtes 36
Außerintellektuelle Bestandteile primitiver Vorstellungen 132
Außerintellektuelle Faktoren, Bedeutung für die Weltanschauung 24 ff., 28
Auslegerboot 108
Aussetzen der Leiche 52 f., 99
Australien 15 ff., 28 f., 30 f., 32, 35, 37 ff., 41, 47, 50, 56, 58, 62, 67 f., 86, 89, 97, 106, 124
Australische Sprachen 83, 88
Austrische Sprachen 83, 85
Austroasiatische Sprachen 83
Austronesische Sprachen 86
Automatische Kraftwirkung 16 ff., 59
Azteken 102; s. auch Mexiko

Babylon 66, 67, 120, 122 f., 127, 129
Bad, rituelles 127
Baiame 26
Ballspiel mit Sonne und Mond 31
Bambara 112
Bankinseln 38, 87
Bantusprachen 44, 89, 90
Baukunst 107, 113
Baum- und Steinkult 69
Beamte 114 f.
Beamtenschaft 111
Beamtenwesen 112
Befleckung 127
Begrifflich-logische Ausdrucksweise 83, 135 f.
Bekleidung 17, 18
Beleidigung 124
Beschäftigungsgötter 112
Beschneidung 49
Beschreibender Sprachtyp 75 ff., 83, 86, 91
Besitzrecht der Frau 33
Bestattung 35, 52, 98
Bestimmungsgenitiv 75
Bestrafung und Belohnung der Geister 41, 110
Besuchshandel 56
Betrügergeschichten 125
Bewässerung, künstliche 108
Bewegungsvorgänge 77, 86, 88 f.

Beziehungsvorstellungen, magisch gefaßt 54 ff.
Bild 71
Bilderschrift 102
Bildkult 37
Bildkunst, persönliche 69
Bild und Urbild 18, 37
Bienenkorbhütten 29
Birma 112
Blutrache 34, 49, 108
Bodenbau 44, 48, 84, 105, 108, 121
Bodenbauende Kulturen 46 f., 48, 85, 97 f., 102, 106, 108 f.
Bodenbauvölker, östliche, der Vereinigten Staaten 45
Böse Geister 43, 45
Böser Gott 24
Bogen 28, 40
Bola 95
Boot 108
Bootbau 112
Botenstäbe 29
Brahman 117
Brahmanen 116 f.
Brahmanismus 119
Brewin 25
Bronze 107
Bruch im Denken der Kulturvölker 123
Buandik 88
Buddhismus 71, 110, 119
Buka 38
Bumerang 129
Bundjil 26
Buschmänner 15, 28 ff., 37, 67, 73, 76, 83, 97, 129
Buschmannsprachen 75 f.
Buschmannrevolver 30
Bußprinzip 34, 49, 108, 127

China 75 ff., 85, 91, 107, 109 ff., 114, 116, 119 ff., 122, 124, 128 f., 135
Chinesische Sprache 82, 84
Christentum 71, 79, 111, 118, 136
Cienga 25
Çiva 111
Cora 125, 127
Cuscus 42

Dauerzustand (sprachlicher Ausdruck) 73

SACHREGISTER

Defensiver Animismus 45, 95, 102
Deminutiva 80
Demokratie 34, 92
Demonstrativa 73, 77
Denkformen 131
Despotie 111, 115
Deutsche 52
Dieri 19, 39
Doppelgänger, seelische 57
Dorfsiedelung 34, 54
Drachenmythen 121
Dravidassprachen 84
Drechslerei 107
Drehscheibe 107
Dreikonsonantismus 78
Drei Tage, Zeit der Unsichtbarkeit des Mondes 31, 62
Dreizehnteilung des Himmels 120
Dreizehnzahl in der Zeitrechnung 122
Drillvorrichtungen 107
Dunkelmond 47
Dyaus 111
Dynamisch-magischer Charakter der polynesischen Kultur 70

Ehe 16
Ehrbegriff 124, 134
Eigentumsbegriffe der Arktiker, unentwickelt 97
Eigentumsvernichtung 39
Einheitlichkeit der Kulturentwickelung 10, 133
Einkörperung 44
Einölen der Leiche 54
Einseitigkeit der Sprachbildung 75 ff., 92
Einsilbigkeit 78
Einverleibende Sprachen 102 f.
Einzelbeziehungen, im Denken der Primitiven herrschend 23 f., 27
Einzelehe 11, 16
Eisenbearbeitung 49
Elemente 120
Elandbulltanz 30
Elliot, Mt. 23, 89
Elohim 66
Emporhebung des Himmels 23 (s. auch: Trennung von Himmel und Erde)
Ende der Weltgeschehnisse 68
Endokannibalismus 20

Endton 81
Enge der Entwickelungstendenz 34, 46, 92, 98
Enthaltsamkeit 127
Entwickelung, gleichartige 10 f., 133 f.
Entwickelungslinien 12
Entwickelungspsychologie 133
Epagomenen 121
Erdangelsage 63
Erde 121
Erdgötter 111
Erdhäuser 96
Erfahrung 21 f., 25, 27
Erinnerungsbild 44
Ernennungsadel 110
Erweiterung der Raumvorstellung 68
Erweiterung des Weltbildes 119, 123
Erweiterung der Zeitvorstellung 68
Erziehung 27, 136 f.
Eskimo 45, 96 ff., 101 f., 103 f.
Ethik 71
Ethischer Faktor als religiöses Motiv 27
Etrusker 113, 123 f., 134 ff.
Euahlayi 23
Euhemerismus 112
Europa 95, 117, 121
Ewe 111 f., 118, 125 ff.
Exogamie 55, 133 f.
Expressionismus 71
Extensität der Entwickelungstendenz 54 ff., 70
Eyco 114

Fahrende Ritter und Spielleute 125
Falzen 107
Familienähnlichkeit 70
Fasten 117, 127
Fazogl 113
Federstangen 107
Fellboote 97
Felsmalerei 28
Fernhandel 106 ff.
Fett im Zauber 19 f.
Feuergewinnung 21, 63, 65
Feuergott 63 ff., 98
Feuerland 22, 95
Feuerordal 109
Feuerzauber 117

SACHREGISTER

Feuerzeremonie der Warramunga 26
Figürliche Kunst 28, 34, 69, 129
Fischerei 49
Flächenhafte Malerei 28, 37
Fliegenwedel 50
Florida 39, 87
Flußläuf, mythische Erklärung 21
Fortleben nach dem Tode 35 ff. (s. Leben nach dem Tode)
Fortschreitende Assimilation 81
Frage 82, 85 f.
Frauenbund 57
Frauenhandwerke 34
Frauen seelenlos 51
Frauen, soziale Bedeutung der 58
Frauen, von — gewählte Häuptlinge 33
Friedensbedürfnis 34
Frosch als Wasserdieb 21
Fruchtbarkeitszauber 117
Früharktischer Einfluß 95
Führende Individuen 124
Fünfersystem in der Zählung 86, 92
Fürsten 58 ff., 118 (s. auch Adel, Fürsten und Stände)
Fürst als Seele des Staates 113 ff.
Furchtmoral 134 f.
Fußspur 18 f.

Gabeln für Menschenfleisch 60
Gattungsbegriff 73
Gazelle-Halbinsel 40
Gebete 38, 116 f.
Geburtsadel 110 f.
Gedanke als wirkender Faktor 128
Gefäße 11
Gefühl als religiöses Motiv 25
Gefühlstöne 79, 83
Gefühls- und Willenseinschläge 16
Gefühls- u. willenserregter Sprachtypus 83
Geheimbünde 37
Gehorsamsmoral 134 f.
Gehorsamsmoral der Juden 129
Geist, als verfeinertes Bild des Lebenden 38, 41
Geister, belohnt und bestraft 41, 110
Geister, lebloser Dinge 46

Geisterbild 39
Geisterfiguren 46
Geistergeschichten 42
Geisterkult 33 ff.
Geisterspeise 41 f.
Geistertiere 42, 55
Geistige Kultur der Tasmanier 14
Geistkinder 40
Geldwesen 34
Gemeinschaften, politische 15 (s. auch Staat)
Gemeinschaftsleben, als Quelle des Totenkultes 44
Gemeinsinn 32
Genealogie 68
Genitiv, Vorsetzung 79, 84
Geräte 43, 45, 101
Germanen 53, 69, 71, 96, 136
Gerundiale Konstruktionen 86, 93
Gesamtvorstellungen 17
Geschlecht, grammatisches 80, 83 ff., 89, 92
Geschlechter, Gegensatz der 57
Geschlechtstotemismus 57
Gesetzmäßigkeit der Kulturentwickelung 10, 134
Gesser-Chan 65
Gestirngötter 66
Gewerbegliederung 107, 111 f., 121
Gewittergötter 64 f., 65 f., 98
Gewohnheitsmoral 134
Giftordal 109
Gleichheitsprinzip, flächenhaftes 58
Gleichnis von Mensch und Gott 118
Gliederung der Welt 119
Glockenhimmel 46
Gnanji 52
Götter 24, 60 ff., 65 f., 106, 111
Götterfiguren 28
Götterglaube 110 ff., 134
Götterheim 67
Goldküste 118
Gotisch 79
Gott der Ärzte 112
Gott der Aussaat 112
Gott der Gelehrsamkeit 112
Gott der Kinder 112
Gott des Nachthimmels 116
Gott der Weberei 112
Gott der Zwillinge 112

SACHREGISTER

Gottheiten, der Sonne 112
Gottesurteil 109
Gott-Welt 119
Grabbeigaben 39, 99, 109
Grabhöhlen 53
Grenzmarkthandel 34, 56
Griechen 49, 52, 112, 122, 135 f.
Grönländer 95, 99
Großer Geist 46, 105
Großer Gott 30 f., 111, 134
Großfamilien 11
Großfußhuhn, Eier des 41
Großstaaten 107, 119
Grubenbestattung 35
Grundbesitzer 58
Gruppenehe 11
Gruppentotemismus 54 ff.
Gruppierung der Naturdinge, objektiv-sinnliche 85, 87 ff.
Gute Geister 45
Guter Gott 24

Haare im Zauber 19, 20, 41, 66
Haarschnur 20
Haarverlust 62
Halbkulturvölker 123
Haida 90 f.
Hamitische Sprachen 83
Hamiten 66
Handel 34, 55 f., 98, 106 ff.
Harmonie der Klassenpräfixe 89
Hauch 45
Hauptgott 61, 111
Häuptlingstum 50 f., 58 (s. auch Fürsten)
Haus und Hausrat 33
Hawai 53, 61, 69
Heilige 124, 128, 135
Heimatlosigkeit 125
Heiratsverbot 55
Held 125, 135
Helfende Geister 38 ff.
Heliopolis 111
Hellmond 47
Herero 51 f., 66
Herkunft von Kindern 70
Herrscher erster Diener des Staates 115
Hilfreiche Geister 44
Himmel 22 f., 30, 99, 110, 119
Himmel, auf Pfähle gehoben 96
Himmel, Mehrzahl der 67

Himmelseinsturz 66 f., 69, 96
Himmelsgott 98, 110 f., 129
Himmelsrichtungen 120
Himmelsrichtungen, Scheidung der Geister nach 98
Himmelsstockwerke = Mehrzahl, der Himmel
Himmel und Erde, Götter 68
Hinterindische Sprachen 83
Hirtenkultur 48, 50 f., 84, 93
Hirtenvölker, afrikanische 50, 53 f., 65 f., 69
Hirtenvölker, innerasiatische 58, 65, 84, 95, 97
Hobeln 107
Hochkultur 94, 105 ff.
Hochkultur, amerikanische 45, 107, 110
Hockerfigur 37
Hodenamputation 50
Höhere Wesen der Primitiven, 24 ff., 30 f.
Höhlenmalerei 28. 31
Höllenvorstellung 52, 110
Holztechnik 107 f.
Horus 116
Hottentotten 65, 83

Idealismus, deutscher 136
Identifizierung von Fürst und Staat 113 f.
Individualität 123 ff., 134
Individualtotemismus 56, 101, 105
Indien 52, 66 f., 71, 93, 107, 109, 111 f., 116, 118 ff., 122, 124, 128 f., 135
Indogermanen 12, 49 f., 52, 54, 57 f., 64 f., 69, 84, 96, 113, 135
Indogermanische Sprachen 74, 92 f.
Indonesien 42 ff., 47, 85
Indonesische Sprachen 86
Indra 66, 111
Infektion des Todes 35, 53 (s. auch Tod)
Initiation 17, 27, 30, 32, 49, 56
Inka 111
Inkorporation 38
Innerasiaten 58, 65, 84, 95, 97
Intellektualismus 128

165

SACHREGISTER

Intelligenz 131
Intensität 73
Intensität der Kulturtendenz 49, 54, 70
Intichiuma-Zeremonie 56
Irische Sprache 93
Irrlichter 46
Irokesen 33 f., 45 f.
Islam 65 f., 111

Jagdnetze 41
Jagdzauber 19, 29, 41
Jahrmärkte 98
Jakuten 58, 65, 95 f., 98
Jamzauber 40
Japan 85
Java 112, 122
Jehova 129
Jenseitsgedanken 45, 52 f., 71
Jonasmotiv 62 f., 65
Josua 66
Juden 52, 66
Jünglingsweihe (s. Initiation)
Jupiterjahr 122

Känguruhfett 20
Kaffern 57
Kaggen 30 f.
Kai 86
Kaiser, chines. 110, 114
Kalender 112, 120
Kameradschaft zwischen Totem und Mensch 55
Kampfordal 109
Kannibalismus 60
Karma 109 f.
Kasteiung 117, 127
Kasuar 41
Kåte 41 f., 67, 86
Kaufmannshandel 107
Kausales Denken 17, 20, 21, 24, 27, 29, 132 f.
Kausativa 78
Kelten 96
Kerbschnittornamentik 70
Kinder Gottes 66
Kinderwiege 95
Kindliche Schwäche 17
Kinnbacken als Waffe 66
Kirgisen 58
Klasseneinteilung der Dinge 77, 86 ff.

Klassenpräfixe 89
Klassenworte 77 f., 86 f., 89 f.
Kleidung 41, 95 ff.
Kleinfamilie 16
Klosterküchenphilosophie 88
Kniegeburt 65
Knochen im Zauber 19 f., 36, 53
Knochenamulette 24
Knochengerüst als Seele 46
Knochenschnitzkunst 96
Königtum 58, 61, 65, 110, 113 ff.
Königsfrieden 109
Körperöffnungen, Zauber der 17, 49
Körper und Geist, Trennung 36
Kollektiva 80
Komik 125
Kommunismus 97
Komplexvorstellungen 16, 132
Konfuzius 129
Kongo 114
Kongogebiet 34
Konkrete Ausdrucksweise 72, 76
Kopfjagd 36
Kopfverhüllung der Frauen 57
Kraftbegriff 133
Krankheit 16 f., 30, 43
Kriegsgott 112
Krokodil als Werwolf 43
Kulin 52
Kulturbringer 47
Kulturgeschichtliche Richtung in der Ethnologie 133, 137
Kulturtendenzen 71
Kulturtyp und Sprachtyp 85 ff.
Kulturvölker 16, 105 ff.
Kunst 28, 31 f., 37, 69 f., 71, 96, 136
Kunsthandwerk 113
Kurnai 20, 21, 26 f., 39
Kynodesme 49

Lamaismus 65
Land und Meer, Gegensatz 97 f.
Land- und Seetote 99
Lappen 95 f., 97
Lateinische Sprache 93
Leben, am Körper hängend 53, 109
Lebender Leichnam 35, 39
Leben nach dem Tode 50 f., 54, 67, 98 f., 109

SACHREGISTER

Lebenskraft 43 ff.
Lebensseele 43
Leichenverbrennung 35
Leimen 107
Liebesgöttin 112
Logisches Denken 123, 136
Lokalexogamie 55
Lokaltotemismus 55, 57
Loritja 40, 52

Magische Weltanschauung 14 ff.
Mahlzeit im Zauber 18
Mahlzeiten, getrennte der Geschlechter 57
Malaiopolynesier 43, 48 ff., 54, 58, 83, 86 f.
Malaiopolynesische Sprache 85
Malaiische Sprache 85
Malkunst 28, 31 f., 97, 125
Mana 50, 59 f.
Mangaia 51
Männergesellschaften 37
Mannbarkeitszeremonie (s. Initiation)
Mantik 112, 121
Marduk 111
Markthandel 34, 106 ff.
Masai 51, 57, 65
Masken 37 f., 44, 87, 100
Maskenheimat 44
Maskoki 34, 45
Maui 63 f., 65 f., 106
Mavu 111, 118
Medien 100
Meditation 128
Mehrsilbigkeit 78 ff.
Mehrzahl der Himmel 67, 119
Melanesien 34, 39, 91, 106
Melanesische Sprachen 86, 88, 90
Menschenfresser (Geister) 100
Menschenhaarschnur 18
Menschenopfer 117
Menschenpaar im Kahn 22
Menstruation 47
Meroë 114
Mesopotamien 107, 111, 129
Metallguß 107
Mexiko 110, 112, 114, 116 f., 119 ff., 122 f., 125, 127
Mikrokosmos 136
Mikronesien 69

Mimische Darstellung der Jagdtiere 19
Min 116
Mischkulturen 105 ff
Mischsprachen 88
Monaden 136
Monarchie 58, 107 f., 110 f., 113 ff., 119
Monarchie, demokratische 110
Monat 121
Mond 23, 25, 27, 29, 31, 47, 51, 61 f., 63 f., 67, 98 f., 112, 119
Mond als böses Wesen 29
Mond als Bumerang 27, 31
Mond, der erste Mensch 25
Mond, von der Sonne gezeugt 27
Mondhäuser 67
Mond im Zauber 29
Mondkahn 22
Mondkult 105
Mondmythologie 47, 106
Monotheismus 9, 10, 66, 111, 113, 115 f., 128 ff.
Montezuma 115
Morgenrot 22
Morgenstern 61
Mossi 114
Motumotu 42
Mundang 114
Mumifizierung 54, 109
Mungan-ngaua 22, 26
Musik 112
Musikalischer Ton 78, 80 f., 90
Musikbogen 31
Mutterrecht 11, 33 ff., 48, 57, 70, 85, 87, 108
*Mutterrechtliche Kultur 49 f., 54, 56, 61, 69 ff., 84 ff., 89 ff., 96, 105, 129, 133
Mythen 20, 30, 47, 51, 61, 64, 66, 68, 98, 106, 116, 121
Mythologischer Geisterglaube 40
Mystische Denkart 16

Nachsetzung der Bestimmungsworte 74 ff., 83 f., 90, 93
Nacht 25
Nachtgott 24 f.
Namenzauber 19
Narbentatuierung 17, 24
Narrinyeri 23, 57
Nasenstift 17

SACHREGISTER

Naturverhältnisse (für die Kultur bestimmend) 97
Naturvölker 16, 50, 66, 106, 123
Naturwahre Kunst der Altaustralier und Buschmänner 28, 31 f., 46
Neubritannien 38, 40
Neuguinea 34, 40, 42 f., 57, 67, 84, 86
Neuhannover 57
Neuhebriden 38, 87, 106
Nemi, Priesterkönig von 114
Neolithische Kultur 46
Neuseeland 51, 53, 59, 65, 68 ff.
New Norcia (Westaustralien) 25
Nichtanimistische Anschauungen 50 ff., 66, 110
Nichtmythologische Geister 40
Nierenfett 20
Niger 57
Nigerien 114
Nigritische Kultur Afrikas 15
Nil, blauer 113
Nil, oberer 29
Nischengrab 35
Nomaden 15 (s. auch Sammler u. Jäger sowie Hirtenvölker)
Nordafrika 57
Nordamerika 45, 56, 95, 101 f., 105
Nordaustralien 84
Nordostafrika 106
Nordostaustralien 34
Nordwestamerika 34, 45, 90
Nordwestaustralien 27 f.
Nominale Ausdrucksweise 102
Nominalflexion 80
Nominalisten 136
Nominalpräfixe 91
Nordgermanen 67
Notker 72
Nurundere 26

Obergott 61, 111
Oberkönige 61
Objektiv-nominale Ausdrucksweise 102
Objektivsprachen 74 ff.
Objektiv zeichnender Sprachtypus 83
Objektverben 86
Objektwiederholung beim Verbum 86 f., 90 f., 102

Ometecutli 116
Ontologisches Problem 135
Opfer 38 ff., 42, 44 ff., 99, 116 f.; (s. auch Totenopfer)
Opossum als Betrüger 125
Ordal 109
Orient, vorderer 117
Orinoco 34
Orion 22
Ornamentik 22, 28, 37, 70
Ortsgewerbe 107
Ortsgötter 112
Osiris 109, 116, 118
Ostalgonkin 46
Ostasien 106, 120 (s. auch China)
Ostmelanesien 37 ff., 85 ff., 90
Ostpolynesien 53, 57, 61, 69 f.

Paläasiaten 99
Paläolithikum 46, 96
Palastrevolution 115
Pantheismus 9, 106, 113, 115 ff., 123, 128 f., 135
Papa 68
Papua-Golf 42
Papuasprachen 84, 86
Paradies 50, 67
Parallelismus der Entwickelungsrichtungen 134
Parierschild 29
Partizipiale Konstruktionen 93
Passive Sittlichkeit 135
Passiver Sprachtyp 102
Pelauinseln 57
Penisfutteral 49
Persönlichkeit 58, 60 f., 124, 133 ff.
Persönlichkeitsweltanschauung 48
Personenzauber 18 ff., 30
Peru 107, 109 ff.
Pfeile, vergiftet 28
Pflugwirtschaft 84, 108
Pidgeon-Englisch 77
Phallische Aufführungen 44, 117
Phasen des Mondes 23, 47, 62
Philosophie 135
Plagegeister 42, 45, 99 ff.
Planeten 67
Plankenboot 108
Plastik 28, 37, 69 f., 97, 108
Plattformbestattung 52 ff.
Plejaden 22
Plural 72

SACHREGISTER

Plural, starker 80
Plutokratie 34, 37
Politische Gegensätze 71
Possessiva 73 f., 86 ff.
Possessivnachsetzung 84
Possessivvorsetzung 88
Postpositionen 74
Polynesier 50 ff., 58 f., 63, 65 ff., 69 f., 98, 105 f., 108, 112, 118 f., 121, 124
Polynesische Sprachen 83, 86, 88
Polysynthetische Sprachen 102 f.
Polytheismus 65 f., 110 ff.
Präaminismus 16
Präfixe 74 f.
Präfixsprachen 74 ff., 83 f., 86
Präpositionen 74
Prairieindianer 95
Praktisches Verhalten, Bedeutung für die Weltanschauung 135
Praktische Vernunft 136
Priapus 113
Priester 108, 111, 117, 121, 126
Prima causa 26
Primitive Völker 10 f., 14 ff., 24 f., 27, 33, 37, 39, 41, 43, 59, 73, 124, 129, 132
Primitivsprachen 72, 75 f., 85, 88, 90, 92
Problem als Grundlage der Philosophie 93
Progressive Assimilation 81 f.
Promiskuität 11
Pueblo-Indianer 34, 45, 120
Pulque-Gott 112
Pygmäen 15

Quarz im Personenzauber 18
Quetzalcouatl 116

Rache 99 (s. auch Blutrache)
Rangerhöhungen, postume 110
Rangi 68
Rarotonga 69
Rassel 100
Räuchern der Leiche 54
Rê 116
Recht und Sitte 126
Reduplikation 72 f.
Reifentrommel 95, 100
Reinecke-Fuchs-Geschichten 125
Reinigung 127

Reinkarnation 40, 43, 70 f.
Reisehandel 56
Regenbogen 20
Regengott 66
Regenzauber 19
Relief 129
Religiöse Stimmung 128
Religion und Sitte 126, 129
Ressortgötter 112
Richtungsfarben und Richtungstiere 120
Rindenboote 95, 97
Römer 93, 113, 136
Rono 69
Rote Farbe im Zauber 19
Rückschreitende Assimilation 81 f.
Rhythmisches Gefühl 28
Rukruk 38
Rundmonate 121
Rundornamentik 37

Sänften 61
Saisonnomadismus 48, 97
Salomoinseln 38, 87
Sammler und Jäger 15, 33, 96, 124
Samoa 51, 53, 64, 68
Sandbilder 19
Santa Cruz 39, 57
Satzverbindungen 73
Saugbrunnen 29
Schädelhäuschen u. Schädelschreine 36
Schädelkult 36, 40
Schaltmonate 121
Schamanentrommel 95, 100
Schamanismus 45, 65, 95 ff., 105
Schatten 38, 44, 99
Schauspielgötter 112
Schiff des Weltendes 69
Schilde 11, 49
Schilluk 113
Schlaf 43
Schlange 25
Schmiede 107
Schmuck 17
Schöpfer 25 f., 31, 111
Schöpfungssagen 47, 66, 68
Schraube 102
Schreckgestalten 24, 42, 45, 99 f.

SACHREGISTER

Schrift 102, 108
Schutzgeister 45, 101 (siehe auch Hilfsreiche Geister)
Schwingkampf 63, 65
Sebk 116
Seele, individuelle 43 f.
Seele, Vernichtung der 50 f.
Seelen als Angstgestalten (s. Plagegeister)
Seelen unbelebter Dinge 42 f., 46
Seelenführer 45
Seelenglaube 33 ff., 50, 59, 61, 70 f., 99 ff., 109 f.
Seelenholz und Seelenstein 40, 57
Seelenland 43 f., 50, 67, 99, 109 f., 119
Seelen-Sonnenfolge 53
Seelenspaltung 57
Seelenstoff 40, 42 f.
Seelenwanderung 70 f., 109
Segelboot 108
Selbstbewußtsein 132 f.
Selbsthilfe 34 (s. auch Blutrache)
Selbstmörder, Geister der 45
Selbstverleugnung 127 f.
Semiten 66
Semitische Sprache 78, 83
Semitisch-austrische Beziehungen 83
Senegambien 34
Semitohamiten 49
Senkrechtes Gliederungsprinzip 58
Seßhaftigkeit 34
Siam 122
Siamesische Sprache 85
Sibirier 45 (s. auch Arktiker)
Simson 66
Singstreit 96
Sinbrand 22, 26, 123
Sintflut 22, 26, 31, 47, 123, 129
Sippen 11, 48, 58
Sittlicher Wandel für das Fortleben maßgebend 109
Sittlichkeit 131
Sittlichkeit, aktive und passive 135
Skalp 36
Skandinavien 69
Skarifizierung 17
Slawen 52, 58
Sokaris 116
Sohn des Altvaters 26, 31
Sonne 22 f., 30, 61 ff., 66 f., 120
Sonnen- und Mondfang 63, 65 f.

Sonnengott 22, 27, 65, 98, 111, 116, 121
Sonnenheros 66
Sonnenjahr 121 f.
Sonnenkult 105, 111
Sonnenlauf 23
Sonnenmythologie 63 ff. (s. auch Sonne)
Sonnenzauber 117
Soziale Einstellung der Naturmenschen 123
Speerschleuder 96
Speiseopfer 39 f., 99
Speiseverbot 55 f.
Spiegelbild 38, 44, 46
Spiralornamentik 37, 70
Spinne als Betrüger 125
Spiritismus 100
Sprache als Ausdruck der Denkart 93
Sprachen 72 ff., 102 ff.
Sprachform der Hochkultur fehlt 85
Sprachtypen 74 ff., 85 ff., 92, 102 ff.
Spukgeister 40
Spukgeschichten 42
Staat 16, 34, 54, 137
Staat, abstrakte Idee 115
Staatsreligion 111
Staat und Gesellschaft 126
Stände 34, 50, 58 f., 65, 67, 110
Stammbäume 65, 68
Stammesgewerbe 107
Stammessitte 27
Starkton 81
Steine als Repräsentanten von Menschen 24
Sterne 23, 31, 35
Sterne als Feuerbrände und Lagerfeuer 22
Sterne als Menschen 22
Sternenglanz 116
Stiefel 95
Strohtod 51
Subartiker 102
Subincisio 50
Subjektivsprachen 74 f., 78 ff., 83
Subjektwiederholung beim Verbum 87, 90 f., 102
Substantiv 73, 76

SACHREGISTER

Substanzbegriff 23 f., 28, 59, 61, 73, 132 f., 136
Sudan 106, 111 f., 114, 124, 135
Sudansprachen 89 f.
Südamerika 33 f., 44 f., 95, 105
Südasien 106, 120
Südaustralien 57
Südindien 114
Südlicht 22, 26
Südostasien 34, 112
Südostaustralien 18 f., 22 f., 25, 28, 35, 39, 57, 84, 134
Südsee 85, 91 (s. auch die Teilgebiete)
Suffixe 74 f., 78
Suffixe mit großem Anschauungsgehalt 103
Suffixsprachen 74 ff., 84, 86, 90
Suggestion 24, 27
Sulka 38
Sumatra 114
Sumerer 66
Sündhaftigkeit 127
Synkrasie der Götter 116
Systematisierungen, bei den Primitiven fehlend 23

Tabu 50, 59 f.
Tagesanbruchsmythen 22, 62
Tagewählerei 112
Taggott 24 f.
Taghimmel 22
Tagwelt 62
Tahiti 50, 53, 66 f., 68
Tamate 38
Tane 68
Tangaloa-Tangaroa 61, 64 f., 68, 106, 112
Tangaloa, Schiff des 69
Tangará 65
Tätigkeitsgötter 113
Taoismus 110
Tasmanier 14 f., 17, 19, 24 f., 27 f., 35, 96
Tatuiermarken 28
Technik 14, 49, 95 ff., 101 f., 107 f.
Terminus 113
Termitenhaufen 42
Teufel 25
T'ien 111

Tiere, mythische Erklärung des Aussehens 21
Tier und Mensch 23, 132
Tiergeister 100 (s. auch Allbeseelung)
Tierkreise 119 f.
Tierplastik 69 f.
Tiermalerei 28, 31 f., 46
Tiger als Werwolf 43
Tiki 69
Tjurunga 40 (s. auch Seelenholz u. Seelenstein)
Theismus 118
Thor 64
Tod 16, 24, 35, 50, 52
Toda 56
Tod, endgültiger 51 ff., 66
Tod, Schicksal nach dem 50
Tod durch Verschlucken eines glühenden Steines 65
Tod, infizierende Kraft 53, 60
Tod, natürlicher und geglaubter 53 f.
Tod, Sage vom Ursprung 51 f., 66, 96
Tod, Versuch, ihn zu beseitigen 51 f., 63 f.
Tod, zweiter und dritter 42
Töpferei und Weberei 34, 40, 49, 107 f.
Tötung der Alten und Schwachen 54
Tötungsverbot 55 f.
Togo 111
Tonacatecutli 116
Tonalamotl 122
Tonga 51, 58 f., 64
Totemismus 40, 54 ff., 61, 71, 88, 101, 105
Totemkultur 48 f., 51 f., 56, 61 f., 68 ff., 84, 96
Totemvorfahren 19
Tote 35
Totenfiguren 46
Totenfurcht 42 (s. auch Tod, infizierende Kraft)
Totenglaube 33 ff., 50, 98 ff., 110
Totenheim 40, 42 ff., 46, 52, 59, 67, 99
Totenkult 34 ff., 37, 44, 69, 87
Totenopfer 39, 41, 99
Trankordal 109

171

SACHREGISTER

Trauerbemalung 42
Traum 38, 45
Trennung von Himmel und Erde 63 ff., 65, 68
Trennung von Körper und Seele 38 (s. auch Animismus)
Trieb- und Willenserscheinungen, Bedeutung für das primitive Weltbild 28
Tropengebiete als Heimat der Bodenbaukulturen 34
Tschi 118
Tschuktschen 98 ff.
Türken 57, 65
Türkische Sprachen 81, 86
Türme des Schweigens 53
Tungusen 95 f., 98
Turk-Tataren 95 f.
Turk-Tatar-Sprachen 76, 93

Übeltäter, Seelen der 45
Übertragungszyklen 122
Ungeheuer als Ende eines Weltalters 123
Unsterblichkeit, siehe Leben nach dem Tode
Unterarmknochen als Amulett 36
Unterwelt 67, 99, 119
Ungoro 114
Unzählbarkeit der Welten 119
Urahn der Menschen 26
Uralaltaische Sprachen 84
Urheimat des Menschengeschlechtes 46
Ursprache (s. Kausales Denken)
Ursprung des Todes 51 f., 66, 96
Urzeit 67

Vampire 43
Varuna 111
Vaterrecht 11
Vaterrechtliche Kulturen 48, 84, 89, 91, 93, 105, 108, 129, 133
Vater, Unbotmäßigkeit gegen 63 f.
Vegetation, Mond als Bringer der 47
Vegetationszauber 19, 38, 56
Venus 62, 116
Venusjahr 122
Verantwortung des Herrschers 113 ff.

Verbalausdrücke (s. Zerlegung der V.)
Verbalklassen des Arabischen 79
Verbalpräfixe, instrumentale 91
Verbrennen der Leiche 35, 99
Verbum 73, 76, 79
Verbum vorgesetzt 83, 93
Verjagung der Geister 38
Ventil 107
Verschmelzung verschiedener Kulturen 105 ff.
Vernichtung, endgültige 40, 51 f., 99
Verschluß der Körperöffnungen 49 (s. auch Zauber der K.)
Verschlingungssagen 47 (s. auch Drachensagen)
Verzehren der Leiche 99
Verwandlung 23, 132
Vorzeitiger Tod des Herrschers 113 ff.
Victoria 22, 27, 39, 52, 88
Viehzucht 108
Viehzüchter, afrikanische 49 s. auch Hirten, afrikanische)
Viehzüchterkultur 48, 66 (s. auch Hirten und Innerasiaten)
Viereckbauten 97
Vishnu 8, 111, 122
Völkerwanderungen 43, 105
Vokalharmonie 81
Volk, seelenlos 51, 55
Vollkulturen 124
Vorderasien 120 f.
Vorderindien 84 (s. auch Indien)
Vorgeschichte, europäische 46
Vorsetzung des Bestimmungswortes 74 ff., 84 f., 90, 93
Vorsetzung des Verbums 79, 83, 93

Wagen 61
Wakelbura 20, 88
Wanderungen, Völker- und Kultur- 43, 105
Warramunga 53
Wasser, Diebstahl des 21
Wasserordal 109
Weberei 34, 107 f.
Wedel 50
Weiberboote und Weiberhütten 57
Weiße als Tote 35

SACHREGISTER

Weiträumigkeit der Entwickelungstendenz 54 ff., 58, 67, 92, 98
Weltalter 122 f.
Weltbild 12
Weltei 64, 68
Welteltern 68
Weltende 122
Weltperiode 68
Weltreich 119
Weltstockwerke 98, 119
Weltwinter 123
Wertbegriff im Arabischen usw. 80, 83 f., 92
Werwölfe 43
Wetterzauber 19, 39
Westafrika 50, 106, 120
Westafrikanische Kultur 44, 89
Westasien 106
Westsudansprachen 89 f.
Willenselemente in der Assoziation 20
Willensmoment in der Rede 79 ff.
Winde 112, 122
Winterhäuser 97
Wirbelsturm als Ende eines Weltalters 123
Wirtschaftliche Bedeutung der Frauen 33
Wirtschaftliche Bedeutung des Tabu 60 f.
Wirtschaftliche Verantwortung der Totemgruppen 56
Wirtschaftsform der vaterrechtlichen Kulturen 48
Wissenschaft 93, 121
Witwenkleidung 42
Wohnungen 95 ff.
Wonunda-Minung 52
Wortklassen 73, 76
Wotjobaluk 20, 52, 88
Wurunyeri 39

Xipe Totec 116

Yang 121
Yin 121
Yoruba 114
Yuga 122

Zählwörter (s. Klassenwörter)
Zahnausschlagen 17
Zauber 10, 16 ff., 24, 29 f., 36 f., 40 f., 43, 50, 58 ff., 105, 109, 116 f., 121
Zauber zur Beruhigung der Kinder 41
Zauberer 17, 31, 35, 39, 43, 45, 51, 56, 95, 101
Zauberknochen 18, 20, 30
Zauberkraft 40, 46, 56, 106, 113, 127
Zeichenkunst 28, 31 f., 97, 98, 102
Zeitbegriff, erweitert 68
Zeitkreise 122
Zeitliche Abgrenzung des Weltgeschehens 121
Zeitrechnung 121
Zehnersystem in der Zählung 83, 86, 92
Zentralaustralien 18 f., 39 f., 47, 51, 56 f., 67, 70 f.
Zentralpolynesien 69
Zeremonielle Moral der Chinesen 129
Zerlegung des Verbalausdruckes 77, 86, 88, 91
Zertrümmerte Schädel 53
Zeugung 47
Zeugungsgott 116
Zodiakus 120
Zodzi 127
Ζῷον πολιτικόν 136 f.
Zulu 114
Zunge einer Eidechse im Zauber 20
Zusammengehörigkeitsgefühl mit den Toten 35 ff.
Zwanzigersystem des Zählens 86, 90, 92
Zweier- und Dreiersystem des Zählens 92
Zwerghirsch als Betrüger 125
Zwölfteilung des Himmels 120

Bisher im SEVERUS Verlag erschienen:

Achelis. Th. Die Entwicklung der Ehe * **Andreas-Salomé, Lou** Rainer Maria Rilke * **Arenz, Karl** Die Entdeckungsreisen in Nord- und Mittelafrika von Richardson, Overweg, Barth und Vogel * **Aretz, Gertrude (Hrsg)** Napoleon I - Briefe an Frauen * **Ashburn, P.M** The ranks of death. A Medical History of the Conquest of America * **Avenarius, Richard** Kritik der reinen Erfahrung * Kritik der reinen Erfahrung, Zweiter Teil * **Bernstorff, Graf Johann Heinrich** Erinnerungen und Briefe * **Binder, Julius** Grundlegung zur Rechtsphilosophie. Mit einem Extratext zur Rechtsphilosophie Hegels * **Bliedner, Arno** Schiller. Eine pädagogische Studie * **Blümner, Hugo** Fahrendes Volk im Altertum * **Brahm, Otto** Das deutsche Ritterdrama des achtzehnten Jahrhunderts: Studien über Joseph August von Törring, seine Vorgänger und Nachfolger * **Braun, Lily** Lebenssucher * **Braun, Ferdinand** Drahtlose Telegraphie durch Wasser und Luft * **Brunnemann, Karl** Maximilian Robespierre - Ein Lebensbild nach zum Teil noch unbenutzten Quellen * **Büdinger, Max** Don Carlos Haft und Tod insbesondere nach den Auffassungen seiner Familie * **Burkamp, Wilhelm** Wirklichkeit und Sinn. Die objektive Gewordenheit des Sinns in der sinnfreien Wirklichkeit * **Caemmerer, Rudolf Karl Fritz** Die Entwicklung der strategischen Wissenschaft im 19. Jahrhundert * **Cronau, Rudolf** Drei Jahrhunderte deutschen Lebens in Amerika. Eine Geschichte der Deutschen in den Vereinigten Staaten * **Cushing, Harvey** The life of Sir William Osler, Volume 1 * The life of Sir William Osler, Volume 2 * **Dahlke, Paul** Buddhismus als Religion und Moral, Reihe ReligioSus Band IV * **Eckstein, Friedrich** Alte, unnennbare Tage. Erinnerungen aus siebzig Lehr- und Wanderjahren * Erinnerungen an Anton Bruckner * **Eiselsberg, Anton Freiherr von** Lebensweg eines Chirurgen * **Eloesser, Arthur** Thomas Mann - sein Leben und Werk * **Elsenhans, Theodor** Fries und Kant. Ein Beitrag zur Geschichte und zur systematischen Grundlegung der Erkenntnistheorie. * **Engel, Eduard** Shakespeare * Lord Byron. Eine Autobiographie nach Tagebüchern und Briefen. * **Ferenczi, Sandor** Hysterie und Pathoneurosen * **Fichte, Immanuel Hermann** Die Idee der Persönlichkeit und der individuellen Fortdauer * **Fourier, Jean Baptiste Joseph Baron** Die Auflösung der bestimmten Gleichungen * **Frimmel, Theodor von** Beethoven Studien I. Beethovens äußere Erscheinung * Beethoven Studien II. Bausteine zu einer Lebensgeschichte des Meisters * **Fülleborn, Friedrich** Über eine medizinische Studienreise nach Panama, Westindien und den Vereinigten Staaten * **Goette, Alexander** Holbeins Totentanz und seine Vorbilder * **Goldstein, Eugen** Canalstrahlen * **Griesser, Luitpold** Nietzsche und Wagner - neue Beiträge zur Geschichte und Psychologie ihrer Freundschaft * **Hartmann, Franz** Die Medizin des Theophrastus Paracelsus von Hohenheim * **Heller, August** Geschichte der Physik von Aristoteles bis auf die neueste Zeit. Bd. 1: Von Aristoteles bis Galilei * **Helmholtz, Hermann von** Reden und Vorträge, Bd. 1 * Reden und Vorträge, Bd. 2 * **Kalkoff, Paul** Ulrich von Hutten und die Reformation. Eine kritische Geschichte seiner wichtigsten Lebenszeit und der Entscheidungsjahre der Reformation (1517 - 1523), Reihe ReligioSus Band I * **Kautsky, Karl** Terrorismus und Kommunismus: Ein Beitrag zur Naturgeschichte der Revolution * **Kerschensteiner, Georg** Theorie der Bildung * **Krömeke, Franz** Friedrich Wilhelm Sertürner - Entdecker des Morphiums * **Külz, Ludwig** Tropenarzt im afrikanischen Busch * **Leimbach, Karl Alexander** Untersuchungen über die verschiedenen Moralsysteme * **Liliencron, Rochus von / Müllenhoff, Karl** Zur Runenlehre. Zwei Abhandlungen * **Mach, Ernst** Die Principien der Wärmelehre * **Mausbach, Joseph** Die Ethik des heiligen Augustinus. Erster Band: Die sittliche Ordnung und ihre Grundlagen * **Mauthner, Fritz** Die drei Bilder der Welt - ein sprachkritischer Versuch * **Müller, Conrad** Alexander von Humboldt und das Preußische Königshaus. Briefe aus den Jahren 1835-1857 * **Oettingen, Arthur von** Die Schule der Physik * **Ostwald, Wilhelm** Erfinder und Entdecker * **Peters, Carl** Die deutsche Emin-Pascha-Expedition * **Poetter, Friedrich Christoph** Logik * **Popken, Minna** Im Kampf um die Welt des Lichts. Lebenserinnerungen und Bekenntnisse einer Ärztin * **Prutz, Hans** Neue Studien zur Geschichte der Jungfrau von Orléans * **Rank, Otto** Psychoanalytische Beiträge zur Mythenforschung. Gesammelte Studien aus den Jahren 1912 bis

www.severus-verlag.de

1914. * **Rohr, Moritz von** Joseph Fraunhofers Leben, Leistungen und Wirksamkeit * **Rubinstein, Susanna** Ein individualistischer Pessimist: Beitrag zur Würdigung Philipp Mainländers * Eine Trias von Willensmetaphysikern: Populär-philosophische Essays * **Sachs, Eva** Die fünf platonischen Körper: Zur Geschichte der Mathematik und der Elementenlehre Platons und der Pythagoreer * **Scheidemann, Philipp** Memoiren eines Sozialdemokraten, Erster Band * Memoiren eines Sozialdemokraten, Zweiter Band * **Schweitzer, Christoph** Reise nach Java und Ceylon (1675-1682). Reisebeschreibungen von deutschen Beamten und Kriegsleuten im Dienst der niederländischen West- und Ostindischen Kompagnien 1602 - 1797. * **Stein, Heinrich von** Giordano Bruno. Gedanken über seine Lehre und sein Leben * **Strache, Hans** Der Eklektizismus des Antiochus von Askalon * **Thiersch, Hermann** Ludwig I von Bayern und die Georgia Augusta * **Tyndall, John** Die Wärme betrachtet als eine Art der Bewegung, Bd. 1 * Die Wärme betrachtet als eine Art der Bewegung, Bd. 2 * **Virchow, Rudolf** Vier Reden über Leben und Kranksein * **Wecklein, Nikolaus** Textkritische Studien zu den griechischen Tragikern * **Weinhold, Karl** Die heidnische Totenbestattung in Deutschland * **Wernher, Adolf** Die Bestattung der Toten in Bezug auf Hygiene, geschichtliche Entwicklung und gesetzliche Bestimmungen * **Weygandt, Wilhelm** Abnorme Charaktere in der dramatischen Literatur. Shakespeare - Goethe - Ibsen - Gerhart Hauptmann * **Wlassak, Moriz** Zum römischen Provinzialprozeß * **Wulffen, Erich** Kriminalpädagogik: Ein Erziehungsbuch * **Wundt, Wilhelm** Reden und Aufsätze * **Zoozmann, Richard** Hans Sachs und die Reformation - In Gedichten und Prosastücken, Reihe ReligioSus Band III

www.severus-verlag.de

www.ingramcontent.com/pod-product-compliance
Lightning Source LLC
Chambersburg PA
CBHW061349300426
44116CB00011B/2058